Paul Coleman
Zensiert

W0052732

www.fontis-verlag.com

Hinweis
Alle in diesem Buch zitierten Gesetze und Fälle entsprechen,
soweit nicht anders vermerkt, dem zeitlichen Stand der
2. englischen Ausgabe von 2016.

Paul Coleman

Zensiert

Wie europäische «Hassrede»-Gesetze die Meinungsfreiheit bedrohen

Bibliografische Information der Deutschen Nationalbibliothek
Die Deutsche Nationalbibliothek verzeichnet diese Publikation in der
Deutschen Nationalbibliografie; detaillierte bibliografische Daten sind
im Internet über www.dnb.de abrufbar.

Die englische Originalausgabe erschien 2012 unter dem Titel «Censored.
How European Hate Speech Laws are Threatening Freedom of Speech»
im Verlag «Kairos Publications» Wien.
© Paul Coleman

© 2020 by Fontis-Verlag Basel

Übersetzung: Alexandra Maria Linder M.A., Viersen
Umschlag: René Graf, Fontis-Verlag
Satz: InnoSet AG, Justin Messmer, Basel
Druck: Finidr
Gedruckt in der Tschechischen Republik

ISBN 978-3-03848-191-1

Inhalt

Vorwort von Ralf Schuler

Leiter der Parlamentsredaktion von BILD

Am 15. Juni 2020 erschien in der linksalternativen «tageszeitung» (TAZ) ein Beitrag, der empfahl, Polizisten auf Müllhalden «unter ihresgleichen» zu entsorgen. Anstelle eines Fazits hieß es am Schluss des Textes wörtlich: «Spontan fällt mir nur eine geeignete Option ein: die Mülldeponie. Nicht als Müllmenschen mit Schlüsseln zu Häusern, sondern auf der Halde, wo sie wirklich nur von Abfall umgeben sind. Unter ihresgleichen fühlen sie sich bestimmt auch selber am wohlsten.»

Menschen als Müll und Unrat auf einer Deponie, wo die Gesellschaft ihren Abfall zum Verrotten ablädt. Sogleich brach ein Sturm der Entrüstung los. Man muss keine Assoziationen und Bilder von befreiten Konzentrationslagern der Nationalsozialisten bemühen, um zu zeigen, dass die «unantastbare Würde des Menschen», wie das deutsche Grundgesetz es in Artikel 1 garantiert, hierbei mehr als nur angetastet wird. Sie wird schlicht aberkannt. Wenn hier nicht ein lupenrein definierter Hass- und Hetz-Kommentar vorliegt, wann dann?

Doch die Entrüstung rund um diesen in vielfacher Hinsicht misslungenen Meinungsbeitrag richtete sich weniger gegen den Kommentar selbst oder die Autorin des Textes, sondern drehte sich im Gegenteil zu großen Teilen darum, dass und warum dieser Text möglich, öffentlich und erlaubt sein müsse und warum eine angedrohte Strafanzeige des Bundesinnenministers nicht etwa folgerichtig, sondern geradezu ein

Anschlag auf die Pressefreiheit darstellen würde. Verkehrte Welt. Verirrte Welt.

Statt auf die Autorin schossen sich erst einmal alle auf den Bundesinnenminister ein, der sie kritisierte. Wessen hatte er sich nun schuldig gemacht? Er hatte weder die Redaktion stürmen oder schließen, noch die Autorin mit Drangsal belegen lassen, sondern sie lediglich einem rechtsstaatlichen Verfahren zur Feststellung unterziehen wollen, ob hier Beleidigung, Hass oder Hetze vorliegen, wenn jemand pauschal alle Polizisten als Müll bezeichnet.

Die Debatte rund um diesen Fall ist ein Paradebeispiel für nahezu alle Problemlagen, die im vorliegenden Buch rund um die Versuche des Gesetzgebers entstehen, Hass und Hetze juristisch mit Hilfe von Gesetzgebungen zu unterbinden.

Für den Kampf gegen «Hassrede» ist der Vorgang in doppelter Hinsicht interessant: Zum einen hat die mit Web-Links und Zitaten angereicherte Netz-Debatte über diesen Hass-Text (Polizisten auf den Müll) meiner Kenntnis nach keinerlei Reaktion seitens der Netzwerk-Betreiber wie Twitter und Facebook ausgelöst. Weder Löschungen noch Sperrungen sind bekannt geworden, bei denen auf die «gruppenbezogene Menschenfeindlichkeit» gegenüber der Polizei Bezug genommen worden wäre. Mit anderen Worten: Wer auch immer Regie führt beim Kampf gegen «Hass und Hetze», stieß sich hier offenbar nicht im Geringsten am offensichtlichen und auch pauschalen Hass auf die Polizei und der Hetze gegen sie.

Der zweite interessante Aspekt betrifft die Debatte selbst, die nach gängigem Demokratieverständnis selbstverständlich geführt werden musste und die für die gesellschaftliche Selbstvergewisserung von großer Wichtigkeit war. Kurz: Das ansonsten allgegenwärtige «Anti-Hass-Edikt» wirkte beim taz-Casus offenkundig aus willkürlichen Gründen nicht. Tatsächlich war es aber auch gut, dass es nicht wirkte, weil solche Debatten über Hass und vermeintliche Hetze sonst gar nicht führbar wären. Wer die Grenzen des Sagbaren diskutieren will, muss das «Unsägliche» erst einmal aussprechen und zur Debatte stellen dürfen.

Hinzu kommt auch im taz-Fall das Problem, dass Hass und Hetze vielfach allzu billig im Schatten konkurrierender Rechtsstaatsprinzipien wie Presse-, Kunst- und Satirefreiheit gedeihlich ihr Dasein fristen können, ohne dass sie als das benannt werden, was sie tatsächlich sind. Schnell war auch beim Text «Polizei auf den Müll» das Verteidigungsargument zur Hand, es habe sich hier um einen satirischen Text gehandelt, deswegen sei es kein Hass, sondern Humor. Nur lachte niemand.

Ich habe mir einmal die Mühe gemacht, die schriftlichen Urteilsbegründungen in ähnlichen Fällen durchzusehen, die in der Vergangenheit für aufgebrachte Diskussionen in Medien und Politik gesorgt haben. So durfte die AfD-Politikerin Alice Weidel laut einem Gerichtsurteil «satirisch» als «Nazischlampe» bezeichnet werden, weil das hohe Gut der Kunst- und Satirefreiheit juristisch dergestalt wirkt, dass mit maximalem Gutwillen nach inhaltlichen Anknüpfungen der vermeintlichen Schmähung an die Person gesucht wird. Das Gericht begründete damals, da Weidels Partei sowohl geschichtsrevisionistische Vorstöße unternommen als auch auf Geburtenraten von Migranten Bezug genommen habe, sei eine Überhöhung von «Nazi» (für Nationalsozialist) und «Schlampe» (umgangssprachlich für Dirne) eine zulässige Pointierung.

Im Fall der Grünen-Politikerin Renate Künast, die zunächst erfolglos gegen die Beschimpfung etwa als «Drecksfotze» durch einen Twitter-Nutzer vorgegangen war, wurde zum einen die «Pressefreiheit» als Verteidigung der Beleidigung herangezogen, da der Kurznachrichtendienst Twitter gewissermaßen als öffentliches Medium gesehen wird. Zum anderen begründete die Berliner Kammer den Freispruch des Angeklagten damit, dass in der heutigen Umgangssprache sich der ursprüngliche Sinngehalt von Worten und Metaphern auflöse und diese lediglich im Sinne einer sehr starken Ablehnung verwendet würden.

Beide Beispiele zeigen auf, dass man entweder ganz neue Justiz-Apparate aufbauen müsste, um bei einigermaßen gleich verteiltem Verfolgungs- und Ermittlungsdruck die hass- und hetzverdächtige Kommunikation im Netz zeitnah (inklusive Anhörungen, Gutachten, Plädoyers etc.) aufarbeiten zu können, oder aber jeden privatwirtschaftlichen «Hass und Hetze»-Kontrolleur vor nahezu unlösbare Konflikte stellt. Lässt man schon jetzt strafbewehrte Delikte wie Aufruf zum Mord oder glasklare Beleidigungen einmal außen vor, so müssten institutionalisierte Sittenwächter der Internetplattformen wohl mit einer gehörigen Portion Willkür unterwegs sein, um dem landläufigen Verständnis von aggressionsarmer Kommunikation zu dienen, und sich hernach mit Klagen und Verfügungen für Fehllöschungen und -sperrungen herumschlagen, wenn man vorschnell und fälschlich Kommentare oder ganze Nutzerprofile als «Hass» deklariert hatte. Das kann eigentlich niemand wollen.

Wer könnte auch etwas dagegen haben, intensiver gegen «Hass und Hetze» im Netz und wo auch immer vorzugehen? Jedem fallen Gelegenheiten ein, bei denen man selbst und andere böswillig missverstanden oder missinterpretiert wurden, wo niedere Gesinnung und Gesittung anderen offen Schlechtes, Schmerz und Vertreibung an den Hals wünscht oder durch Kettenbildung wüster Beschimpfungen im Netz Menschen über Tage angefeindet, angegiftet und zur Verzweiflung getrieben werden. Es kann also nur darum gehen, wie und mit welchen Mitteln sich eine inhumane Entgrenzung von Kommunikation bekämpfen lässt, ohne dass dabei grundlegende und für die Demokratie lebenswichtige Freiheitsrechte nachhaltig beschädigt oder zerstört werden.

Hass wird gemeinhin als «intensives Gefühl der Ablehnung und Feindseligkeit» definiert. Bei Hetze oder, wie manche Gesetze es formulieren, bei «Anstachelung», kommt noch eine aktivisch-appellative Komponente hinzu, die der Wortherkunft aus der Jägersprache («Hetzjagd») entstammt. Vermischt mit Verunglimpfung, Verleumdung oder falschen Fakten bleibt es in jedem Falle eine ungute, böse, unversöhnliche Emotionslage. Wir wissen es augenblicklich, wenn wir ihr begegnen. Leicht einzugrenzen sind diese Phänomene dennoch nicht.

Es beginnt schon damit, dass eine zulässige Meinung durch die Wahl von Formulierung und Tonlage je nach Gesinnung des Rezipienten zu Hass und Hetze werden kann. So kann etwa die Wendung «Grenzen dicht, und alle zurückschicken» in sozialen Netzwerken als fremdenfeindlicher Hass mit Löschung und Sperrung belegt werden. Wer dagegen von «Begrenzung und Steuerung von Migration» spricht, bewegt sich unzweifelhaft im legalen und legitimen Bereich des Verfassungsbogens, obwohl Grenzschließung und Zurückweisung damit ebenfalls gemeint sein können. Ist es also gerechtfertigt, gegen das erste Zitat aufgrund des geringen Abstraktionsgrades und der bildhaften Aufladung der Formulierung vorzugehen?

Als der nordrhein-westfälische Ministerpräsident Armin Laschet (CDU) im Zuge des Corona-Skandals beim Fleischbetrieb Tönnies davon sprach, dass Leiharbeiter aus Rumänien und Bulgarien nach ihrer Rückkehr aus den Heimatländern das Virus eingeschleppt hätten, brach ein Sturm der Entrüstung ob dieser «fremdenfeindlichen Hetze» über ihn herein. Niemand machte sich die Mühe, die Behauptung sachlich zu prüfen. Kamen die Arbeiter tatsächlich am Wochenende zuvor aus dem Heimaturlaub zurück? Lässt sich die Infektionskette nachvollziehen? Damit hätte man Laschet klar widerlegen können. Oder beginnen «Hass und Hetze» bereits bei der Nennung von Tatsachen, die Migranten und Migration in einem ungünstigen Licht erscheinen lassen?

Da all diese Debatten und Kampagnen sich auch im Netz abspielen, hängt die Beantwortung dieser Fragen direkt mit dem Thema dieses Buches und der Frage zusammen, ob und wann ein Zensor eingreifen kann und soll. Es geht um die Frage, ob sich die Aufsichts- und Kuratierungspflicht der Plattform-Betreiber wie YouTube, Facebook oder Twitter auf einen sehr engen, unumstritten strafrechtlich relevanten Bereich kommunikativer Grenzüberschreitungen erstreckt, oder ob der Denk-Korridor des Zulässigen von beiden Seiten durch subjektive Leitplanken verengt wird, die auch Missliebiges und vermeintlich Unzeitgemäßes aussperren. Tendenzen zu Letzterem sind bei der jetzigen Praxis überdeutlich erkennbar. Immer wieder finden sich unter den Löschungen bzw. Sperrungen Postings, etwa aus christlichen Kreisen, die gegenläufig zum Mainstream-Diskurs laufen. Ablehnung der Homo-Ehe, Kritik an der aktuellen Migrationspolitik oder islamkritische Wortmeldungen sind zwar grundsätzlich zulässig, werden aber offenbar vielfach eliminiert, weil man sie für dem gesellschaftlichen Klima nicht zuträglich hält. Nur ist genau das nicht Aufgabe von Hass-und-Hetze-Bekämpfung. Ganz offensichtlich gehen die Mitarbeiter, die mit der Sichtung der Inhalte in meist ausgelagerten Firmen betraut sind, nach einem weniger juristisch als vielmehr subjektiv basierten Empfinden von Unrecht, Gut und Böse aus. Ein vergleichbarer Eingriff ohne juristische Grundlage in die analoge Pressefreiheit hätte längst zu nationalen Skandalen und Empörung geführt.

Man kann die verschiedenen staatlichen Bemühungen im Kampf gegen «Hass und Hetze» gar nicht kritisch und skeptisch genug begleiten. Der deutsche Rechtsanwalt Joachim Steinhöfel hat sich unter anderem auf Fälle spezialisiert, bei denen Meinungsäußerungen im Internet willkürlich und zu Unrecht gelöscht oder gesperrt wurden. Die von ihm gesammelten Fälle[1] sind durchaus interessant, weil an den Beispielen klar wird, dass entweder kontextlos aufgrund von Schlagwortlisten gelöscht wurde oder die Zensoren der Materie, die sie prüften, intellektuell nicht gewachsen waren. So wurde beispielsweise die wissenschaftliche Debatte über das Buch «Hitlers Volksstaat» des Historikers Götz Aly gelöscht, obgleich dieses frei zugänglich und völlig unanstößig ist. Man unterband aber auch mehrfach die Verbreitung von offen zugänglichen Texten aus der Schweizer «Weltwoche» bei Facebook, deren Meinungstendenz vom gängigen Diskurs abwich.

Die Verlockung zum Missbrauch von Meinungsmacht ist nicht nur bei politischen Instanzen groß, sondern auch bei privatwirtschaftlichen Administratoren, die das gesetzliche Mandat von Anti-Hass-Gesetzen als individuelle, ganz subjektive Meinungsmacht ausleben.

Noch heikler wird es, wenn, wie reale Beispiele zeigen, die vermeintlich «sozialen» Netzwerke ihre Administratoren dazu nutzen, Freundschaften, Follower und andere Vernetzungen der Nutzer auf den Plattformen nach eigenen Kriterien zu trennen (oder neue herzustellen?). Hier bewegen wir uns an der Grenze zu gesellschaftlichen Milieu- und Meinungsmanipulationen, die man sich professionalisiert in falschen Händen gar nicht auszumalen vermag. In den Händen jener, die von sich selbst glauben, die «Richtigen» zu sein, allerdings auch nicht. Wo unsichtbare Administratoren in Freundesnetzwerke, Meinungsblasen, Informationsketten oder einfach auch nur in Reichweitenpotenziale leise lenkend eingreifen, muss jedem wachen Freigeist ganz schwummerig werden.

Die einzig mögliche Forderung an Plattformbetreiber und Gesetzgeber kann hier nur lauten: Eingriffsbeschränkung auf hart und unzweifelhaft juristisch angreifbare Tatbestände und maximale Transparenz! Sowohl Algorithmen, die Verbreitung und Vernetzung beeinflussen, gehören offen erklärt, als auch die Regeln für Moderation, Löschung und Sperrung in Netzwerken. Denkbar wäre etwa die Pflicht, jeden Eingriff der Plattform zu dokumentieren und entweder öffentlich oder zumindest den Betroffenen zugänglich zu machen. Wo gelöscht oder gesperrt wird, muss ein Link zur Dokumentation des Vorgangs hinterlegt werden, wo die Begründung, die Rechtsgrundlage und eine Art Rechtsmittelbelehrung für möglichen Widerspruch oder Anfechtung hinterlegt ist.

Das macht es für die Plattformen nicht leichter und billiger, ist für Kommunikation und Informationsaustausch in einer freiheitlichen Gesellschaft aber unerlässlich.

Der institutionalisierte Eingriff in die freie Meinungsäußerung kann und darf in freiheitlichen Demokratien immer nur Ausnahme bleiben und muss sich, wenn irgend möglich, auf strafrechtlich unzweifelhafte Tatbestände beschränken. Das ist nicht nur eine Frage der politischen Hygiene, sondern im Grunde auch eine gesellschaftspolitische Selbstverständlichkeit. Immer wieder sitzen Politiker, aber auch andere engagierte Vertreter von Medien, Verbänden, aus Kunst und Kultur dem Missverständnis auf, dass sich anstrengende Zeiten zum

Besseren wenden, wenn man die eigentlich mündigen Bürger lediglich mit einer vorgefilterten Auswahl an Fakten, Informationen und Meinungen konfrontiere. Eine Idee, die, zu Ende gedacht, in gelenkter Demokratie endet, aber auch ganz grundsätzlich nicht funktioniert. Die Realität ist immer stärker als medial vermittelte Wunschbilder. Im Gegenteil: Je deutlicher sich erlebte Wirklichkeit und mediale Widerspiegelung unterscheiden, desto gefährlicher steigt der Druck im gesellschaftlichen System und sucht nach einem Ventil, um sich zu entladen.

Auch die immer wieder direkt oder indirekt bemühte Theorie, wonach Denken und Wirklichkeit sich ändern, wenn man nur die Sprache ändert, führt in die Irre und allenfalls zu immer enger geführter Sprach-Normierung, wie es die vielerorts praktizierte Einführung der sogenannten «Gender-Sprache» gerade eindrücklich beweist. Wo Migration als Problem wahrgenommen wird, verschärft druckvoll verlangte Kultursensibilität eher noch die Dissonanz zwischen Realität und verordnetem Schein. Kurz: Um Hass und Hetze zu bekämpfen, ist politischer Alltagsdialog mit den Menschen und die Lösung der realen Probleme viel wichtiger als die Bereinigung des Diskurses von vermeintlicher Hassrede. Was nicht gesagt werden soll, wird dennoch gedacht. Gelöschte und gesperrte Meinungen verschwinden nicht. Ein Menschenbild, welches davon ausgeht, dass mündige Bürger willenlos und latent anfällig seien für die Infektion mit falschen Informationen und bösen Gesinnungen, stellt Aufklärung und Humanismus indirekt in Abrede.

Zu guter Letzt sei darauf hingewiesen, welch seltsame Blüten der Kampf gegen Hass und Hetze schon heute treibt. So drängten unlängst mehr als neunzig Firmen, darunter große Weltkonzerne wie etwa der Brause-Abfüller Coca-Cola, der Verbrauchsgüter-Hersteller Unilever oder die Kaffee-Kette

Starbucks das Netzwerk Facebook durch einen Anzeigen-Boy-kott, verstärkt gegen Hass und Hetze vorzugehen. Selbst wenn man löblichste Absichten unterstellt, sollten die Alarmglo-cken der Meinungsfreiheit unüberhörbar schrillen: Wirt-schaftsunternehmen setzen ihre Finanzkraft ein, um inhalt-liche Eingriffe in die Kommunikation freier Bürger zu erzwin-gen?

Der öffentliche Aufschrei blieb aus. Der mediale und politi-sche Aufschrei auch. Antisemitismus, Kriegstreiberei oder Kinderpornografie sollten schon jetzt bei Facebook auf dem Index stehen. Löschungen, die gewissermaßen von der Indus-trie erzwungen sind, bieten Stoff für neue Verschwörungs-theorien und dienen sicher nicht der Vertrauensbildung. Man darf gespannt sein, welche politische Agenda die marktmäch-tigen Konzernlenker als Nächstes umtreibt. Die Verlockung dürfte wachsen, nicht nur zur Unterdrückung bestimmter In-halte die merkantilen Hebel anzusetzen, sondern bei passen-der Gelegenheit womöglich auch proaktiv die Info-Agenda zu bestimmen. Wir sollten dem von Anfang an wehren.

Berlin, im Juli 2020

Ralf Schuler (geb. 1965) ist Leiter der Parlamentsredaktion von BILD und hat sich in seinem Buch «Lasst uns Populisten sein – 10 Thesen für eine neue Streitkultur» (Herder) auch mit den politischen Folgen der Digitalisierung beschäftigt.

Für die deutsche Auflage zum Geleit

Vor fünf Jahren beendete ich die Arbeiten zur englischen Ausgabe dieses Buches zur damaligen Lage rund um die «Hassrede»-Gesetze in Europa. Ich hatte bereits damals in Kapitel 9 des Buches einige Voraussagen über die Zukunft formuliert – heute muss ich sagen, zum Erscheinen der deutschen Ausgabe haben sich leider alle diese Prognosen erfüllt. «Leider», weil es für den gesellschaftlichen Diskurs besser wäre, ich hätte mich in meinen Vorahnungen zur Entwicklung der Redefreiheit geirrt.

Die damaligen fünf Voraussagen waren, kurz zusammengefasst, dass sich erstens der Geltungsbereich der «Hassrede»-Gesetze wahrscheinlich ausweiten würde. Dass zweitens die Schwelle der «Hassrede»-Gesetze herabsinken würde. Dass drittens eine neue Kultur der Zensur geschaffen würde. Dass es viertens steigende und von der Regierung unterstützte Überwachung und Berichterstattung geben und dass fünftens der Schutz der Redefreiheit gerichtlich zunehmend verwässert würde.

Wie die Entwicklungen in zahlreichen europäischen Ländern, aber auch in den USA in den vergangenen Jahren eindrücklich zeigen, werden alle diese Prognosen gerade in unterschiedlichen Ländern mit diversen Maßnahmen und Gerichtsentscheidungen forciert, hat sich die Lage der Redefreiheit massiv verschärft und spitzt sich die Einschränkung der Redefreiheit derzeit zu. Gehen wir die fünf Voraussagen einmal einzeln durch:

Ich hatte erstens vorausgesagt, dass der Geltungsbereich der sogenannten «Hassrede»-Gesetze ausgeweitet wird. Ein klassisches Beispiel dieser Entwicklung kann man in der Schweiz beobachten. Im Frühjahr 2020 stimmte dort die Bevölkerung in einem Referendum mit Mehrheit für eine Erweiterung des Diskriminierungsverbotes, um eine neue Art von «Hassrede» unter Strafe zu stellen. Die Ausweitung der sogenannten «Anti-Rassismus-Strafnorm» im Paragrafen 261bis des Schweizer Strafgesetzbuches[2] besagt seitdem, dass auch Diskriminierung und Aufruf zum Hass gegen Personen aufgrund ihrer «sexuellen Orientierung» verboten sein soll. Bisher waren dort Kriterien wie Religion, Ethnie und Rasse vermerkt. Kritiker des Gesetzes monierten von Anfang an, dass sowohl der Begriff der «sexuellen Orientierung» als auch die fehlende Konkretisierung zwischen Hass und legitimer, aber abweichender Meinung dazu einladen, die neue Regelung als eine Art Zensur-Gesetz zu missbrauchen, und die Gefahr bestehe, dass jeder Widerspruch ab sofort mit Strafanzeigen wegen angeblicher Hassrede beantwortet werden könnte. Betrachtet man die Erfahrungen aus Großbritannien, Spanien oder den USA zum Umgang mit Kritikern, ist diese Befürchtung leider nicht von der Hand zu weisen.

Auch in Schottland wird seit dem Frühjahr 2020 ein neues Gesetz zur Verhinderung von «Hassrede» im Parlament diskutiert. Die sogenannte «Hate Crime and Public Order Bill»[3] soll die bereits bestehenden «Hassrede»-Gesetze zusammenfassen, neue Gruppen unter den Schutz vor Diskriminierung und Vorurteilen stellen, aber auch einen neuen Straftatbestand schaffen, nämlich jenen, «Hass zu schüren» gegen andere. Nicht zuletzt soll bei der Gelegenheit der Straftatbestand der Blasphemie abgeschafft werden, weil er seit über 175 Jahren nicht angewandt wurde. Bereits bisher darf laut geltender Anti-Diskriminierungs-Gesetze in Schottland niemand aufgrund von Behinderung, Rasse, Religion, sexueller Orientierung und Transidentität diskriminiert werden. Diese Liste soll um die Faktoren «Alter» und «Geschlecht» erweitert werden.

Problematisch ist in Schottland auch die schwammige Formulierung der Anstachelung zum oder auch des Schürens von Hass, weil nicht einmal ansatzweise geklärt ist, welche Aussagen damit noch «sagbar» bleiben und was bereits dem Vorwurf von «Vorurteilen» oder «Hass» unterliegt. Man kann positiv bewerten, dass Blasphemie abgeschafft werden soll, wenn aber gleichzeitig zum Beispiel Kritik am Islam oder an anderen Religionen neuerdings als das Schüren von Hass unter Strafe gestellt wird, wäre dadurch wenig gewonnen, sondern eher legitime Kritik an Religionsgemeinschaften oder religiösen Praktiken faktisch sogar erschwert.

Zweitens sah ich bereits vor fünf Jahren kommen, dass die inhaltliche Schwelle zur Definition von «Hassrede» sinken würde, so dass nicht nur extreme Ansichten als «Hass» gewertet werden, sondern auch jegliche andere Ansichten Gefahr laufen können, neuerdings als «Hassrede» bewertet zu werden, wenn sie von den Ansichten geschützter Minderheiten abweichen und damit auch schneller gefährdet sind, strafrechtlich belangt zu werden. Auch das wurde durch die Realität leider verifiziert. Denn noch bevor Redefreiheit durch Behörden, Gesetze oder Gerichte eingeschränkt wird, findet neuerdings bereits im außerrechtlichen Raum, verstärkt auch in den sozialen Medien, eine Art (Selbst-)Beschränkung des erlaubten Denkradius statt, innerhalb dessen es möglich ist zu argumentieren, ohne der «Hassrede» gegen Einzelne oder gegen Gruppen beschuldigt zu werden. Weit bevor jemand vor

Gericht landet, steht er bereits im öffentlichen Diskurs unter Anklage.

Der «Fall Rowling»[4] zeigte exemplarisch im Sommer 2020, wie medial im Internet jemand am Pranger stehen kann, alleine für die Aussage, dass es nur zwei Geschlechter gäbe und sogenannte «Transfrauen» keine Frauen im eigentlichen Sinne seien. Die Bestsellerautorin der «Harry Potter»-Reihe, J. K. Rowling, wurde in Folge ihrer diesbezüglichen Meinung als «Transphobe» und «Hassrednerin» bezeichnet. Es distanzierten sich Kollegen, Schauspieler und Politiker weltweit nicht nur von ihrer Meinung, sondern auch von ihrer Person. Rowling war ursprünglich der Britin Maya Forstater öffentlich zur Seite gesprungen, die über die Aussage bei Twitter «Männer können keine Frauen werden» ihren Arbeitsplatz und auch vor dem Arbeitsgericht danach ihre Klage gegen die Entlassung verlor. Die Abschreckungswirkung für viele Bürger sollte fortan enorm sein, inwieweit sie sich noch zum Themenkomplex Transsexualität öffentlich äußern, wenn andere wegen ihrer Meinung den Arbeitsplatz verlieren und selbst weltweite Prominenz nicht vor Beschuldigungen der «Hassrede» schützt, oder davor, zumindest an einen digitalen Pranger, wenn auch noch nicht vor Gericht gestellt zu werden. Weltweit wurden mehrfach christliche Geistliche angeklagt, sich der «Hassrede» gegen Homosexuelle schuldig gemacht zu haben, allein indem sie Bibelstellen zitierten, wie im Folgenden dieses Buches noch zu berichten sein wird. Der «Chilling Effect»[5] für andere Geistliche oder auch Religionslehrer an Schulen sollte nicht unterschätzt werden, so dass zu befürchten steht, dass eine vorbeugende Redekultur der Meinungsvermeidung Einzug hält.

Doch nicht nur persönliche Meinungen, sondern auch der Diskurs über wissenschaftliche Fakten wird inzwischen durch den Vorwurf von Hetze und Hass behindert. Im Zuge der Corona-Krise wurden vielfach Tweets und auch YouTube-Videos als angebliche «Desinformation» oder als «Fake-News» markiert oder gelöscht. Die beiden Begriffe sind analog der «Hassrede» zu politischen Kampfbegriffen avanciert, können oft genauso wenig klar definiert werden und bergen entsprechend die Gefahr, politisch instrumentalisiert zu werden. Im Mai 2020 löschte YouTube[6] etwa ein Video von Prof. Knut Wittkowski, dem ehemaligen Leiter der Abteilung Biostatistik, Epidemiologie und Forschungsdesign an der Rockefeller-Universität von New York, in dem er die Lockdown-Politik der Regierung kritisierte. Über 1,3 Millionen Menschen hatten es bereits angeklickt, bevor YouTube es restlos entfernte mit der Begründung, es beinhalte «Falschinformation». Unabhängig davon, ob es nun stimmte oder nicht, und ob man die Maßnahmen der Regierung für angemessen hielt oder nicht, durften die Zuschauer sich kein eigenes Bild mehr davon machen, weil YouTube eigenmächtig entschied und den Beitrag zensierte. Auch ein evangelischer Pastor wurde Opfer der Zensur in Corona-Zeiten.[7] YouTube entfernte die Hörbuchversion seines aktuellen Buches «Coronavirus und Christus», in dem er sechs biblische Antworten zu der Frage gab: Was tut Gott durch das Coronavirus? John Piper ist Kanzler einer Bibelschule im US-amerikanischen Minnesota, die Begründung für die Buchzensur durch YouTube lautete: Verstoß gegen die Community-Regeln.

In England entfernte Google gar das bekannte christliche Magazin «Christianity» aus dem Verkaufsangebot im «Google Play Store»[8], nachdem die Zeitschrift sich im April 2020 der weltweiten Corona-Pandemie gewidmet hatte. Als Begründung formulierte Google, man akzeptiere im App-Store nur solche Publikationen über Covid-19 oder verwandte Begriffe, wenn sie von offiziellen Regierungsstellen oder staatlichen Gesundheitsbehörden autorisiert oder veröffentlich werden.

Doch auch medial unliebsame Regierungschefs sind nicht davor gefeit, durch Twitter zensiert zu werden. Im März 2020 löschte Twitter zwei Video-Tweets des brasilianischen Präsidenten Jair Bolsonaro, in denen er die Wirksamkeit der brasilianischen Lockdown-Maßnahmen zur Eindämmung von Covid-19 anzweifelte und die Anordnungen des brasilianischen Gesundheitsministers missachtete. Twitter rechtfertigte die Löschung mit dem Argument, man lösche Botschaften, die den Informationen der Gesundheitsbehörden zu der Pandemie widersprächen und das Risiko der Weiterverbreitung erhöhen könnten.[9]

Auch der amerikanische Präsident Donald Trump wurde in den vergangenen Monaten zweimal auf derselben Plattform zensiert. Twitter löschte zum einen ein Video des Trump-Wahlkampfteams zu den Antirassismus-Demonstrationen nach dem Tod des schwarzen Häftlings George Floyd unter Polizeigewahrsam. Twitter begründete die Maßnahme durch eine angebliche Beschwerde wegen Urheberrechtsverletzungen bei dem Bildmaterial, bei Facebook und YouTube ist das Video anstandslos weiter zu sehen. Bereits ein paar Wochen zuvor hatte Twitter zweimal Tweets des Präsidenten als angebliche Falschmeldungen, ein anderes Mal als «gewaltverherrlichend» markiert. Unabhängig davon, ob man dem amerikanischen Präsidenten zustimmen mag oder auch nicht, zeigt sich offensichtlich, dass hier eine Onlineplattform bei einzelnen Politikern eigene Maßstäbe ansetzt, die im Vergleich zu Millionen anderen Tweets nicht neutral begründbar sind.

Der «Chilling Effect» schlägt auch hier durch: Wenn selbst die Präsidenten großer Länder nicht davor geschützt sind, dass ihre Meinungsäußerungen zensiert werden, was hat ein einfacher Bürger ohne Macht, Geld oder wenigstens juristischen Beistand noch entgegenzusetzen, wenn seine Postings, Tweets oder Profile gelöscht werden?

Drittens hatte ich vorausgesagt, dass gesellschaftlich eine neue «Kultur der Zensur» entstehen wird, die sich vom Strafrecht in immer weitere Bereiche des täglichen Lebens ausweiten wird: Sprachregelungen in Medienanstalten, TV-Sendern und im Internet, Verhaltens- und Sprachregeln am Arbeitsplatz oder auf dem Uni-Campus. Immer mehr Bereiche des Lebens werden dadurch zu «meinungsfreien» Zonen. Während die gedankliche Selbstzensur in den Köpfen der Menschen juristisch nur schwer greifbar ist, ist bereits seit einigen Jahren der Versuch der räumlichen Eingrenzung – oder besser gesagt: der «Ausgrenzung» von Meinung – zu beobachten: Man versucht, Räume zu schaffen, in denen manche Meinungen nicht geduldet werden. Das betrifft Universitätsgelände, aber auch die öffentlichen Straßen und Plätze rund um Abtreibungskliniken. Bereits seit einigen Jahren ist verstärkt vor allem im angloamerikanischen Raum die Tendenz zu beobachten, sogenannte «Safe Spaces» an Universitäten einzurichten, flankiert auch durch die Zensur von Literaturlisten. Ziel ist dabei, bestimmte Positionen, die als «Hassrede» empfunden werden, ganz vom Gelände zu verbannen.

Während Literaturlisten häufig thematisch von angeblich rassistischer oder auch antifeministischer Literatur «bereinigt» werden, sorgt unter den Studenten häufig das Thema Abtreibung für Polarisierung. Studentische «Pro Life»-Gruppen haben zunehmend Schwierigkeiten, gleichberechtigt wie andere Studentengruppen auf dem Universitätsgelände aufzutreten, sich zu organisieren, Räume zu nutzen oder auch nur Flyer zu verteilen. In Großbritannien mussten in den vergangenen zwei Jahren an den Universitäten von Glasgow[10], an der Strathclyde Universität[11], an der Aberdeen Universität[12] und an der Universität von Nottingham[13] Studenten juristisch mit Anwälten erkämpfen, sich überhaupt auf dem Universitätsgelände zu erkennen zu geben und zu organisieren. Die

Vorsitzende der «Pro Life»-Gruppe an der Universität Nottingham wurde wegen ihres Einsatzes für das Lebensrecht sogar
von der Universitätsleitung offiziell vom Studium suspendiert.
Sie ging juristisch dagegen vor und verlor ein ganzes Studien-
jahr, bis sie sich erfolgreich wieder als Studentin einschreiben
und weiterstudieren konnte. Im Jahr 2018 sah sich das britische Parlament gar genötigt, sich mit der Häufung solcher
«Verbannungen» und «Safe Spaces» an den nationalen Universitäten zu befassen. Das parlamentarische Komitee für Menschenrechte veröffentlichte eigens einen Bericht[14] zu dieser
steigenden Problemlage und kritisierte die Campuspolitik,
die zunehmend «unliebsame» Meinungen vom Gelände ver-
banne. Der britische Vorsitzende der Kommission für Gleich-
stellung und Menschenrechte[15] betonte in den Medien, Universitäten sollten als eine «Bastion der Debatte und Verteidiger
der Meinungsfreiheit» agieren und nicht «Pro Life»-Gruppen
an ihrer Tätigkeit hindern, nur weil manchen Studenten diese
Ansichten missfallen. Auch in Deutschland sehen sich Hoch-
schulgruppen, die den christlichen Glauben praktizieren oder
für den Lebensschutz eintreten, zunehmend mit Schwierigkeiten bei der Akkreditierung konfrontiert, sei es durch die
Hochschulverwaltung, die Studentenvertretung oder sogar
die Kultusministerien der Bundesländer.
     Und selbst die Freiheit von Forschung und Lehre ist durch
den Vorwurf von «Hassrede» in Gefahr. Zahlreiche Professoren machten inzwischen in den USA, in England, aber auch
in Deutschland die Erfahrung, dass ihre Vorlesungen verhindert, niedergebrüllt oder lautstark gestört wurden, wenn ihre
inhaltlichen Positionen auf Widerstand stießen. In England
veröffentlichten über hundert Professoren verschiedenster
Fachrichtungen im Oktober 2018 eine gemeinsame Erklärung[16], dass sie sich durch den britischen «Gender Recogni-
tion Act» nicht mehr in der Lage sehen, ergebnisoffen im The-

menkomplex Transsexualität zu forschen, zu lehren und zu veröffentlichen, da sie sich ständigen Anfeindungen und Angriffen ausgesetzt sehen. Das britische Gesetz akzeptiert die Selbstdefinition von Geschlecht abseits biologischer Fakten, was eine abweichende Meinung zum Thema zu einem diskriminierenden Sprechakt umdeutet.

In Deutschland musste ein Gedicht über Blumen, Alleen und die Schönheit der Frau von einer Berliner Universitäts-Wand entfernt werden, nachdem feministische Gruppen sich beschwerten, es sei frauenfeindliche Lyrik, weil es Frauen auf sexistische Art und Weise auf ihr Äußeres degradiere.

Doch selbst ein stilles Gebet kann inzwischen als «Hassrede» deklariert werden, dann nämlich, wenn es räumlich in der Nähe einer Abtreibungsklinik stattfindet und Frauen zur Umkehr bewegen soll. In verschiedenen Ländern wurden auch hier räumliche Bannmeilen der Meinungsbegrenzung gezogen, damit Lebensschützer nicht mehr in unmittelbarer Nähe oder gar in Sichtweite von Abtreibungskliniken und -praxen stehen, Hilfe anbieten oder auch nur still beten können. Im deutschen Bundesland Hessen hat das Innenministerium gar einen offiziellen Erlass[17] verabschiedet, um schwangere Frauen von Abtreibungsgegnern zu separieren, denen sie auf dem Weg zu den Einrichtungen der Abtreibungsorganisation «Pro Familia» begegnen könnten. «Im Regelfall sind die Örtlichkeit einer Versammlung räumlich so weit von der Beratungsstelle entfernt festzulegen oder bestimmte Bereiche auszunehmen, dass kein Sicht- oder Rufkontakt mit der Beratungsstelle mehr besteht», erklärte ein Ministeriumssprecher mit Verweis auf das Papier. Der Partei *Die Linke* ist das nicht genug, sie hat eine Gesetzesinitiative[18] zur Errichtung von «Schutzzonen» in einem Radius von 150 Metern rund um Abtreibungskliniken vorgeschlagen, um jede abweichende Meinung zu Abtreibung aus bestimmten Bereichen fernzuhalten.

Bisher scheitert das Vorhaben politisch, da es nicht nur die Meinungsfreiheit, sondern auch die Versammlungsfreiheit unzulässig einschränkt. Doch Deutschland kopiert damit auch nur «Bannmeilen»-Gesetze, die in Ländern wie England oder in einzelnen Staaten der USA durchgesetzt wurden, um Rede oder gar das Gebet gegen Abtreibung aus manchen Bereichen des öffentlichen Lebens zu verdrängen. In den US-Bundesstaaten Massachusetts, Colorado und Montana mussten die Bannmeilen nach einer Entscheidung des Supreme Court 2014 wieder aufgehoben werden, da das Gericht urteilte, sie verstießen unter anderem gegen das Recht auf freie Meinungsäußerung. In England herrscht seit Jahrzehnten Streit vor der «Mary Stopes»-Klinik in London, seit 2018 existiert nun auch dort eine sogenannte «safe zone»[19], in der Abtreibungsgegner nicht einmal stumm und schweigend aktiv sein dürfen.

Viertens hatte ich vorausgesagt, dass es eine steigende, von der Regierung unterstützte Überwachung und Berichterstattung geben wird. Der deutsche Kampf gegen «Hassrede» im Internet kann hierbei als negatives Paradebeispiel herangezogen werden. Mit der zunehmenden Nutzung des Internets wurden schließlich ganz neue «digitale Zonen» der Meinungsäußerung geschaffen, die sich ständig vergrößern und nun aus staatlicher Sicht offenbar beobachtet und reguliert werden müssen. Dass der Ruf nach gesetzlicher Eindämmung von «Hassrede» im Netz nicht lange auf sich warten ließ, war erwartbar. Die Einführung des sogenannten Netzwerkdurchsetzungsgesetzes (NetzDG)[20] im Jahr 2017 ist vermutlich eines der folgenreichsten «Hassrede»-Gesetze der Neuzeit. Zwei Dinge sind an diesem Gesetz qualitativ anders im Vergleich zu jenen langjährig bestehenden «Hassrede»-Gesetzgebungen, von denen noch die Rede sein wird: Erstmals soll die Kommunikation der Bürger im digitalen Raum kontrolliert und eingegrenzt werden, indem man die neuen Medien und sozialen Netzwerke in den Fokus genommen hat.

Neu und einzigartig ist aber auch, dass dieses Gesetz nicht jene Person bestrafen soll, die selbst eine «Hassrede» tätigt, sondern stattdessen die Plattformen, die dem «Hassredner» dafür ein Podium im Internet bieten. Somit wird die «Beihilfe» zur «Hassrede» bestraft, und zwar auch dann, wenn der Täter selbst nie vor einem ordentlichen Gericht angeklagt wird. Soziale Netzwerke wie Facebook, Twitter, YouTube usw. sind seither verpflichtet, jene Inhalte, die von anderen Nutzern als angebliche «Hassrede» gemeldet werden, innerhalb kürzester Zeit mit eigenen Mitarbeitern zu überprüfen und zu löschen, weil den Unternehmen sonst Bußgelder zwischen 500.000 Euro oder gar fünf Millionen Euro drohen.[21]

Praktisch ist für den deutschen Staat hierbei, dass er trotz dieses Gesetzes absolut frei bleibt von Vorwürfen, er zensiere die Meinungsäußerungen seiner Bürger. Das Netzwerkdurchsetzungsgesetz sagt in seinem Paragrafen 1, Abs. 3, rechtswidrige Inhalte seien Inhalte, die bestimmte Kriterien einer ganzen Anzahl von aufgelisteten Strafrechtsnormen des deutschen Strafgesetzbuches erfüllen und nicht durch andere Gründe gerechtfertigt seien. Ob nun eine Aussage wirklich rechtswidrig ist oder nicht, wird im Sinne des Strafrechts normalerweise vor einem ordentlichen deutschen Gericht in einem Verfahren geklärt und ist nicht Definitionssache eines Privatunternehmens. Facebook, Twitter und Co. geben nun selbst an, dass sie ja nicht nach rechtlichen Standards, sondern nach ihren «Community-Regeln» entscheiden. Was also in sozialen Netzwerken noch sagbar ist, wurde als Entscheidung in den vorgerichtlichen Raum an die Betreiber der Plattformen und deren Mitarbeiter ausgelagert. Der einfache Nutzer solcher Netzwerke kann also bereits bei Verstoß gegen Gemeinschaftsregeln mit der Löschung seiner Beiträge, mit Sperrungen oder der Entfernung seines ganzen Profils rechnen – und nicht erst dann, wenn er tatsächlich gegen ein deutsches Gesetz verstoßen hat und deswegen rechtskräftig verurteilt wurde.

Da die Betreiber der meistgenutzten sozialen Netzwerke nahezu alle in den USA angesiedelt sind, könnte man also mit Fug und Recht behaupten, dass die Frage, was ein deutscher Bürger auf seinem Facebook-Profil noch sagen darf, von Regeln abhängt, die im Silicon Valley in Kalifornien aufgestellt werden. Und anstatt dass der deutsche Staat seine Bürger vor dieser Willkür privater Unternehmen schützt, hat er selbst mit diesem Gesetz absichtlich das Instrument geschaffen und fordert unter Androhung von Bußgeldern seine Anwendung ein.

Entsprechend enthält auch das deutsche NetzDG keine Definition von «Hassrede» und setzt damit die zweifelhafte «Tradition» aller anderen europäischen und auch internationalen «Hassrede»-Gesetze fort. Aktuell wird über eine weitere Verschärfung des Gesetzes in Deutschland diskutiert. Das sozialdemokratisch geführte Justizministerium hat einen neuen Referentenentwurf vorgelegt, der vom Regierungskabinett bereits abgesegnet wurde, aber noch die Hürde des Parlamentes nehmen muss. Man möchte die Plattform-Betreiber fortan zwingen, nicht erst nach Meldung eines Hassbeitrages durch andere Nutzer zu reagieren, sondern eigeninitiativ solche Postings zu finden und zu löschen. Sie sollen darüber hinaus aber auch eventuell strafbare Inhalte an das Bundeskriminalamt melden müssen. Wenn diese Erweiterung tatsächlich im Parlament durchkommt, hätte der deutsche Staat die Fahndung nach «Hassrede» und auch das Denunzieren der Nutzer gesetzlich ebenfalls an private Unternehmen delegiert.

Die Unternehmen selbst sehen das Gesetz sehr kritisch. Google warnte in einer umfangreichen Stellungnahme[22], dass durch die geplante Übermittlungspflicht «eine umfassende Datenbank beim Bundeskriminalamt über Nutzer und die von ihnen geposteten Inhalte zum Zwecke der Strafverfolgung» aufgebaut werde, die ihresgleichen suche, da auch die Herausgabe von Passwörtern und damit der Zugang auch zu privaten Nachrichten von Nutzern möglich wird. Wörtlich heißt es: «Die Ausweitung von Straftatbeständen, die umfassende Einräumung neuer Befugnisse und Auskunftsansprüche von Sicherheitsbehörden sowie die Verpflichtungen von Telemedienanbietern (Diensteanbietern) im Allgemeinen und Diensteanbietern sozialer Netzwerke im Speziellen, Nutzerdaten in ganz erheblichem Umfang zu erfassen, zu speichern und teils ohne Beachtung bisher geltender rechtsstaatlicher Schutzmechanismen wie etwa das Vorliegen eines richterlichen Beschlusses herausgeben zu müssen, sind rechtlich in höchstem Maße bedenklich.»

Nicht zuletzt hat auch die Europäische Kommission im Mai 2016 einen «Verhaltenskodex zur Bekämpfung illegaler Hetze im Internet»[23] eingeführt, um damit gegen die Verbreitung rassistischer und fremdenfeindlicher Hetze im Internet vorzugehen. Es handelt sich dabei um eine Rahmenvereinbarung, die große IT-Unternehmen wie Facebook, YouTube, Microsoft, Twitter, Google+, Instagram, Snapchat und Dailymotion dazu verpflichtet, die Verbreitung illegaler Online-Inhalte in Europa zu bekämpfen. Obwohl es sich um eine freiwillige Selbstverpflichtung der Unternehmen handelt, ging ihrer Einführung politischer Druck voran, und die Einhaltung wird auf EU-Ebene ständig überwacht. Der Kodex soll vor allem sicherstellen, dass rassistische oder fremdenfeindliche Inhalte auf den Online-Plattformen rasch entfernt werden. Die Ambition ähnelt dem deutschen Netzwerkdurchsetzungsgesetz; man hat allerdings nicht die Kompetenz, die Unternehmen mit ähnlich drakonischen Strafen wie in Deutschland tatsächlich zu belangen. Dazu bräuchte es ein echtes Gesetz, das wiederum auf EU-Ebene gar nicht verabschiedet werden kann, da ja auch der Verhaltenskodex selbst zusichert, dass die nationale Gesetzgebung und nationale Gerichte die letzte Entscheidung beibehalten sollen. Doch ebenfalls ähnlich dem deutschen NetzDG soll die Frage, ob ein Inhalt sich noch im Spektrum legitimer Meinungsfreiheit oder bereits im strafrechtlich bewehrten Raum befindet, zunächst von den «Vorschriften und Leitlinien der Branche» und erst dann «gegebenenfalls anhand der nationalen Gesetzgebung» überprüft werden[24]. Auch hier wird also de facto die Definition legitimer Meinungen in den vorjuristischen Raum und in die Hände von Privatunternehmen gelegt; betroffen sind Millionen Nutzer auf der ganzen Welt.

Die für den Code of Conduct zuständige EU-Kommissarin, Vera Jourova, verteidigte die «freiwillige Selbstverpflichtung» der digitalen Plattformen zum Kampf gegen «Hassrede» zwar mit den Worten, man wolle kein «Wahrheitsministerium» erschaffen, sie ignoriert dabei aber den Grundsatz freier Gesellschaften, wonach falsche Ideen mit richtigen Ideen zu bekämpfen wären und nicht mit Zensur oder der Androhung von Strafen.

Natürlich haben nicht alle, die für «Hassrede»-Gesetze eintreten, schlechte Absichten. Viele Politiker beklagen den zunehmend vergifteten Status der gesellschaftlichen und politischen Debatten. Sie bedauern, wie einfach und zumeist anonym Böswilligkeiten über das Internet verbreitet werden. Und sie wünschen sich einen zivilisierten Umgang, möchten Hass und Diskriminierung verhindern. Dass sie angesichts dieser unschönen Entwicklungen handeln wollen, ist verständlich.

Aber auch die besten Absichten können negative, oft unbeabsichtigte Konsequenzen mit sich bringen. Wie dieses Buch aufzeigen wird, schafft repressive Zensur gerade kein gesundes Miteinander und keinen lebendigen gesellschaftlichen Diskurs.

Fünftens hatte ich die Prognose erstellt, dass der Schutz der Redefreiheit auch vor nationalen und internationalen Gerichten zunehmend verwässert werden wird, weil auch die Rechtsprechung immer weniger geneigt ist, bestimmte Meinungen noch als schützenswert zu betrachten.

In Finnland ermittelt die Staatsanwaltschaft seit vielen Monaten gegen die Politikerin Päivi Räsänen.[25] Sie ist Abgeordnete des finnischen Parlamentes, war vier Jahre lang gar Innenministerin. Im Herbst 2019 postete sie ein Bibelzitat aus dem Römerbrief zum Thema Sexualität und kritisierte, dass ihre Kirche als offizieller Partner bei der jährlichen «Pride»-Parade der Schwulen- und Lesben-Community fungiert. Die Generalstaatsanwaltschaft ordnete daraufhin eine Untersuchung wegen angeblicher «Hassrede» an, man verhörte sie fünf Stunden lang bei der Polizei. Auch drei weitere Untersuchungen wurden danach angeordnet, unter anderem wegen einer Broschüre, die die Politikerin und Ärztin vor 16 Jahren für eine christliche Organisation verfasst hatte und darin die christliche Sicht auf Homosexualität thematisierte.

Der bereits erwähnte Fall der Britin Maya Forstater, die wegen der Aussage auf Twitter, es gäbe nur zwei Geschlechter, ihren Arbeitsplatz verlor, fand vor Gericht ebenfalls wenig Verständnis. Ihre Klage auf Wiedereinstellung vor dem Londoner Arbeitsgericht lehnte der Richter explizit mit der Begründung ab, dass ihre Meinung zum Thema Transsexualität diskriminierend und nicht schützenswert ist.

Die Österreicherin Elisabeth Sabaditsch-Wolff wurde wegen Aussagen, die sie als Dozentin in einem politischen Bildungsinstitut zum Islam tätigte, vor Gericht gestellt. Sie wurde wegen der «Herabwürdigung religiöser Lehren» gemäß § 188 des österreichischen Strafgesetzbuches angeklagt, weil sie Mohammed eine Neigung zu kleinen Mädchen unterstellte. Das Gericht sprach sie schuldig, obwohl die jüngste Ehefrau Mohammeds nachweislich keine zehn Jahre alt war.

Fünf Jahre sind vergangen zwischen der englischen und der nun vorliegenden aktualisierten deutschen Fassung dieses Buches. Damals schrieb ich, die Zukunft der Zensurgesetze sei nicht unvermeidbar. Heute würde ich angesichts der Tatsache, dass die Realität gerade alle Prognosen überholt, hinzufügen: Der Kampf um die Meinungsfreiheit ist möglicherweise niemals wichtiger gewesen als heute.

Einleitung

*«Wenn ich ein Wort gebrauche», sagte Humpty Dumpty in
ziemlich verächtlichem Ton, «heißt es genau das, was ich
als Bedeutung wähle – nicht mehr und nicht weniger.»
«Die Frage ist», sagte Alice, «ob Sie Wörter so viel anderes
bedeuten lassen können.» «Die Frage ist», sagte Humpty
Dumpty, «wer der Herr ist – das ist alles.»*[26]
Lewis Carroll, in «Alice hinter den Spiegeln»

Seit Menschengedenken wird versucht, die freie Meinungsäußerung einzuschränken. Im 20. Jahrhundert wurde stark
diskutiert, wann genau sie eingeschränkt werden soll, und
diese Frage dominiert auch den aktuellen öffentlichen Diskurs bis heute.

Angefangen von der berühmten Analogie des Richters Oliver Wendell Holmes über die «Erzeugung von Panik durch
fälschlichen Feuerruf in einem Theater», in der er die Unterscheidung von gefährlichen Falschaussagen, die nicht von
der Redefreiheit gedeckt seien, und von gefährlichen, aber
wahren und deswegen legitimen Aussagen herausarbeitete,
über die Debatten nach dem Zweiten Weltkrieg zur Frage der
Kriminalisierung der Leugnung des Holocaust, bis hin zu der
Abschaffung historischer Blasphemie-Gesetze in Großbritannien und anderen westlichen Nationen, wurde erbittert darüber debattiert, wo man die Linie zwischen akzeptabler und

inakzeptabler Rede ziehen soll. Was darf man also sagen? Und muss das Gesagte immer der Wahrheit entsprechen, oder darf man gar im Sinne der Redefreiheit lügen?[27]

Die Redefreiheit wird korrekterweise als eines der wesentlichen Kennzeichen für eine gesunde und stabile demokratische Gesellschaft angesehen. Daher ist es, wenn wir uns in der Welt umsehen, nicht überraschend, dass jene Staaten, in denen die Redefreiheit am deutlichsten eingeschränkt ist, oft repressive, autoritäre Regimes sind. Nur wenige von uns würden sich wohlfühlen, wenn ihnen in den Straßen von Pjöngjang, Teheran oder Riad ein Megafon in die Hand gedrückt würde mit der Anweisung, die dortige Regierung zu kritisieren. Die Tatsache, dass die Lage in anderen Teilen der Welt verhältnismäßig schlechter ist, bedeutet jedoch nicht, dass Europa stolz für sich beanspruchen kann, eine Bastion der Freiheit zu sein, wie die Beispiele in diesem Buch verdeutlichen.

Tatsächlich ist es – wenn das Ausmaß, in dem wir die Redefreiheit schützen, hochhalten und schätzen, eine Messlatte für unsere Demokratie darstellt – interessant zu betrachten, wo die europäischen Nationen aktuell stehen. Doch zunächst werfen wir einen Blick über den europäischen Tellerrand.

Schizophrenie der Redefreiheit

Wenn wir uns in der Welt umsehen, können wir feststellen, dass die Redefreiheit zunehmend bedroht ist. 2012 erwartete Alex Aan in seinem Heimatland Indonesien ein Urteil zu fünf Jahren Gefängnis, weil er auf Facebook gepostet hatte, dass «Gott nicht existiert». Der Polizeichef von Dharmasraya sagte damals der Zeitung *Jakarta Globe,* dass diese Aussage «die Kriterien der Befleckung der Religion, in diesem Fall des Islam»[28],

erfülle. Im Juni 2012 wurde Aan dann letztendlich zu zweieinhalb Jahren Gefängnis verurteilt. Verständlicherweise löste
dieser Fall weltweit medial eine Mischung aus Entsetzen und
Empörung aus,[29] und viele Menschenrechtsorganisationen
starteten Kampagnen für seine Freilassung – die im Januar
2014 schließlich erreicht wurde.[30]

In Pakistan war Asia Bibi, eine Christin und Mutter von fünf
Kindern, die erste Frau in diesem Land, die wegen Blasphemie
verurteilt wurde. Acht Jahre lang saß sie im Gefängnis, während sie ihre Hinrichtung erwartete. Die infamen Blasphemie-
Gesetze Pakistans sind im Westen gut bekannt, und die Straf-
vorschriften des «Äußerns von Worten [mit der] bewussten
Absicht, religiöse Gefühle zu verletzen»[31] wurden allgemein
verurteilt. Die EU zum Beispiel war bei der Kritik federführend
und drängte die pakistanische Regierung, ihre Haltung zu diesen Gesetzen zu überdenken und deren Abschaffung zu ver-
anlassen.[32]

Journalisten werden oft routinemäßig angeklagt und ins
Gefängnis geworfen, weil sie über sensible Themen schreiben. Das war dem Beauftragten für die Freiheit der Medien
der *Organisation für Sicherheit und Zusammenarbeit in Europa* (OSZE) Anlass genug, öffentlich anzumahnen, dass
«Rede nicht kriminalisiert werden sollte»[33], in Staaten wie
Russland[34], der Türkei[35] und auch Kirgistan[36] – der letzt-
genannte Staat hatte beispielsweise einen Journalisten dafür
verurteilt, dass er in Online-Zeitungsartikeln zu «interethni-
schem Hass aufgestachelt» habe. Tatsächlich hatte er wiederholt über die gewalttätigen ethnischen Unruhen 2010 im
Süden Kirgistans berichtet und die Korruption bei der Polizei
angeprangert. Das Menschenrechtskomitee der Vereinten
Nationen empfiehlt in ähnlicher Weise, dass Staaten «die Ent-
kriminalisierung der Verleumdung erwägen sollten»[37], und in
einer Sitzung des Menschenrechtskomitees in 2011 wurde

beispielsweise festgehalten, dass die Philippinen das Recht
zur freien Meinungsäußerung verletzt hätten, nachdem ein
Bürger wegen «Diffamierung» zu einer Gefängnisstrafe verurteilt worden war.[38]

Diese kurzen Beispiele zeigen zwei Dinge: Erstens, dass die
Freiheit der Rede in vielen Ländern auf der ganzen Welt weit
davon entfernt ist, frei zu sein, und zweitens, dass die Kritik
an Redebeschränkungen gängige Praxis auch der europäischen Institutionen ist – jedenfalls wenn solche Beschränkungen der Meinungsfreiheit jenseits der eigenen Grenzen vorkommen.

Nun, wie weit sind die genannten Verstöße gegen die Redefreiheit aber wirklich entfernt von den Vorfällen, die derzeit im angeblich so freien und toleranten Europa stattfinden? Während in Indonesien ein Mann dafür ins Gefängnis
kam, dass er «Gott existiert nicht» gepostet hatte, wurde gegen einen Bischof in Irland wegen «Anstachelung zum Hass»
polizeilich ermittelt, weil er gepredigt hatte, dass Irland eine
«säkulare und gottlose Kultur» habe.[39] Paragraf 298 des pa-
kistanischen Strafgesetzbuches verbietet den Gebrauch von
Wörtern mit der bewussten Absicht, «religiöse Gefühle zu
verletzen». In Absatz 141 des Strafgesetzbuches von Zypern
– einem Mitglied der Europäischen Union – findet sich exakt
dieselbe Regelung.

Und während die OSZE fordert, dass «Rede nicht kriminalisiert werden sollte», und das Europäische Parlament explizit
die Blasphemie-Gesetze Pakistans verurteilt, während der Europäische Rat gar 2014 umfangreiche eigenständige «Menschenrechtsleitlinien der EU in Bezug auf die Freiheit der Meinungsäußerung»[40] formuliert hat, drängen viele europäische
und internationale Institutionen weiterhin darauf, innerhalb
Europas mehr und mehr Beschränkungen der Redefreiheit
einzuführen. So hat zum Beispiel die Europäische Kommis-

sion gegen Rassismus und Intoleranz (ECRI) empfohlen, dass
das Strafgesetz «öffentliche Beleidigungen und Diffamierung»
unter Strafe stellen solle, wenn sie absichtlich begangen werden;[41] die EU hat eine Rahmenrichtlinie verabschiedet, die
feststellt, dass Staaten «Beschimpfungen oder Beleidigungen»
bestrafen können;[42] und das Ministerkomitee des Europarats
hat festgestellt, Staaten sollten «berücksichtigen, dass konkrete Ausdrücke von Hassrede für Einzelne oder Gruppen so
beleidigend sein können, dass sie nicht den Grad von Schutz
erhalten, der gemäß Artikel 10 der Europäischen Menschenrechtskonvention anderen Ausdrucksformen zugestanden
wird.»[43] Strafgesetzliche Redeverbote werden in manchen Fällen – vor allem, wenn solche Verbote außerhalb Europas bestehen – verurteilt, bei Fällen innerhalb von Europa werden
sie gebilligt. Diese schizophrene Haltung zeigt recht deutlich
die Verwirrung, die die Debatte über Redefreiheit und die sogenannte «Hassrede» umgibt. Tatsächlich ist noch nicht einmal klar, was mit dem Begriff «Hassrede» überhaupt gemeint
ist.

Was ist «Hassrede»?

Um also Lewis Carrolls «Humpty Dumpty» zu paraphrasie-
ren, umfasst der Begriff «Hassrede» lediglich das, was die
Leute dafür halten, nicht mehr und nicht weniger. Deshalb
wird der Begriff in diesem Buch durchgängig in Anführungszeichen verwendet – eine Erinnerung daran, dass seine Definition oder das, was man darunter versteht, nicht als Fakt angenommen werden kann. Es gilt, was Professor Peter Molnar,
ein führender Spezialist für «Hassrede», schrieb: «Wenn im
juristischen Sprachgebrauch verwendet, scheint der Begriff
‹Hassrede› vorauszusetzen, dass der Staat die besonderen

inhaltlichen Formen, die als ‹Hassrede› reguliert werden sollten, mit gesetzlicher Präzision definieren kann. Da ich diese
implizite Annahme für fraglich halte, sollte man «Hassrede»
lediglich in Anführungszeichen verwenden.»[44]

Ein Informationsblatt des *Europäischen Gerichtshofs für
Menschenrechte* (EGMR) räumt ebenfalls ein, dass es keine allgemein akzeptierte Definition des Ausdrucks «Hassrede» gebe.[45] Auch die UNESCO veröffentlichte 2015 ein Handbuch,
das sich mit «Hassrede» im Internet beschäftigte, und gab zu,
dass «die Möglichkeit, eine allgemein übereinstimmende Definition zu erreichen, unwahrscheinlich erscheint».[46] Ein Informationsblatt des Europäischen Gerichtshofs für Menschenrechte aus dem Jahr 2008 stellte fest:

> «Die Identifizierung von Äußerungen, die als ‹Hassrede›
> qualifiziert werden könnten, ist manchmal schwierig, weil
> diese Art der Rede sich selbst nicht notwendigerweise
> durch die Äußerung von Hass oder Emotionen manifes-
> tiert. Sie kann auch in Stellungnahmen verborgen sein,
> die auf den ersten Blick rational oder normal erscheinen
> können.»[47]

2015 definierte die *Europäische Kommission gegen Rassismus
und Intoleranz* (ECRI) «Hassrede» so, dass sie als «Befürworten und Fördern von oder Aufstacheln zu jeglicher Form von
Verunglimpfung, Hass oder Herabwürdigung einer Person
oder Personengruppe zu verstehen ist, ebenso wie jegliche
Belästigung, Beleidigung, negative Stereotypisierung, Stigmatisierung oder Bedrohung einer Person oder Personengruppe
und die Rechtfertigung der genannten Äußerungen, die aufgrund der ‹Rasse›, Hautfarbe, Abstammung, nationalen oder
ethnischen Herkunft, des Alters, einer Behinderung, der Sprache, der Religion oder der Überzeugung, des biologischen

oder sozialen Geschlechts, der Geschlechtsidentität, sexuellen Orientierung oder anderer persönlicher Eigenschaften und Statusmerkmale getätigt werden; [...]»[48]

Dieselbe Politikempfehlung weist auf die Notwendigkeit hin, «jene Organisationen zu verbieten, die Hassrede fördern, die zu Gewalttaten, Einschüchterungen, Feindseligkeiten oder Diskriminierungen gegenüber jenen aufstacheln soll, die Ziel der Äußerung sind, oder von der nach vernünftigem Ermessen angenommen werden muss, dass sie diese Wirkung erzielt; [...]»[49]

Die Agentur der Europäischen Union für Grundrechte (FRA[50]) hat ebenfalls versucht, jene *spezifische* Redeweise zu identifizieren, die ihrer Meinung nach als Hassrede verboten werden sollte. Tatsächlich finden wir unterschiedliche Definitionen, je nachdem, welches Dokument wir lesen. So hat die FRA zum Beispiel festgestellt, dass «Hassrede»: «*[...] Aufrufe und Anspornung zu Hass, Diskriminierung oder Feindseligkeit gegenüber Personen bezeichnet, die durch Vorurteile gegenüber einer bestimmten Besonderheit der Betroffenen [...] motiviert sind.*»[51]

In einem weiteren Papier beklagt die Agentur: «*Derzeit gibt es auf EU-Ebene kein geeignetes verbindliches Instrument, das auf eine wirksame Bekämpfung der Äußerung negativer Meinungen über LGBT, der Aufstachelung zu Hass oder Diskriminierung sowie von Misshandlungen und Gewalt abzielt.*»[52]

Auf Grundlage oben zitierter Dokumente – Schriftstücke, die allein mit der Intention erstellt wurden, die Öffentlichkeit aufzuklären und gesetzliche Klarheit zu erschaffen – können wir über «Hassrede» also Folgendes in Erfahrung bringen: Sie manifestiert sich nicht notwendigerweise selbst durch den Ausdruck von Hass, und sie kann rational und normal erscheinen; sie ist immer durch Hass motiviert, unter der Voraussetzung, dass der Hass sich auf vom Staat ausgewählte und zu schützende Gruppen bezieht; und obwohl sie unmöglich zu definieren ist, kann «Hassrede» gleichzeitig dennoch Verunglimpfung, Respektlosigkeit, Verleumdung, negative Meinung, Verherrlichung, Leugnung, Trivialisierung, Rechtfertigung, Verurteilung, Aufstachelung, Diskriminierung, Hass, Feindseligkeit und Beleidigung beinhalten.

Bei einer derart ungenauen Terminologie ist leicht zu erkennen, dass die Kennzeichnung einer Rede als «Hassrede» ein effektives Mittel sein kann, um beliebige kontroverse Sichtweisen zu einem Thema zum Schweigen zu bringen und die Debatte darüber zu beenden. Jene Redeweisen, die oft der «Hassrede» bezichtigt werden, mögen nicht populär sein; sie können sogar höchst unpopulär sein und auch beleidigend, doch ob sie deswegen strafrechtlich verfolgt werden sollten, ist insgesamt eine ganz andere Frage.

Was sind «Hassrede»-Gesetze?

Da es keine allgemein anerkannte Definition der «Hassrede» gibt, ist die Identifizierung von «Hassrede»-Gesetzen entsprechend ebenfalls keine leichte Aufgabe. Oft wird argumentiert, dass «Hassrede»-Gesetze nur eine von vielen Arten und Weisen seien, mit denen die Rede eingeschränkt werde, und dass sie nicht illiberaler seien als Gesetze, die andere Formen der Äußerung verbieten würden, wie zum Beispiel die Verbreitung von Kinderpornografie, die Enthüllung von Staatsgeheimnissen oder die Verbreitung von Rufschädigung. Dennoch gibt es bedeutende Unterschiede.

Andere Formen der Beschränkungen bestimmter Äußerungen, die sich im Laufe der Zeit bewährt haben, sind in der Regel sehr eng gefasst und zumindest durch die Rechtsprechung klar definiert. Die Einschränkung der Redefreiheit bedarf eines Gesetzes und muss sich zudem am Maßstab der Verhältnismäßigkeit messen lassen, muss also geeignet, notwendig und angemessen sein. Die Meinungsäußerungsfreiheit hat grundsätzlich Vorrang, ihre Einschränkung bedarf der Rechtfertigung. Der Verrat von Staatsgeheimnissen ist beispielsweise nur dann strafbar und nicht von der Redefreiheit gedeckt, wenn diese «von einer amtlichen Stelle oder auf deren Veranlassung geheimgehalten» werden und ihre Offenlegung «die Gefahr eines schweren Nachteils für die äußere Sicherheit der Bundesrepublik Deutschland herbeiführt» (§ 95 Abs. 1 StGB der Bundesrepublik Deutschland).

Bei näherer Betrachtung sind «Hassrede»-Gesetze jedoch ganz anders gestaltet:

Sie sind bewusst ungenau formuliert und werden willkürlich durchgesetzt.

Sie schützen nur bestimmte Gruppen und erfordern selten ein tatsächliches, konkretes Opfer.

Sie konzentrieren sich mehr auf die erzeugte Resonanz beim Zuhörer als auf den Wahrheitsgehalt der getätigten Aussage.

Kurz: «Hassrede»-Gesetze sind eine Einschränkung der Redefreiheit, haben aber ein völlig anderes Konzept als andere «verbreitete und dauerhafte» Einschränkungen freier Rede, von denen die meisten Gesellschaften glauben, sie seien wünschenswert.[53]

Ziel dieses Buches ist nicht die abschließende Auflistung aller zulässigen Beschränkungen der Meinungsäußerungsfreiheit; stattdessen konzentriert es sich auf das zeitgenössische Phänomen der Entstehung einschränkender Vorschriften, die unter dem Oberbegriff der «Hassrede»-Gesetze zusammengefasst werden können. Hier einige der Gemeinsamkeiten dieser Gesetze:

1. «Hassrede»-Gesetze sind vage formuliert

Wie die Anhänge zu diesem Buch verdeutlichen, beinhalten
«Hassrede»-Gesetze eine vage Terminologie und ermöglichen
damit erstaunlich weitreichende Auslegungsvarianten. In
Deutschland ist «Beleidigung» eine kriminelle Handlung, wobei eine Beleidigung definiert ist als «rechtswidriger Angriff
auf die Ehre eines anderen durch die Kundgabe der Missachtung oder der Nichtachtung»[54]. In Griechenland kann jeder,
der «gegenüber Gott einen Mangel an Respekt» zeigt, zu einer
Gefängnisstrafe verurteilt werden, während in Spanien jeder,
der «öffentlich, mündlich oder schriftlich, diejenigen verhöhnt, die sich zu keiner Religion und keinem Glauben bekennen», ein Verbrechen begehen könnte, man also eher die
Atheisten denn die Gläubigen schützt. Mit Blick auf die Fülle
von Vergehen, die «zum Hass aufstacheln», ist oft sehr unklar,
was mit dem Begriff «Hass» gemeint ist.

2. «Hassrede»-Gesetze beinhalten ein weitgehend subjektives Element

Anstelle einer objektiven Bewertung der fraglichen Rede anhand eines objektiven Maßstabs richten «Hassrede»-Gesetze
die Aufmerksamkeit oft auf *die Wahrnehmung durch den Hö-
rer, also den Empfängerhorizont.* In Großbritannien zum Beispiel erläutert ein von der Regierung herausgegebener Leitfa-
den, dass ein «Hassvorfall» jeder Vorfall sei, «der tatsächlich
oder auch nicht unbedingt eine strafbare Handlung darstellt,
der durch das Opfer oder jegliche andere Person als durch
Vorurteil oder Hass motiviert wahrgenommen wird».[55] «Hassrede», «Hassverbrechen» und «Hassvorfälle» können also aus
rein subjektiver Wahrnehmung eines vermeintlichen Opfers
zur strafbaren Realität werden.

3. «Hassrede»-Gesetze können auch bei wahren Aussagen greifen

Während zur Begründung eines Verleumdungsvorwurfs nach traditionellem Verständnis die bewusste Unwahrheit der Äußerung bewiesen werden muss, also zur Verteidigung immer der Beleg der Wahrheit der getätigten Aussage genügt, ist es möglich, wegen «Hassrede» verurteilt zu werden, ohne dass die Wahrheit des Gesagten jemals geprüft wird. So wurde etwa 2014 der schwedische Politiker Michael Hess wegen eines «Hassrede»-Vergehens für schuldig befunden und schwer bestraft. Während des Prozesses merkte der Richter im Hinblick auf den Beleidigungstatbestand rechtlich zutreffend an, dass «die Frage, ob die Aussage wahr ist oder zumindest für Michael Hess wahr zu sein schien, für das Verfahren irrelevant ist».[56]

Bemerkenswerterweise konzentriert sich eine ganze Reihe von Beispiel-Fällen in diesem Buch auf die «Beleidigung» und nicht darauf, ob der Sprecher die Wahrheit gesagt hat oder nicht. So steht es übrigens auch im deutschen Strafrecht, Paragraf 192, StGB, der klarstellt: «Der Beweis der Wahrheit der behaupteten oder verbreiteten Tatsache» schließe die Bestrafung als Beleidigung nicht aus. In dem Fall entscheiden die Form oder die Art der Verbreitung über den Grad der Strafbarkeit.[57] Auch die Wahrheit kann also «Hassrede» sein.

4. «Hassrede»-Gesetze erfordern selten ein Opfer

Bei vielen strafbaren Handlungen, wenn auch nicht bei allen, gibt es ein klar identifizierbares Opfer: Jemand wurde ausgeraubt, angegriffen, entführt. Auch in traditionellen Fällen von Diffamierung oder Verleumdung muss eine reale Person diffamiert oder verleumdet worden sein. Die meisten «Hassrede»-Gesetze erlauben jedoch die strafrechtliche Verfolgung auch dann, wenn es kein konkretes Opfer gibt – stattdessen wird einfach eine nicht identifizierbare Gruppe mutmaßlicher «Opfer» angenommen. Ungarn ist vor kurzem diesen Schritt gegangen, indem es das kriminelle Vergehen schuf, Hass gegen «die ungarische Nation» anzustacheln.[58] Die Verfassung des Landes stellt in ähnlicher Weise klar, dass die Ausübung des Rechts auf freie Meinungsäußerung nicht so weit gehen könne, dass die Würde der ungarischen Nation verletzt wird.[59] Auf diese Weise kann der Staat selbst jetzt ein Opfer von «Hassrede» werden.

5. «Hassrede»-Gesetze schützen häufig nur bestimmte Personengruppen

Die große Mehrheit der «Hassrede»-Gesetze schützt Menschen nur dann, wenn sie sich selbst einer bestimmten «Gruppe» zugehörig definieren – und diese geschützten Gruppen sind oft diejenigen mit dem größten politischen Einfluss. Wenn eine Person wegen bestimmten äußeren Merkmalen beleidigt wird, zum Beispiel wegen ihres Gewichts oder ihrer Haarfarbe, wird es selten Begründungen für eine Klage geben. Wenn dieselbe Person jedoch wegen anderer Merkmale beleidigt wird, wie zum Beispiel ihrer Abstammung, ihrer Hautfarbe, ihrem religiösen Glauben oder, wie seit neuestem, ihrer «sexuellen Orientierung» und «Genderidentität», kann dies sehr wohl strafrechtliche Verfolgung auslösen.

6. «Hassrede»-Gesetze werden willkürlich durchgesetzt

Vage formulierte Gesetze, kombiniert mit hochmotivierten und finanziell gut ausgestatteten Interessengemeinschaften, ermöglichen es, dass «Hassrede»-Gesetze benutzt werden, um eine bestimmte Agenda zu erzwingen – oft legen sie damit auch die Debatten über Themen von öffentlichem Interesse still. Dies wird nirgendwo deutlicher als in Großbritannien, wo Absatz 5 des *Public Order Act 1986* fast 30 Jahre lang «beleidigende Worte» unter Strafe gestellt hatte, bis das Gesetz 2013 reformiert wurde. Das Verbot war ursprünglich erlassen worden, um gegen Fußball-Hooligans vorgehen zu können. In den letzten zehn Jahren hat sich der inhaltliche Fokus jedoch verändert, wodurch es mehr und mehr dazu genutzt wurde, um christliche Straßenprediger einzusperren und juristisch zu verfolgen, die über Themen wie Sexualmoral sprachen. Die Formulierung des Gesetzes hatte sich in diesem Zeitraum nicht geändert, das politische Klima aber sehr wohl, und das Gesetz wurde als Werkzeug benutzt, um Diskussionen oder manche Meinungsäußerungen ganz abzustellen.

7. «Hassrede»-Gesetze kriminalisieren Meinung
Während die freie Rede bereits auf viele Arten und Weisen durch Verbote und Gebote eingeschränkt werden kann, sei es durch einen Sprach-Kodex an Universitäten bis hin zu Sprachregelungen zur Vermeidung von Belästigungen am Arbeitsplatz, wurden in den letzten Jahren in Europa zusätzlich eine steigende Anzahl von strafrechtlichen Bestimmungen eingeführt. Angesichts der Tatsache, dass das Strafrecht die drastischste Art ist, das Verhalten der Bürger zu regulieren, wird sich dieses Buch weitgehend auf die strafrechtlichen Einschränkungen der Redefreiheit konzentrieren.

Dies sind also einige der definierenden Merkmale gesetzlicher Bestimmungen, die «anstößige» oder «beleidigende» Redeweise verbieten. Zusammengenommen bilden sie eine ungefähre Kategorie, auf die wir uns als «Hassrede»-Gesetze beziehen. Alle europäischen Staaten haben solche Gesetze, und wie wir sehen werden, hat ihr beständiger Gebrauch, ihr Missbrauch und ihre stetige Erweiterung eine tiefgreifende Wirkung auf die Redefreiheit auf dem gesamten Kontinent.

«Hassrede»-Gesetze und Redefreiheit

Angesichts der Bedrohung, die «Hassrede»-Gesetze darstellen, ist dieses Buch ein Aufruf, eine der wichtigsten Freiheiten in den Verfassungssystemen jeglicher demokratischer Staaten erneut zu bestätigen: die Redefreiheit. Ohne Redefreiheit kann es keine echte Diskussion unter den Bürgern geben, und ohne Diskussion gibt es keine Demokratie. Die Vereinten Nationen bestätigten bereits 2011: «Meinungs- und Redefreiheit sind unabdingbare Bedingungen für die ganzheitliche Entwicklung der Person. Sie sind für jegliche Gesellschaft wesentlich. Sie bilden den Grundstein für jede freie und demokratische Gesellschaft».[60]

Darüber hinaus ist die Meinungsfreiheit nicht nur das Kennzeichen einer freien Gesellschaft, sondern sie ist in der Regel auch «das erste Recht, das von illiberalen Staaten eingeschränkt wird».[61] Es kann daher nicht überraschen, dass Hitlers erste «Notverordnung» nach der Machtergreifung 1933 festlegte, dass «Beschränkungen der persönlichen Freiheit, des Rechts der freien Meinungsäußerung, einschließlich der Pressefreiheit, des Vereins- und Versammlungsrechts, […] zulässig [sind]».[62]

Obwohl solche drastischen Angriffe auf die bürgerlichen Freiheiten heutzutage in Europa nicht stattfinden, bedrohen die allmähliche Ausweitung von «Hassrede»-Gesetzen und die steigende Häufigkeit ihrer Nutzung dennoch zunehmend die freie Rede und andere, eng damit verbundene Freiheiten. Diese Bedrohung erfordert umfangreiche und solide Antworten, die aber aktuell in der öffentlichen Debatte zu fehlen scheinen.

Wie dieses Buch erläutert, ist das aktuelle Verständnis von «Hassrede» und «Hassrede»-Gesetzen vollkommen unzureichend. Anstelle der aktuellen Definition, wonach eine Redeweise, die «beleidigend» oder «anstößig» ist, ungesetzlich sei, sollten Einschränkungen der Redefreiheit extrem restriktiv gehandhabt und sehr gut definiert werden. Entsprechend sollte das Gesetz die sogenannte «Hassrede» nur dort einschränken, wo es eine Anstachelung zu unmittelbar bevorstehender Gewalt gibt. Wo es eine solche Aufstachelung nicht gibt, sollten Bürger frei sein, zu beleidigen, zu kränken, zu schockieren, zu spotten und jeden anderen und den Staat zu kritisieren, unabhängig davon, wie lächerlich, unangenehm oder unerfreulich diese Redeweise sein mag – das sind die Anforderungen an eine echte Demokratie.

Der britische Richter Lord Justice Sedley hielt es 1999 in einer Urteilsverkündung sehr treffend fest: «Die freie Rede beinhaltet nicht nur das Harmlose, sondern das Irritierende, das Umstrittene, das Exzentrische, das Ketzerische, das Unwillkommene und das Provokante, vorausgesetzt, es tendiert nicht dazu, Gewalt zu provozieren. Die Freiheit, lediglich Harmloses zu sagen, ist es nicht wert, sie zu besitzen.»[63]

Auf dieser grundlegenden Prämisse der Redefreiheit basiert dieses Buch. Ich hatte nicht die Absicht, eine erschöpfende juristische Abhandlung eines Themas zu schreiben, über das bereits ausführlich geschrieben worden ist. Indem ich die düstere Geschichte von Europas «Hassrede»-Gesetzen umreiße, zahlreiche «Hassrede»-Verfahren und die Gesetze, auf Grundlage derer sie eröffnet wurden, zusammenstelle und mich mit den vorgebrachten Argumenten zugunsten von «Hassrede»-Gesetzen befasse, ist es mein Ziel, den illiberalen und gefährlichen Weg zu verdeutlichen, auf dem Europa sich dadurch jetzt schon befindet.

Es ist gleichzeitig meine Hoffnung, dass Europa seinen aktuellen Kurs ändert, weg von einer staatlich durchgesetzten Zensur und hin zur Respektierung einer der grundlegenden Freiheiten in jeder liberalen Demokratie: der Redefreiheit.

TEIL EINS

Die Entstehung von Europas «Hassrede»-Gesetzen

«Man kann nicht sagen, dass das Verbot des Eintretens für Rassenhass, nationalen oder religiösen Hass eine Verletzung der Presse- oder Redefreiheit darstellt. [...] Presse- und Redefreiheit können nicht als Vorwand für die Verbreitung von Ansichten dienen, die die öffentliche Meinung vergiften.»

Alexander Bogomolov, sowjetisches Mitglied
der Menschenrechtskommission, 1947

Kapitel 1:
Die Allgemeine Erklärung
der Menschenrechte

Die Debatte rund um Redefreiheit und «Hassrede» ist nicht neu, und die Besorgnis über das aktuelle Verständnis von «Hassrede» wird noch größer, wenn man den Kontext betrachtet, innerhalb dessen der Begriff zum ersten Mal auf der internationalen Bühne erschien. Auch wenn Gesetze, die die Redefreiheit einschränken, auf die eine oder andere Weise bereits seit Jahrhunderten bestehen, entstand die Internationalisierung von Verboten der «Hassrede» in den späten 40er Jahren, im Zuge des Zweiten Weltkriegs. Die Vorstellung, dass eine gewisse Redeweise nicht erlaubt sei, ist, mit Dokumenten gut nachweisbar, ein «beharrliches sowjetisches Vermächtnis».[64]

Die aktuellen «Hassrede»-Gesetze können natürlich nicht nur einfach deshalb zurückgewiesen werden, weil sie erstmalig durch den vereinten Druck der kommunistischen Staaten des vorigen Jahrhunderts eingeführt wurden. Dennoch sollte die Tatsache, dass die Regimes aller dieser Staaten vollständig zusammengebrochen sind und sich als moralisch bankrott erwiesen haben, bei den modernen Unterstützern von «Hassrede»-Gesetzen zumindest Verdacht erregen. Denn genau diejenigen Nationen, die erstmals so lautstark für «Hassrede»- und «Antidiskriminierungs»-Regelungen kämpften, schufen selten vorbildhafte Gesellschaften. Diskriminierung und Ungerechtigkeit waren weit verbreitet, und die staatliche Zensur wurde mit staatlich unterstützter Gewalt durchgesetzt.

Zweifellos haben die meisten modernen Befürworter von «Hassrede»-Gesetzen ganz andere Ambitionen als die ursprünglichen, und manche von ihnen mögen die besten Absichten haben. Nichtsdestotrotz sollte allein die Geschichte der Internationalisierung von «Hassrede»-Gesetzen sorgfältig betrachtet werden, insbesondere da die Rechtfertigungen für solche Gesetze heute häufig auch argumentativ wieder aufgewärmt werden.

Die folgenden Kapitel enthüllen diese Geschichte, beginnend mit der Allgemeinen Erklärung der Menschenrechte.

Wie der Entwurf für die Allgemeine Erklärung der Menschenrechte entstand

Als die internationale Gemeinschaft sich im Zuge der Nachwirkungen des Zweiten Weltkrieges versammelte, wurde ein Dokument vorbereitet mit der Absicht, die Rechte der Individuen zu garantieren und die Reichweite des Staates zu begrenzen. Am 10. Dezember 1948 versammelten sich weltweite Führungspersönlichkeiten unter dem Dach der gerade gebildeten Vereinten Nationen und gaben die *Allgemeine Erklärung der Menschenrechte* (AEdM) heraus: ein nicht-bindendes Dokument, das die Absicht hatte, zu verhindern, dass die Schrecken der vergangenen Jahre sich jemals wiederholen könnten.

Bevor das Dokument fertiggestellt wurde, unterzog man es sieben Entwurfsphasen, die sich über zwei Jahre erstreckten. Dieser Vorgang beinhaltete rigorose Entwurfs-Komitees, Kommissionen, Unterkommissionen und die aktive Beteiligung von fast 50 Mitgliedsstaaten. Während dieser Entwurfsperiode entstand die Frage, wie man mit «Hassrede», wie es heute heißt, umgehen solle, insbesondere in zwei Bereichen: während der Diskussionen über Artikel 19 (Meinungs- und Informationsfreiheit) und über Artikel 7 (Gleichheit vor dem Gesetz).

Artikel 19 der Allgemeinen Erklärung der Menschenrechte (AEdM)

Der Artikel, der die Redefreiheit garantiert, stellte für die Entwurfsverantwortlichen gleich am Anfang ein Problem dar. Die Schlussversion von Artikel 19 liest sich folgendermaßen:

> «Jeder Mensch hat das Recht auf Meinungsfreiheit und freie Meinungsäußerung; dieses Recht schließt die Freiheit ein, Meinungen ungehindert anzuhängen sowie über Medien jeder Art und ohne Rücksicht auf Grenzen Informationen und Gedankengut zu suchen, zu empfangen und zu verbreiten.»

Obwohl dieser Artikel die Absicht hatte, sich vor den Tendenzen von Hitlers Notstandsverordnungen zu hüten, durch welche der Staat seinen Bürgern eigenmächtig die Redefreiheit nahm, fürchteten einige, dass eine zügellose Redefreiheit «Faschisten» und anderen erlauben könnte, ihre «Propaganda» zu verbreiten. Daher «[...] standen die Entwurfsverantwortlichen von Artikel 19 und 20 vor dem besonderen Problem, wie tolerant eine tolerante Gesellschaft gegenüber denjenigen sein sollte – wie Nazis oder faschistischen Gruppierungen –, die ihrerseits in Wort oder Tat intolerant sind».[65] Bei diesem Punkt herrschte eine eindeutige Uneinigkeit, und es waren die sowjetischen Ergänzungen, die für «intolerante» Rede nur wenig oder gar keine Toleranz vorschlugen.

Die finale Fassung von Artikel 19 enthält keine Klausel, die der Redefreiheit irgendeine Begrenzung auferlegt. Während des Entwurfsprozesses aber ging dies nicht ohne Kontroversen ab. Während der Diskussionen in der Unterkommission für Informationsfreiheit wurden zwei verschiedene Einschränkungsklauseln vorgeschlagen. Nur zwei Experten widersetzten sich beiden Versionen dieser Einschränkungen – der sowjetische und der tschechoslowakische Delegierte. Jedoch geschah dies nicht, weil diese Ergänzungen die Redefreiheit einschränkten, sondern weil sie ihrer Meinung nach nicht genug eingeschränkt wurde. Dennoch stimmte die Mehrheit der Unterkommission letztendlich dafür, die vorgeschlagenen Einschränkungsklauseln ganz zu streichen.[66]

Davon unbeeindruckt verfolgten die Sowjets ihre Einwände weiter und unternahmen einige neue Versuche, um die Rede- und die Versammlungsfreiheit einzuschränken. So schlug die sowjetische Delegation beim *Dritten Ausschuss der Menschenrechtskommission* im Juni 1948 Änderungen vor, die sowohl die Redefreiheit als auch die Versammlungsfreiheit einschränken würden. Es wurde die Formulierung vorgelegt, dass «die Nutzung der Redefreiheit und der Pressefreiheit zum Zweck, Faschismus und Aggression zu propagieren oder um zum Krieg zwischen Nationen anzustacheln, nicht toleriert werden soll».[67] Weiter hieß es: «Alle Gesellschaften, Verbände und anderen Organisationen faschistischer oder antidemokratischer Natur sind ebenso wie deren Aktivität in jedweder Form gesetzlich unter Androhung von Strafe verboten.»[68] Doch erneut wurden alle Ergänzungen mit der Absicht, denjenigen die Redefreiheit und Versammlungsfreiheit zu verweigern, die als «Faschisten» bezeichnet wurden, abgelehnt. Die Sichtweise der Mehrheit lautete, dass, trotz «des Hasses auf den Faschismus, den besonders die UdSSR empfindet»[69], Toleranz bedeuten solle, dass man sogar den Intoleranten toleriert.

Außerdem, ähnlich wie beim heutigen «Hassrede»-Begriff, war den Delegierten vieler westlicher Staaten nicht klar, was mit dem Begriff «Faschist» gemeint war, insbesondere da die sowjetische Delegation ihn als «blutige Diktatur des reaktionärsten Teils von Kapitalismus und Monopolen»[70] definiert hatte. Daher gab es für die Sowjets «lediglich einen graduellen Unterschied zwischen Nazi-Deutschland und den westlichen Demokratien, aber keinen Wesensunterschied».[71] Mit einer solch vagen Definition eines «Faschisten» bestand die reale Gefahr, dass der Begriff all das bedeuten könnte, was der Staat dazu bestimmt, und dass dieses Verbot genutzt werden könnte, Menschen oder Gruppierungen einzuschränken, die staatlicherseits nicht gebilligt wurden. Gemeinsam mit anderen westlichen Nationen machte Kanada seinen Widerstand gegen diese unklare Terminologie deutlich. Der UN-Bericht dazu liest sich so:

«Die kanadische Delegation konnte die Theorie, dass Menschenrechte auf diejenigen Menschen begrenzt werden sollten, die durch die kommunistische Doktrin gebilligt und zugelassen werden, während alle anderen als Faschisten für ungesetzlich erklärt werden sollten, nicht akzeptieren. Der Begriff ‹Faschist›, der früher eine eindeutige Bedeutung hatte, […] wurde jetzt missbräuchlich verwässert, indem er auf jegliche Person oder Idee angewandt wurde, die nicht kommunistisch war.»[72]

Bevor der endgültige Text verabschiedet wurde, gewährte die sowjetische Delegation einen weiteren hilfreichen Einblick in ihre Haltung. Ein Vertreter argumentierte folgendermaßen:

«Es war nicht von Nutzen zu argumentieren, dass man sich nur durch Ideen anderen Ideen widersetzen sollte;

Ideen haben Hitler nicht daran gehindert, Krieg zu führen. Taten werden gebraucht, um die Geschichte daran zu hindern, dass sie sich wiederholt. Es müssen nicht nur Ideen durch andere Ideen bekämpft werden, sondern faschistische Manöver und kriegstreiberische Machenschaften müssen ebenfalls und in besonderer Weise für illegal erklärt werden, und man muss für die notwendigen strafgesetzlichen Maßnahmen sorgen.»[73]

Daher strebten die Sowjets in einem Dokument, das erstellt wurde, um die Reichweite des Staates zu begrenzen, Regelungen an, die die Staatsmacht ausweiten würden, nämlich Regelungen mit «strafgesetzlichen Maßnahmen», die als notwendiges Mittel gegen «Ideen» angesehen wurden. Dankenswerterweise aber war die Mehrheit anderer Meinung, und die Endversion von Artikel 19 schloss keine besondere Person oder Gruppierung ausdrücklich von der Schutzwürdigkeit aus. Die sowjetische Anmerkung, dass es «gefährliche Ideen gibt, deren Verbreitung verhindert werden sollte»[74], wurde zurückgewiesen. Zu einem Zeitpunkt also, als die Angst vor dem Faschismus vielleicht am allergrößten war und tatsächlich als Hauptmotivation für die Menschenrechtserklärung diente, waren die Gestalter der Erklärung dennoch nicht bereit, eine Rede, die als «faschistisch» bezeichnet wurde, als des Schutzes unwürdig herauszunehmen.

Artikel 7 der Allgemeinen Erklärung der Menschenrechte (AEdM)

Erfolgreicher waren die sowjetischen Ambitionen in der Unterkommission zur Verhinderung der Diskriminierung und zum Schutz von Minderheiten. Die endgültige Version von Artikel 7 liest sich so:

> «Alle Menschen sind vor dem Gesetz gleich und haben ohne Unterschied Anspruch auf gleichen Schutz durch das Gesetz. Alle haben Anspruch auf gleichen Schutz gegen jede Diskriminierung, die gegen diese Erklärung verstößt, und gegen jede Aufhetzung zu einer derartigen Diskriminierung.»

Morsink verweist darauf, dass «die Kommunisten mehr als jeder andere Wahlblock von Anfang an danach strebten, eine klare Antidiskriminierungssprache in der Erklärung unterzubringen. Dieser Nichtdiskriminierungsstempel ist ihr Markenzeichen innerhalb des Dokumentes.»[75]

Der sowjetische Experte, Alexander Borisow, schlug eine Änderung vor, die, das sollte beachtet werden, sich nicht von vielen der Gesetze unterscheidet, die im Anhang dieses Buches zitiert werden. Die vorgeschlagene Änderung fügte Artikel 7 einen Paragrafen hinzu: «Jegliches Eintreten für nationale, rassische und religiöse Feindseligkeit oder für nationale Exklusivität, für Hass oder Verachtung, ebenso wie jegliche Handlung, die eine Bevorzugung oder eine Diskriminierung darstellt, welche auf der Unterscheidung von Rasse, Nationalität oder Religion gründet, stellt ein Verbrechen dar und soll von Staats wegen eine strafbare Handlung sein.»[76]

Diese Änderung war keine Neuschöpfung Borisows, sondern basierte auf der Tradition der zeitgenössischen kommunistischen Regimes. So stand zum Beispiel in Artikel 123 der Verfassung der UdSSR von 1936: «[...] jegliche Propagierung einer rassenmäßigen oder nationalen Exklusivität oder des Hasses und der Missachtung einer Rasse oder einer

Nationalität werden gesetzlich geahndet.»[77] Artikel 21 der Verfassung der Volksrepublik Jugoslawien von 1946 lautet: «Verfassungswidrig und strafbar ist jeder Akt, der den Bürgern Vorrechte einräumt oder deren Rechte wegen Nationalitäts-, Rassen- und Glaubensunterschieden einschränkt, sowie jedes Propagieren von National-, Rassen- und Glaubenshass und -zwist.»[78]

Obwohl der Vorschlag letztendlich von der Unterkommission abgelehnt wurde, ermutigte eine Kompromissergänzung, die besagte, dass die «Aufstachelung zur Gewalt» verurteilt werden solle, die sowjetische Delegation so sehr, dass sie weiterhin versuchte, einen Zusatz für das «Eintreten für Hass» zu erreichen.[79]

Entsprechend machte das sowjetische Mitglied der Menschenrechtskommission, Alexander Bogomolov, dort weiter, wo Borisow aufgehört hatte, und in der Arbeitsgruppe der zweiten Sitzung der Menschenrechtskommission wurde die «Borisow-Ergänzung» wiederbelebt. Wie Morsink erläutert, «sprach Bogomolov direkt den angeblichen Konflikt zwischen Redefreiheit und Hassrede an»[80]. Seine Argumente sind es wert, in voller Länge wiedergegeben zu werden, da die sowjetische Logik in der heutigen Debatte um Redefreiheit und «Hassrede» immer noch eindeutig vorherrscht. Mit dem Argument, dass die Notwendigkeit, das Eintreten für Hass zu verbieten, «von größter Bedeutung» sei, sagte er Folgendes:

«Die Bekräftigung der Gleichheit der Individuen vor dem Gesetz sollte von der Etablierung von gleichen Menschenrechten im politischen, gesellschaftlichen, kulturellen und wirtschaftlichen Leben begleitet werden. Praktisch gesprochen bedeutet dies, dass man das Eintreten für Hass oder rassische, nationale oder religiöse Herabwürdigung nicht erlauben kann. […] Ohne ein solches Verbot wäre jegliche Erklärung nutzlos. Man kann nicht sagen, dass das Verbot des Eintretens für Rassenhass, nationalen oder religiösen Hass eine Verletzung der Presse- oder Redefreiheit darstellt. Von Hitlers Rassenpropaganda zu jeglicher anderen Propaganda, die konzipiert ist, um rassischen, nationalen oder religiösen Hass oder eine Aufstachelung zum Krieg zu entfachen, ist es nur ein kleiner Schritt. Presse- und Redefreiheit können nicht als Vorwand für die Verbreitung von Ansichten dienen, die die öffentliche Meinung vergiften. Propaganda zugunsten von rassischer oder nationaler Exklusivität oder Überlegenheit dient lediglich als ideologische Maske für eine imperialistische Aggression.»[81]

Erneut wurde der Vorschlag mit knapper Mehrheit abgelehnt. Alexej Pawlow, ein weiterer sowjetischer Delegierter, schlug diese Ergänzung ein weiteres Mal in der zweiten Sitzung der Menschenrechtskommission vor. Obwohl der Vorschlag abgelehnt wurde, wurde eine Kompromissergänzung verabschiedet, und die Worte «gegen jede Aufhetzung zu einer derartigen Diskriminierung» wurden dem Artikel 7 hinzugefügt.

Wie Morsink vermerkt, besteht jedoch ein «wesentlicher Unterschied» zwischen der sowjetischen Ergänzung und dem letztendlichen Kompromiss, der von der Kommission verabschiedet und schließlich in die AEdM aufgenommen wurde:

«Während Borisow das totale Verbot des Eintretens für oder der Aufstachelung zu Feindseligkeit, Hass und Verachtung vorgeschlagen hatte, übernahm die Kommission das *Recht, vor einer solchen Aufstachelung geschützt zu werden*. Mit anderen Worten revidierte die Kommission nicht das, was sie in den Artikeln 18, 19 und 20 geschrie-

ben hatte und wodurch sie *jedem* – inklusive Nazis und
Faschisten – die Rechte der Gedankenfreiheit, Gewissens-
und Religionsfreiheit und das Recht zugestand, diese Ge-
danken *über Medien jeder Art und ohne Rücksicht auf
Grenzen zu äußern* und dies gemeinsam mit gleichgesinn-
ten Menschen zu tun.»[82]

Die sowjetischen Ergänzungen wurden also mit wechselndem
Erfolg in die AEdM eingebracht. Während die Endversion von
Artikel 19 keinerlei Klauseln enthielt, die die Redefreiheit begrenzten – auch eine Rede, die mutmaßlich «faschistisch» war,
wurde nicht als des Schutzes unwürdig herausgenommen –,
enthielt Artikel 7 letztendlich ein Recht, vor dem «Aufstacheln
zur Diskriminierung» geschützt zu werden.

Der Entwurfsprozess der AEdM zeigt klar, dass das Thema
der «Hassrede» und Redefreiheit nicht neu ist. Darüber hinaus
kommen die Hauptbefürworter der Begrenzung der Redefreiheit ohne jeden Zweifel aus einer kommunistischen Tradition.
Wie Jacob Mchangama schreibt: «Die Geschichte des Entwurfs des Schutzes der Meinungsfreiheit in der AEdM lässt
keinerlei Zweifel daran, dass die führende Kraft hinter dem
Versuch, eine Verpflichtung zur Einschränkung dieses Rechts
im Rahmen der Menschenrechte zu verabschieden, die Sowjetunion war.»[83]

Kapitel 2:
Nachfolgende
Menschenrechtsabkommen

Die AEdM war das erste von vielen internationalen Dokumenten, die nach dem Zweiten Weltkrieg entworfen wurden, und mit der Zeit gewannen die Argumente der kommunistischen Nationen immer mehr an Boden.

Internationaler Pakt über bürgerliche und politische Rechte

Etwa zur selben Zeit begonnen wie die AEdM, aber zwei Jahrzehnte später fertiggestellt, machte der *Internationale Pakt über bürgerliche und politische Rechte* (ICCPR)[84] bei der Debatte über «Hassrede» dort weiter, wo die AEdM aufhörten.

Genau wie in der Entwurfsdebatte der AEdM gab es auch hier intensive Debatten in Bezug darauf, in welchem Ausmaß der Staat ermächtigt werden sollte, die Rede einzuschränken. Und auch hier enthüllen die Protokolldetails der Versammlungen und das Wahlprotokoll einen ähnlichen Verlauf wie bei der AEdM: Die europäischen kommunistischen Nationen strebten danach, das «Eintreten für Hass» zu verbieten, während die liberalen demokratischen Nationen zugunsten der Redefreiheit argumentierten.[85] Anders aber als bei der AEdM waren die kommunistischen Nationen bei der endgültigen Version des ICCPR in der Lage, genügend Unterstützung zusammenzubringen, um ihre Ergänzungen zum Verbot der «Hassrede» durchzusetzen, so dass dem ICCPR ein besonderes Redeverbot hinzugefügt wurde. Darüber hinaus ist der ICCPR im Gegensatz zu den AEdM ein bindendes Dokument und seit der Annahme 1966 wurde er bis jetzt von 168 Staaten ratifiziert – das sind über 75 Prozent aller Nationen der Welt.

Im ersten Entwurf beinhaltete der ICCPR folgenden Artikel: «Jegliches Eintreten für nationale, rassische oder religiöse Feindseligkeit, die eine Aufstachelung zur Gewalt darstellt, soll durch staatliches Gesetz verboten werden.»[86] Während der zweiten Sitzung des Entwurfskomitees wurde dieser Artikel jedoch fallengelassen.[87]

Während der Jahre, in denen die Menschenrechtskommission zusammenkam, wurde diese Thematik weiterhin ausführlich behandelt, wobei die UdSSR und deren Alliierte auf das Verbot der «Hassrede» drängten. Der polnische Vertreter argumentierte, dass die Verurteilung der Aufstachelung zur Gewalt allein nicht «an die Wurzel des Übels» ginge, sondern «kaum dessen Konsequenzen anginge und […] nur dazu dienen würde, die wahre Natur des Problems zu verbergen».[88]

In ähnlicher Weise behauptete der Vertreter aus Jugoslawien, dass, auch wenn die Aufstachelung zur Gewalt verboten werden solle, es ebenso wichtig sei, «Hassbekundungen zu bekämpfen, die, auch wenn sie nicht zu Gewalt führen, eine Erniedrigung der menschlichen Würde und eine Verletzung von Menschenrechten darstellen».[89]

Die überwiegend westlichen Nationen kämpften gegen ein solches Verbot, und Eleanor Roosevelt aus den Vereinigten Staaten argumentierte, dass es «extrem gefährlich wäre, Regierungen zu ermutigen, dass sie in diesem Bereich Verbote erlassen, da jegliches Kritisieren öffentlicher oder religiöser Autoritäten allzu leicht als Aufstachelung zu Hass bezeichnet und infolgedessen verboten werden könnte.»[90] Der dazu geplante Artikel 20 sei nicht nur unnötig, sondern auch schädlich.

Während man «allgemein übereinstimmte, dass das Eintreten für nationalen, rassischen oder religiösen Hass und Kriegspropaganda ein Übel sei, wurden starke Zweifel im Hinblick darauf geäußert, ob dieses Übel durch ein staatliches Gesetz oder durch ein internationales gesetzliches Instrument verboten werden könne».[91] Des Weiteren wurde befürchtet, dass durch ein solches Verbot «das Recht auf Meinungs- und Redefreiheit beeinträchtigt» werden könne, da «eine Regierung sich auf diesen Artikel berufen könnte, um alle Formen der Meinungsäußerung von vornherein zu zensieren und die Meinungen von oppositionellen Gruppierungen und Parteien zu unterdrücken».[92] Der Bericht der Generalversammlung von 1961 fasste diese gegensätzlichen Sichtweisen wie folgt zusammen:

«Es wurde die Ansicht geäußert, dass ‹Aufstachelung zur Gewalt› ein rechtswirksames Konzept sei, während ‹Aufstachelung zur Diskriminierung› oder ‹Aufstachelung zur Feindseligkeit› dies nicht sei. Auf der anderen Seite wurde argumentiert, dass das Verbot der Aufstachelung zur Gewalt allein keinen Fortschritt in der internationalen Gesetzgebung darstelle. Es sei häufig Feindseligkeit oder Diskriminierung, die zu Gewalt führe. Jegliche Propaganda, die zur Diskriminierung oder Feindseligkeit aufstacheln könne, werde ebenso zur Gewalt aufstacheln und solle daher verboten werden.»[93]

Wie wir in Kapitel 7 diskutieren werden, ist die Vorstellung, dass anstößige oder diskriminierende Worte allein zu Gewalt führen, äußerst fraglich, ebenso wie die Behauptung, dass solche Worte kriminalisiert werden müssen, lange bevor irgendeine Aufstachelung zur Gewalt stattfindet.

Die Abstimmungen über verschiedene «Hassrede»-Regelungen spiegeln ein «Auf und Ab des Einflusses»[94] wider, der zwischen der vor allem kommunistischen Unterstützung einer «Hassrede»-Klausel und der vor allem westlichen Unterstützung der Redefreiheit hin- und herging. Über einen Zeitraum von sieben Jahren wurden «Hassrede»-Regelungen dem Entwurf hinzugefügt, gestrichen, wieder hinzugefügt, wieder gestrichen und letztendlich für immer und ewig hinzugefügt. Trotz des Widerstands wurde Artikel 20(2) in den ICCPR aufgenommen. Er besagt:

«Jedes Eintreten für nationalen, rassischen oder religiösen Hass, durch das zu Diskriminierung, Feindseligkeit oder Gewalt aufgestachelt wird, wird durch Gesetz verboten.»

Mchangama beobachtet dazu Folgendes: «Der Abstimmungsbericht enthüllt die überraschende Tatsache, dass die Internationalisierung von Hassrede-Verboten bei der Menschenrechtsgesetzgebung ihre Existenz einer Reihe von Staaten verdankt, in denen sowohl die Kritik an der vorherrschenden totalitären Ideologie als auch das Eintreten für Demokratie strikt verboten waren.»[95]

Der Abstimmungsbericht ist tatsächlich interessant. Aus europäischer Perspektive waren die Nationen, welche gegen Artikel 20(2) stimmten, alles Demokratien: Belgien, Dänemark, Finnland, Frankreich, Island, Irland, Italien, Niederlande, Norwegen, Schweden und das Vereinigte Königreich Großbritannien. Im Gegensatz dazu waren diejenigen, die zugunsten eines «Hassrede»-Verbots votierten, alles Staaten, die von kommunistischen Regimen regiert wurden, mit Ausnahme Spaniens, das zu dieser Zeit unter der Diktatur Francisco Francos stand: Albanien, Bulgarien, die Sozialistische Sowjetrepublik Weißrussland, die Tschechoslowakei, Ungarn, Polen, Rumänien, Spanien, die Sowjetische Sozialistische Republik Ukraine, die UdSSR und Jugoslawien.

Während die Regimes jedes einzelnen dieser Unterstützernationen inzwischen zusammengebrochen sind, sind die internationalen Regelungen, die sie gemeinschaftlich erzwungen haben, aber immer noch in Kraft.

Internationales Übereinkommen zur Beseitigung jeder Form von Rassendiskriminierung (ICERD)

Das Internationale Übereinkommen zur Beseitigung jeder Form von Rassendiskriminierung (ICERD[96]) wurde 1965 nach einer Reihe von antisemitischen und rassistischen Demonstrationen in mehreren Ländern von der Generalversammlung der Vereinten Nationen verabschiedet. Artikel 4 der Vereinbarung fordert von den unterzeichnenden Staaten, «unmittelbare und positive Maßnahmen zu treffen, um jedes Aufreizen zur Rassendiskriminierung und alle rassisch diskriminierenden Handlungen auszumerzen; [...]». Trotz der Forderung, die in der Allgemeinen Erklärung der Menschenrechte (AEdM) enthaltenen Prinzipien inklusive der Meinungsfreiheit gebührend zu berücksichtigen, müssen Nationen, die diesem Abkommen beitreten, trotzdem «jede Verbreitung von Ideen, die sich auf die Überlegenheit einer Rasse oder den Rassenhass gründen, jedes Aufreizen zur Rassendiskriminierung [...]» zu einer nach dem Gesetz strafbaren Handlung erklären.

Der Artikel beinhaltet Formulierungen wie «Propagandatätigkeiten» und «jede Verbreitung von Ideen» und verlangt die Kriminalisierung solcher Aktivitäten.[97] Unterstützer internationaler «Hassrede»-Maßnahmen halten dies für die «wichtigste» Regelung,[98] die zweifellos «eine der schwierigsten und kontroversesten [Regelungen] in dem Abkommen» war.[99]

Artikel 4 des ICERD ist ohne Zweifel das weitreichendste aller internationalen Gesetze in Bezug auf die «Hassrede». Während des Entwurfs des ICERD wurde eindeutig anerkannt, dass Rassismus ein großes moralisches Übel sei. Jedoch gab es auch Besorgnis darüber, dem Staat die Macht zu geben, dass er das Strafrecht nutzt, um die Rede und private Vereinigungen seiner Bürger zu regulieren. Während der kommunistische Vertreter Ungarns erklärte, dass sein Land kein Abkommen unterzeichnen könne, das es faschistischen Organisationen erlaube, tätig zu sein, blieb der US-Experte dabei, dass «es Bürgern nach wie vor erlaubt sein müsse, falschzuliegen».[100]

Die endgültige Fassung von **Artikel 4** lautet:

«Die Vertragsstaaten verurteilen jede Propaganda und alle Organisationen, die auf Ideen oder Theorien hinsichtlich der Überlegenheit einer Rasse oder einer Personengruppe bestimmter Hautfarbe oder Volkszugehörigkeit beruhen oder die irgendeine Form von Rassenhass und Rassendiskriminierung zu rechtfertigen oder zu fördern suchen; sie verpflichten sich, unmittelbare und positive Maßnahmen zu treffen, um jedes Aufreizen zur Rassendiskriminierung und alle rassisch diskriminierenden Handlungen auszumerzen; zu diesem Zweck übernehmen sie unter gebührender Berücksichtigung der in der Allgemeinen Erklärung der Menschenrechte niedergelegten Grundsätze und der ausdrücklich in Artikel 5 des vorliegenden Übereinkommens genannten Rechte unter anderem folgende Verpflichtungen:

a) jede Verbreitung von Ideen, die sich auf die Überlegenheit einer Rasse oder den Rassenhass gründen, jedes Aufreizen zur Rassendiskriminierung und jede Gewalttätigkeit oder Aufreizung dazu gegen eine Rasse oder eine

Personengruppe anderer Hautfarbe oder Volkszugehörigkeit sowie jede Unterstützung rassenkämpferischer Betätigung einschließlich ihrer Finanzierung zu einer nach dem
Gesetz strafbaren Handlung zu erklären,

  b) alle Organisationen und alle organisierten oder sonstigen Propagandatätigkeiten, welche die Rassendiskriminierung fördern und dazu aufreizen, als gesetzwidrig zu
erklären und zu verbieten und die Beteiligung an derartigen Organisationen oder Tätigkeiten als eine nach dem
Gesetz strafbare Handlung anzuerkennen,

  c) nicht zuzulassen, dass staatliche oder örtliche Behörden oder öffentliche Einrichtungen die Rassendiskriminierung fördern oder dazu aufreizen.»

Die Trennlinien waren so eindeutig wie immer: Während der
US-Entwurf von Artikel 4 den Geltungsbereich auf eine Redeweise beschränkte, die «in Gewalthandlungen resultiert oder
sie wahrscheinlich verursacht»[101], enthielt der Entwurf der
UdSSR und Polens keine solche Bedingung.[102]

  Im Verlauf der weiteren Debatte schlug die Tschechoslowakei eine Änderung zum US-Entwurf vor, die die Worte «in Gewalthandlungen resultiert» streichen sollte. Polen legte eine
Änderung vor, die die Staatsmacht dahingehend ausweiten
sollte, rassistische Rede zu bekämpfen, und die Ukraine
strebte danach, Bürger strafrechtlich zu belangen, die Spen-
den oder Beiträge an faschistische Organisationen zahlen.[103]

  Alle diese Änderungen waren für die Vertreterin Großbritanniens, Lady Gaitskell, inakzeptabel: Sie sagte, die Änderungen «verstoßen gegen das fundamentale Recht auf
Redefreiheit».[104] Redefreiheit, so argumentierte sie, sei «der
Grundstein, auf den viele andere Menschenrechte gebaut
sind; ohne Redefreiheit blieben viele Fälle von Rassendiskriminierung vollkommen unentdeckt».[105] Während sie anführte,

dass das Vereinigte Königreich Schritte unternehme, um das Problem der Rassendiskriminierung anzugehen, müsse das Recht aller Organisationen, «selbst faschistischer und kommunistischer»[106], zu existieren und ihre Ansichten zu verbreiten, verteidigt werden, selbst wenn solche Organisationen Ansichten vertreten würden, die von der Mehrheit der Menschen zutiefst zurückgewiesen würden. Jedoch würden die Ansichten solcher Organisationen nur unter einer Bedingung toleriert: dass ihre Redeweise «keine Aufstachelung zu rassischer Gewalt beinhaltet».[107] Außerdem basiere die Haltung Großbritanniens «auf dem Glauben, dass die Äußerung solcher Sichtweisen in einer fortschrittlichen Demokratie ein Risiko ist, welches eingegangen werden muss».[108]

Auf der anderen Seite argumentierten die kommunistischen Nationen Tschechoslowakei, Ungarn, Polen und Jugoslawien, dass der Schutz vor Diskriminierung Vorrang vor der Meinungs- und Versammlungsfreiheit haben müsse.[109] Mit Bezug auf die Haltung des Vereinigten Königreichs sagte der tschechoslowakische Vertreter, er empfinde, «dass es kein Beweis für Demokratie ist, dass Bewegungen, die auf Hass und Diskriminierung ausgerichtet sind, existieren dürfen. Die Delegation engagiert sich leidenschaftlich für Redefreiheit, aber nicht, wenn diese im Dienst von Hass, Krieg und Tod missbraucht wird».[110]

Genau wie beim ICCPR waren die vorrangig westlichen liberalen Demokratien, verstärkt durch lateinamerikanische Nationen, nicht in der Lage, genügend Stimmen zu sammeln, um den weitreichenden Geltungsbereich von Artikel 4 zu begrenzen, und auch hier wich die Redefreiheit vor staatlicher Zensur zurück. Während der Annahme des ICERD in der Generalversammlung war es der kolumbianische Vertreter, der die drohende Gefahr für die Redefreiheit besonders verdeutlichte:

«Ideen unter Strafe zu stellen, welcher Natur auch immer sie sein mögen, bedeutet, den Weg für Tyrannei und Machtmissbrauch zu bereiten; und auch unter bestmöglichen Umständen wird dies zu einer beklagenswerten Situation führen, in der die Interpretation Richtern und Anwaltskanzleien überlassen wird. Soweit es uns betrifft, soweit es unsere Demokratie betrifft, werden Ideen mit Ideen und Begründungen bekämpft; Theorien werden mit Argumenten widerlegt und nicht unter Anwendung von Schafott, Gefängnis, Exil, Beschlagnahme oder Geldbußen.

[...] Darüber hinaus glauben wir, dass das Strafrecht niemals in Anspruch nehmen kann, Strafen für subjektives Beleidigtsein aufzuerlegen. Eine solche barbarische Praxis ist lediglich Ausdruck von Fanatismus, wie man ihn unter unzivilisierten Menschen findet, und daher durch universales Gesetz verboten. Deshalb ist hier eine Stimme, die nicht schweigen wird, während die Vertreter der fortschrittlichsten Nationen der Welt abstimmen, jedoch ohne eine ernsthafte Gewichtung der Gefahren, die sich daraus ergeben, dass man für ideologische Vergehen eine strafrechtliche Belangung gestattet.»[111]

Diese Warnung des kolumbianischen Vertreters hat heute noch dieselbe Bedeutung wie damals. Artikel 4 des ICERD ermächtigt, gemeinsam mit Artikel 20(2) des ICCPR, den Staat, Zwangsmaßnahmen zu ergreifen, um eine Rede auszurotten, die der Staat als hasserfüllt einschätzt. Wie Mchangama anmerkt, ist «die Vorstellung, dass willkürliches staatliches Handeln – und das sogar auf Kosten der individuellen Freiheit – das grundlegende Instrument für sozialen Wandel und menschlichen Fortschritt ist, ein Kennzeichen von Sozialismus, Faschismus, Kommunismus und in einigen Fällen von Formen des Progressismus».[112]

Es ist daher keine Überraschung, dass der sowjetische Vertreter erklärte, dass die Annahme des ICERD «von allen fortschrittlichen Menschen als Ereignis von großer Bedeutung betrachtet werden wird».[113] Mit der kecken Verkündigung, dass «das sowjetische Volk das erste in der Geschichte der Menschheit ist, das der Diskriminierung und allen anderen Ausdrucksweisen des imperialistischen Ausbeutungssystems ein Ende setzt», wies der sowjetische Repräsentant darauf hin, dass die Verfassung der Sowjetunion ebenso wie die Verfassungen aller fünfzehn Unionsrepubliken und aller dreißig Autonomen Sowjetrepubliken «die Gleichheit aller Bürger eindeutig festlegt».[114] Tatsächlich gab es nichts, was der Wahrheit ferner liegen konnte.

Doch trotz der klar erkennbaren Heuchelei der sowjetischen Behauptungen und trotz des letztendlichen Zusammenbruchs des Kommunismus in Europa verbreitet sich die Vorstellung, dass der Staat dazu ermächtigt werden müsse, die Rede durch das Strafrecht zu zensieren, in ganz Europa – sie sickerte von den internationalen Regelungen in die nationale Gesetzgebung durch.

Kapitel 3:
Umsetzung in nationales Recht

Nachdem Artikel 4 des ICERD und Artikel 20(2) des ICCPR verabschiedet wurden, waren Staaten, die die Abkommen ratifizierten, aufgefordert, positive Maßnahmen zu ergreifen, um «Hassrede»-Gesetze zu erlassen. Entsprechend wurden seit den 1970er Jahren internationale Maßnahmen, die von den Vereinten Nationen verabschiedet wurden, auch auf nationaler Ebene umgesetzt.[115]

So erklärt zum Beispiel ein italienisches «Hassrede»-Gesetz explizit, dass die Regelung zum Zweck der Umsetzung von Artikel 4 des Abkommens verabschiedet wurde,[116] und in einem belgischen «Hassrede»-Gesetz heißt es: «Mit vorliegendem Gesetz werden die Verpflichtungen, die Belgien durch das Internationale Übereinkommen vom 21. Dezember 1965 zur Beseitigung jeder Form von Rassendiskriminierung auferlegt werden, durchgeführt.»[117] Ähnlich liest es sich im dänischen Strafgesetzbuch zur Einführung von Artikel 266b: «Diese Regelung wurde 1971 in das Strafgesetzbuch eingefügt, in Verbindung mit der Ratifizierung des Internationalen Übereinkommens zur Beseitigung jeder Form von Rassendiskriminierung durch Dänemark, um die Übereinstimmung mit Artikel 4 dieses Übereinkommens sicherzustellen.»[118]

Trotz der fundierten Verteidigung der Redefreiheit, die während der Entwurfsphase der internationalen Dokumente im Namen vieler Nationen geäußert wurde, verbreiteten sich

«Hassrede»-Gesetze allmählich in genau den liberaldemokratischen Nationen, die sich ihnen einst widersetzt hatten. Nachdem die internationalen Regelungen in nationale Gesetzgebung umgesetzt wurden, haben die meisten Nationen seitdem die Gelegenheit genutzt, um die Reichweite der «Hassrede»-Gesetze zu vergrößern – und damit die Macht des Staates.

Jedes Jahr werden mehr Versuche unternommen, weiterreichende «Hassrede»-Gesetze durchzubringen, und unablässig wird Druck auf die Nationen ausgeübt, damit sie die Redefreiheit einschränken, sowohl auf nationaler als auch auf internationaler Ebene. Während die ersten «Hassrede»-Gesetze sich inhaltlich klar auf Rasse und Ethnizität bezogen, war es unvermeidbar, dass weitere Gruppierungen hinzugefügt wurden. Wenn die Rasse vor «Hassrede» geschützt wurde, warum dann nicht auch bestimmte Altersgruppen, das Geschlecht und die Religion? Und wenn diese geschützt wurden, warum dann nicht auch die sexuelle Orientierung und die Genderidentität?[119] Warum nicht jede andere denkbare Eigenschaft?

Viele internationale Organisationen und Nicht-Regierungs-Organisationen (NRO[120]) unterstützen die Ausweitung von «Hassrede»-Gesetzen von der ursprünglich einzigen Kategorie der Rasse aus in zum Teil komplizierte Bereiche hinein. Und Staaten, die mit diesem Fortschritt nicht mithalten, werden dafür zur Rechenschaft gezogen. So wurde die *Europäische Kommission gegen Rassismus und Intoleranz* (ECRI[121]), wie der Name bereits sagt, eingerichtet, um das Thema Rassismus in Europa anzugehen. Ein Auftrag innerhalb des Mandats besteht darin, die Mitgliedsstaaten des Europarats im Hinblick auf die Menschenrechte zu beobachten.[122] 2002 gab die ECRI eine «Allgemeine Politik-Empfehlung» zur Bekämpfung von Rassismus und Rassendiskriminierung heraus, in der sie empfahl, dass das Strafrecht der Mitgliedsstaaten auch «öffentliche Beleidigungen [...] einer Person oder Personengruppierung» aufgrund ihrer «Religion» unter Strafe stellen solle.[123] Innerhalb kurzer Zeit also dehnte die ECRI ihr Mandat von Rasse auf Religion aus.

2013 erweiterte die ECRI ihr Mandat weiter, um «Hassreden [...] gegen LGBT[124]-Personen» mit abzudecken,[125] und schreibt im Jahresbericht, dass auch die Politik, die Diskriminierung und Intoleranz gegenüber diesen Gruppierungen bekämpfe, überprüft werde. Diese drastische Ausweitung ihrer Aktivitäten scheint ohne irgendein offizielles Mandat vorgenommen worden zu sein. Und selbst wenn Kontrollorgane wie die ECRI sich ausschließlich auf die Bereiche Rasse und Ethnizität konzentrieren, so ist es doch bemerkenswert, welche Hoffnung in strafrechtliche Zwangsmaßnahmen gesetzt wird, um diese Ziele zu erreichen.

Trotz der Unverbindlichkeit der Empfehlungen werden die europäischen Nationen häufig kontrolliert und mit den sogenannten «internationalen Standards» verglichen, die ECRI aufstellt. Dadurch üben ECRI und weitere Kontrollorgane einen konzertierten Druck auf die europäischen Länder aus, mehr «Hassrede»-Verurteilungen und noch weitreichendere «Hassrede»-Gesetze zu generieren. In einem Bericht über Litauen heißt es zum Beispiel:

«ECRI ist erfreut festzuhalten, dass mindestens drei Personen wegen Aufstachelung zum Hass verurteilt (und mit einer Geldstrafe belegt) wurden, weil sie am 11. März 2008 an einer Demonstration teilgenommen und antisemitische und rassistische Slogans gerufen haben. Auf der anderen Seite stellt ECRI fest, dass ein weiterer Teilnehmer derselben Demonstration von der Anklage der Aufstachelung zu Hass freigesprochen wurde, weil er ‹Litauen den Litauern› gerufen hat. ECRI ist *a contrario* der Ansicht, dass diese letztere Äußerung impliziert, dass jemand, der kein national-ethnischer Litauer sei, keinen Platz in Litauen habe, und sie daher gegenüber dieser Personenkategorie zu Hass oder zu Diskriminierung aufstacheln könnte.»[126]

ECRI sieht also die Äußerung «Litauen den Litauern» als strafrechtlich haftbar an, weshalb sie «schnell und systematisch auf das Nachdrücklichste» verurteilt werden solle.[127]

In ähnlicher Weise vermerkte der ECRI-Länderbericht über Ungarn 2009, dass «trotz des erreichten Fortschritts einige Bereiche weiterhin Anlass zur Sorge geben».[128] Anscheinend war die Hauptsorge Ungarns nämlich nicht die Bekämpfung von «Hassrede», sondern der ausreichende Schutz der Redefreiheit im Land. Zur Enttäuschung von ECRI hatte der ungarische Verfassungsgerichtshof unklar formulierte «Hassrede»-Regelungen auf Grundlage der in Ungarn verfassungsmäßig geschützten Redefreiheit weiterhin aufgehoben.[129] ECRI beklagte, dass als Ergebnis solcher Entscheidungen zurzeit nur die extremsten Formen der «Hassrede» – zum Beispiel die Aufstachelung, die Gefahr laufe, sofortige Gewaltakte hervorzurufen – verboten seien.[130] Deshalb, statt Ungarn für den «liberalen Geist»[131] und die Etablierung der Redefreiheit als «Kernwert der neuen Demokratie»[132] zu loben, und trotz der Tatsache, dass es für Ungarn keine internationale Verpflichtung gibt, die Redefreiheitsregelungen zu verwässern, wurde das Land dafür verurteilt, dass es die Rede nur dann unter Strafe stellte, wenn es eine «eindeutige und gegenwärtige Gefahr» von Gewalt gibt.

Diese Erkenntnisse fasste ECRI 2009 wie folgt zusammen:

«Der sehr hohe Grad des verfassungsmäßigen Schutzes, der der Meinungsfreiheit gewährt wird, hat es bis jetzt den Behörden unmöglich gemacht, gegen rassistische Äußerungen eine effektive Gesetzgebung zu erlassen. [...] Zwar ist es richtig, dass die Gesetzgebung allein rassistische Haltungen nicht ändern kann, doch macht das fast völlige Fehlen von Grenzen der Redefreiheit in Ungarn die Aufgabe, eine Gesellschaft zu fördern, die gegenüber ihren Mitgliedern offener und toleranter ist, schwieriger.»[133]

Der unaufhörliche Druck von ECRI machte sich eindeutig bezahlt: Zunächst trat am 01. April 2013 eine neue Ergänzung zur ungarischen Verfassung in Kraft. Der drakonische Artikel IX(5) lautet:

«Die Ausübung des Rechts auf freie Meinungsäußerung kann sich nicht auf die Verletzung der Würde der ungarischen Nation, von nationalen, ethnischen, rassischen oder religiösen Gemeinschaften richten. Mitglieder solcher Gemeinschaften – aufgrund von gesetzlichen Bestimmungen – haben das Recht, gegen die ihre Gemeinschaft verletzende Meinungsäußerung rechtlich vorzugehen und wegen der Verletzung ihrer Menschenwürde ihre Rechte vor Gericht einzuklagen.»[134]

Zweitens trat am 01. Juli 2013 ein neues Strafgesetzbuch in Kraft, welches das vorherige «Hassrede»-Gesetz ausdehnte, um mehr Gruppierungen zu schützen. Drittens ergänzte Ungarn 2015 seine Gesetzgebung weiter, indem es erlaubte, dass Mitglieder des Parlamentes mit einer Geldstrafe belegt oder von parlamentarischen Verfahren ausgeschlossen werden können, wenn sie «Hassrede» verwenden. ECRI begrüßte diese Entwicklung.[135]

Dennoch gingen die genannten Begrenzungen der Redefreiheit eindeutig noch nicht weit genug. Tatsächlich glaubt ECRI nach wie vor, dass Ungarns «sehr hohe Schwelle» in Bezug auf die Redefreiheit bedeute, dass «es keine angemessene strafrechtliche Antwort auf Ausdrucksformen gibt, die Rassenhass verbreiten, dazu aufstacheln, ihn fördern oder rechtfertigen».[136] Außerdem stellt ECRI fest, dass der Schutz der Redefreiheit zu «einer Situation der Straflosigkeit» geführt habe und dies erklären könne, «warum verschiedene Formen der Hassrede weiterhin vorkommen».[137]

ECRI ist nur eine der internationalen Organisationen, die immer mehr «Hassrede»-Gesetze bedenkenlos unterstützt haben. Viele weitere Institutionen, die auf europäischer und internationaler Ebene arbeiten, zeigen einen ähnlichen Enthusiasmus, wenn es darum geht, das Strafrecht zu nutzen, um die Redefreiheit zu zensieren,[138] und der andauernde Druck auf nationale Regierungen führt zu entsprechenden Erfolgen. So schrieb zum Beispiel das *Komitee zur Beseitigung rassistischer Diskriminierung* (CERD[139]), das beauftragt ist, die Implementierung des ICERD zu überwachen, in seinem Bericht über Österreich:

«Der Ausschuss begrüßt, dass der Vertragsstaat derzeit sein Strafgesetzbuch und insbesondere das in § 283 geregelte Delikt der Verhetzung einer Prüfung unterzieht. Gleichzeitig ist er jedoch besorgt über die restriktive Natur dieser Bestimmungen, die auf Handlungen beschränkt sind, die eine Gefahr für die öffentliche Ordnung darstellen und sich gegen Mitglieder ethnischer Gruppen richten. Der Ausschuss regt an, die Überprüfung des Strafgesetzbuchs fortzuführen und den Anwendungsbereich des § 283 auf alle rassisch diskriminierenden Handlungen gegen Personen auszuweiten […].»[140]

Dementsprechend wurde am 01. Januar 2012 der Anwendungsbereich von § 283 ausgeweitet, und es wurde ein Straftatbestand, wenn jemand «in der Absicht, die Menschenwürde anderer zu verletzen, eine der in Z 1 bezeichneten Gruppen in einer Weise beschimpft, die geeignet ist, diese Gruppe in der öffentlichen Meinung verächtlich zu machen oder herabzusetzen».[141] Ursprünglich hatte das österreichische Parlament eine solche Gesetzeserweiterung abgelehnt, und auch der Verfassungsgerichtshof hatte eine Klage gegen das «enge» alte Gesetz abgewiesen. Doch nach weiterhin kontinuierlichem Druck wurde das Gesetz schließlich doch ausgeweitet.[142]

2013 wurde § 283 erneut ausgeweitet, dieses Mal im Hinblick auf die Menge der Personen («vielen Menschen zugänglich» im Unterschied zu «einer breiten Öffentlichkeit zugänglich»). 2015 wurde das Gesetz mit der Formulierung «zu Hass aufstachelt» aktualisiert.[143]

Auch zahllose Lobby-Gruppen und NGOs streben danach, «Hassrede»-Gesetze auszuweiten. Insbesondere besteht das Verlangen, für die jeweils eigene Interessengruppe innerhalb dieses Gesetzes weiteren Schutz zu erhalten. So war die Lobbygruppe *Rechtskomitee Lambda* besonders erpicht darauf, die «sexuelle Orientierung» in das österreichische «Hassrede»-Gesetz zu bringen, und in Großbritannien war die Gruppe *Stonewall* eine der treibenden Kräfte hinter dem Straftatbestand «homophober Hass», der 2010 eingeführt wurde. Auf deren Internetseite steht: «Stonewall hat jahrelang für ein besonderes Gesetz gekämpft, um die bestehenden Straftatbestände gegen Aufstachelung zu rassistischem und religiösem Hass zu erweitern, damit auch lesbische, schwule und bisexuelle Personen geschützt werden.» Die Redefreiheitsklausel, die dem Straftatbestand hinzugefügt wurde,

wurde als unnötige «Gesetzeslücke» bezeichnet, die aus-
genutzt werden könnte.

Sobald die Prämisse, dass der Staat die öffentliche Debatte
durch den Gebrauch des Strafrechts kontrollieren, regulieren
und zensieren muss, akzeptiert wird, gibt es bei den Einschränkungen, die man der Redefreiheit auferlegen kann, keinerlei erkennbare oder logische Anhaltspunkte, wo man dem
ein Ende setzen sollte; es zählt vor allem die politische Stärke
derjenigen Gruppen, die geschützt werden wollen. Der Anwendungsbereich von «Hassrede»-Gesetzen, der bei der Rasse
begann, dann in die Bereiche Geschlecht und Religion ging
und sich jetzt auch auf Bereiche wie sexuelle Orientierung
und Gender erstreckt, ist ausschließlich auf Erweiterung gerichtet.

Wer weiß, wohin sich dieser Anwendungsbereich noch erweitern wird und welche weiteren Kategorien in die Liste der
Redeverbote aufgenommen werden? Wenn die Einschränkung des Wörterbuchs einmal begonnen hat, gibt es keinen
logischen Haltepunkt mehr. Klar ist, dass die Umsetzung der
«Hassrede»-Gesetze in nationales Recht und deren oft über-
eifrige Anwendung zu einer weit verbreiteten Einschränkung
der Redefreiheit geführt hat. Ironischerweise, wie wir im folgenden Kapitel sehen werden, sind genau diejenigen liberaldemokratischen Nationen, die sich solchen Gesetzen einst widersetzten, inzwischen diejenigen, die solche Gesetze mit
größter Begeisterung anwenden.

Während der Annahme der *Allgemeinen Erklärung der
Menschenrechte* wandte sich der chilenische Delegierte an
sein sowjetisches Gegenüber und fragte ihn, warum er gewillt
sei, «so viel Macht in die Hand des Staates zu legen, [wo doch]
der Staat für die Rechte des Individuums die größte Bedrohung ist».[144]

Zweifellos kann man heute exakt dieselbe Frage stellen.

TEIL ZWEI

Die Auswirkungen der europäischen «Hassrede»-Gesetze

«Wie geht es jetzt weiter? Wie können wir wieder ganz von vorn beginnen? Viele Leute dachten, dass, wenn wir vor Gericht gewinnen würden, alles wieder in Ordnung wäre. Tatsächlich hat es uns an den Rand des Abgrunds geführt, es war also überhaupt kein Sieg.»[145]

Sharon Vogelenzang

Kapitel 4:
Polizeiliche Ermittlungen

Nachdem wir die Ursprünge der modernen «Hassrede»-Gesetzgebung erforscht haben, werden wir nun betrachten, wie diese Gesetze in Europa angewandt werden. Auf den folgenden Seiten stellen wir fünfzig «Hassrede»-Fälle aus fünfzehn verschiedenen Ländern vor, grob nach Themen sortiert. Einige dieser Fälle erregten mediale Aufmerksamkeit und betrafen prominente Persönlichkeiten; andere erfuhren nur wenig öffentliche Aufmerksamkeit. Von entscheidender Bedeutung ist, dass es in allen diesen Fällen um eine Redeweise geht, die nicht wirklich zu unmittelbar bevorstehender Gewalt aufstachelt.

In diesem Kapitel greifen wir Fälle auf, die polizeiliche Ermittlungen nach sich zogen, aber im Hinblick auf Strafverfahren nicht weiterverfolgt wurden. Tatsächlich enden nur relativ wenige «Hassrede»-Fälle in strafrechtlicher Verurteilung. Für die Unterstützer von «Hassrede»-Gesetzen ist dies ein Beleg dafür, dass die Gesetze effizient sind. Wie in der Sammlung von Fällen in diesem Kapitel zu sehen sein wird, schafft die Existenz von «Hassrede»-Gesetzen jedoch vielmehr eine Kultur der Zensur, selbst wenn die Angeklagten nicht strafrechtlich verfolgt werden.

Zwei Kardinäle, drei Bischöfe und ein Pastor

2004 wurden dem belgischen Kardinal Gustaaf Joos wegen einiger Kommentare, die er gegenüber dem belgischen *P-Magazine* äußerte, rechtliche Schritte angedroht. Kardinal Joos, der zum Zeitpunkt des Interviews 80 Jahre alt war, sagte Berichten zufolge: «Von all denjenigen, die sagen, dass sie lesbisch oder schwul sind, sind höchstens 10 Prozent tatsächlich lesbisch oder schwul. Alle anderen sind sexuell pervers.» Und weiter: «Echte Homosexuelle flanieren nicht in bunten Gewändern in den Straßen herum. Es sind Menschen, die ein ernsthaftes Problem haben und damit leben müssen. Und wenn sie einen Fehler machen, so wird ihnen vergeben. Wir müssen diesen Menschen helfen und dürfen sie nicht verurteilen.»[146] In einem ausführlichen Interview sagte Kardinal Joos außerdem: «Die Kirche [...] weist die Homosexualität zurück, nicht den Homosexuellen.»[147]

Als Antwort auf diese Kommentare kündigte das staatlich geförderte *Centre for Equal Opportunities and Struggle against Racism* seine Absicht an, wegen der Verletzung der belgischen Antidiskriminierungs-Gesetze gegen den Kardinal strafrechtliche Schritte einleiten zu lassen. Jedoch starb der Kardinal am 02. November 2004, bevor entsprechende Schritte tatsächlich aufgenommen wurden.

Im Januar 2012 beschwerte sich der bekannte irische Humanist John Colgan bei der Polizei, nachdem er eine «beleidigende» Predigt gehört hatte, die Bischof Philip Boyce im August 2011 gehalten hatte. Colgan behauptete, dass der Bischof das Gesetz gebrochen habe, indem er gesagt habe, dass die Kirche «von außen durch die Pfeile einer säkularen und gottlosen Kultur angegriffen» werde.[148] Auch widersprach Colgan der Behauptung des Bischofs, dass «Gläubige [...] eine Zukunft haben; nicht als ob sie im Einzelnen wüssten, was ihnen bevorsteht; wohl aber wissen sie im Ganzen, dass ihr Leben nicht ins Leere läuft». Diese Passage hatte der Bischof wörtlich aus einer Enzyklika von Papst Benedikt XVI. übernommen.[149] Der Bischof hatte damit angeblich gegen Abschnitt 2(1) des *Prohibition of Incitement to Hatred Act 1989*[150] verstoßen, in dem es heißt, es sei strafbar, Worte zu verwenden, die «drohend, gewalttätig oder beleidigend sind und die die Absicht haben, Hass zu schüren, oder, unter Berücksichtigung sämtlicher Umstände, wahrscheinlich Hass schüren».[151]

Statt diese Beschwerde einfach abzuweisen, leitete die Polizei den Vorgang an den Generalstaatsanwalt weiter, um dessen Einschätzung einzuholen. Zwar machten die Beschwerde und nachfolgende polizeiliche Ermittlung Schlagzeilen – «Irischer Bischof könnte wegen Hassrede strafrechtlich verfolgt werden»[152] –, doch gab es keinen Artikel, der in der Folge berichtete, dass die Untersuchungen eingestellt wurden und kein Verbrechen vorlag.

Nur einige Monate, nachdem Bischof Boyce mit dem Gesetz in Konflikt gekommen war, stieg Bischof Juan Antonio Reig Plà auf die Kanzel, um in Alcalá de Henares in Spanien eine Karfreitagspredigt zu halten. Während der Predigt, die vom staatlichen Fernsehen übertragen wurde, sprach der Bischof über Art und Auswirkungen sündhaften Verhaltens. Er zählte verschiedene Sünden auf, inklusive Ehebruch, Diebstahl und die Nichtauszahlung von Löhnen an Arbeiter. Außerdem wies er auf Homosexualität hin.[153]

Im Zuge der unvermeidlichen Empörung verschiedenster Lobbygruppen willigte der Bischof ein, dem Internetnachrichtendienst *Religión en Libertad* ein Interview zu geben, um seine Position klarzustellen. Er sagte: «Alles, was ich in meiner Predigt erläutert habe, entspricht der Lehre der Katholischen Kirche.» Diejenigen, die homosexuelle Handlungen vollzögen, sollten «mit Respekt, Anteilnahme und Feingefühl» behandelt werden, und «jeder Anflug von ungerechter Diskriminierung» ihnen gegenüber solle vermieden werden.[154] Dies war der *Federación Estatal de Lesbianas, Gais, Transexuales y Bisexuales* (FELG) zu wenig, die deshalb gemeinsam mit anderen Gruppierungen eine förmliche Klage beim Generalstaatsanwalt einreichte. Obwohl die strafrechtliche Ermittlung nicht weiterverfolgt wurde, veranlassten die Proteste rund um das Geschehen den Stadtrat dazu, einen Antrag zu verabschieden, der forderte, den Bischof von seinem Posten zu entfernen.[155]

Zwei Jahre später sah sich ein weiterer katholischer Geistlicher Ermittlungen ausgesetzt. Im Februar 2014 leitete ein spanischer Staatsanwalt Ermittlungen gegen den designierten Kardinal Fernando Sebastián Aguilar ein, nachdem eine nationale Lobbygruppe eine Klage gegen ihn eingereicht hatte, in der sie ihn der «Hassrede» bezichtigte, weil er Homosexualität als «fehlerhaften Weg, Sexualität auszudrücken», bezeichnet hatte.

Am 12. Januar 2012 hatte Papst Franziskus angekündigt, dass Aguilar ins Kardinalskollegium berufen werden sollte. Kurz vor dieser Berufung wandte sich *Colegas*, die Gruppe hinter der Klage, an den Staatsanwalt und forderte Ermittlungen. Sie sagte, dass die Worte des designierten Kardinals «eindeutig zu Hass und Diskriminierung aufstacheln», ein Verbrechen, das gegen verfassungsmäßige Garantien verstoße. Weiter argumentierten sie, Spanien sei «ein modernes und säkulares Land», und brachten zum Ausdruck, dass «solche Aussagen der Kirche bestraft werden müssen».[156]

Wie bei vielen anderen Strafanzeigen, die im Rampenlicht stehen, gab es Schlagzeilen zu den Ermittlungen, doch über die Tatsache, dass sie ohne Klageerhebung eingestellt wurden, wurde kaum berichtet.

Im August 2015 wurde gegen Vitus Huonder, den katholischen Bischof von Chur in der Schweiz, Strafanzeige erstattet, weil er während einer Debatte über Ehe und Familie Passagen aus dem Alten Testament zitiert hatte.[157] Nach einer Pressemeldung von *Pink Cross*, einem Dachverband Schweizer LGBT-Lobbygruppen, sei das Vorlesen der Bibelpassagen gleichbedeutend mit dem «öffentlichem Anstacheln zu Hass oder Gewalt».[158] Falls er für schuldig befunden worden wäre, hätten Bischof Vitus Huonder bis zu drei Jahre Gefängnis gedroht.[159]

Politiker und Journalisten

Genauso wie prominente Kleriker sind auch Politiker und Journalisten offensichtlich beliebte Ziele für «Hassrede»-Anklagen.

Im April 2013 gab Thilo Sarrazin, ehemaliger Finanzsenator in Berlin, der Zeitschrift *Lettre International* ein Interview, in dem er über die soziale «Unterschicht» sprach, die «keine produktive Funktion» habe. Außerdem sagte er über Türken und Araber: «Große Teile sind weder integrationswillig noch integrationsfähig. Die Lösung dieses Problems kann nur heißen: Kein Zuzug mehr [...].»[160] Daraufhin gingen bei der Berliner Staatsanwaltschaft Anzeigen, unter anderem vom *Türkischen Bund Berlin-Brandenburg* (TBB), gegen ihn ein. Die Staatsanwaltschaft stellte fest, dass Sarrazins Äußerungen keine strafrechtliche Handlung darstellten, und beendete das Verfahren. Darauf folgte seitens des TBB eine Beschwerde beim UN-Komitee für die Beseitigung von Rassendiskriminierung (welches das *Internationale Übereinkommen zur Beseitigung jeder Form von Rassendiskriminierung ICERD* überwacht). In der Beschwerde argumentierte der TBB, dass die Unterlassung, Sarrazin strafrechtlich zu verfolgen, das Übereinkommen verletze, welches fordere, dass seine Unterzeichner «jede

Verbreitung von Ideen, die sich auf die Überlegenheit einer Rasse oder den Rassenhass gründen, […] zu einer nach dem Gesetz strafbaren Handlung […] erklären». Das Komitee gab den Beschwerdeführern Recht und gab eine Empfehlung ab.[161]

2014 wurde eine kroatische Investigativ-Journalistin der Zeitung *Jutarnji List*, Slavica Lukić, als erste Journalistin mit der Begründung angeklagt, sie habe eine «öffentliche Demütigung» verursacht, nachdem sie im Februar 2013 einen Artikel verfasst hatte. Darin schrieb Lukić, dass *Medikol*, ein privates Pharmaunternehmen, trotz der Zuwendung hoher Summen an öffentlichen Geldern finanziell instabil sei. Einige Monate später erwies sich diese Aussage als korrekt.[162] Jedoch sieht Artikel 148 des kroatischen Strafgesetzbuches von 2013 keine allgemeine Verteidigung der Wahrheit vor. Das Stadtgericht verurteilte sie dafür, die «Klinik in eine peinliche Lage gebracht» zu haben, zu einer Geldstrafe von 26.000 Kuna (4.000 €).[163]

Branko Vuksić, der Vorsitzende des parlamentarischen Medienausschusses, sagte, dies sei eine «Schande», und forderte das Parlament dazu auf, «diese Regelung zu entfernen, […] mit der Journalisten dafür, dass sie die Wahrheit sagen, wegen Diffamierung zur Verantwortung gezogen werden können».[164] Nach einem öffentlichen und internationalen Aufschrei wurde das Urteil 2014 vom Amtsgericht in Zagreb aufgehoben.[165]

Im Juli 2013 beschloss das Europäische Parlament, die parlamentarische Immunität der Parlamentarierin Marine Le Pen aufzuheben, nach einem entsprechenden Antrag durch Staatsanwälte in Lyon. Marine Le Pen ist die Vorsitzende der französischen Partei *Rassemblement National* (früher *Front National*) und erhielt viel Kritik wegen ihrer Haltung gegen die Immigration. Ihre Immunität wurde aufgehoben, um sie wegen des Straftatbestandes der Aufstachelung zu Rassenhass anzuklagen. Während einer politischen Zusammenkunft im Dezember 2010 verglich sie die muslimische Einwanderung mit einer «Besetzung», die schwer auf den Menschen laste.[166] Letztendlich wurde keine Anklage erhoben.

Straßenprediger

Großbritannien hat eine lange Straßenprediger-Tradition. Doch seit etwa 15 Jahren wurde es ebenfalls zur Tradition, dass alle paar Monate mindestens ein Prediger wegen «Hassrede» festgenommen und wieder freigelassen wurde.

2008 wurde Anthony Rollins festgenommen, als er in Birmingham auf der Straße predigte. Rollins äußerte seine christliche Glaubensüberzeugung, dass homosexuelles Verhalten moralisch falsch sei, und wurde daraufhin von einem Passanten als bigotter Homophober bezeichnet, der daraufhin auch die Polizei rief. Beamte kamen und nahmen Rollins an Ort und Stelle fest; drei Stunden später klagten sie ihn auf Grundlage von Paragraf 5 des *Public Order Act* an.[167] 2010 erhielt Rollins, der eine Form von Autismus hat, von der Polizei eine Entschädigung, nachdem die Festnahme für unrechtmäßig erklärt und die Verwendung von Handschellen seitens der Polizei als rechtswidriger Angriff bewertet wurde.[168]

Im April 2010 predigte Dale McAlpine auf dem Marktplatz seiner Heimatstadt, als sich ihm ein *Community Support Officer* der Polizei näherte, der sich ihm gegenüber als Homosexueller zu erkennen gab. Während der Unterhaltung mit dem Beamten sagte McAlpine: «Die Bibel sagt, dass Homosexualität eine Sünde ist.» Jedoch war diese Aussage nicht Bestandteil seiner öffentlichen Predigt. Daraufhin erschienen drei Polizeibeamte und nahmen den Prediger fest. Die Beamten nahmen ihn mit, und nach sieben Stunden in einer Zelle[169] wurde er angeklagt, weil er «drohende, verletzende oder beleidigende Worte oder derartiges Verhalten» geäußert beziehungsweise gezeigt habe, das «wahrscheinlich Belästigung, Furcht oder Drangsal verursache» und damit gegen Paragraf 5 des *Public Order Act* verstoße.[170] Bald wurde das Verfahren gegen den Prediger eingestellt[171], und später verklagte er erfolgreich die Polizei wegen widerrechtlicher Festnahme – ein Fall, der zweifellos auch dadurch leichter entschieden werden konnte, dass der gesamte Vorfall auf Video festgehalten worden war.[172]

Im Januar 2014 wurde Tony Miano, ein Straßenprediger, der sich auf der Dundee High Street an die mittäglichen Einkaufspassanten wandte, festgenommen und in Gewahrsam gehalten, weil er über «sexuelle Sünde» predigte, darunter «Ehebruch, Promiskuität und homosexuelle Praktiken». Eine Frau rief die Polizei, die schnell eintraf, um den Straßenprediger festzunehmen. Miano wurde über Nacht in einer Zelle festgehalten und von der Polizei angezeigt, weil er eine Ruhestörung verursacht und eine homophobe Rede getätigt habe. Ein Freund hatte die Predigt aber gefilmt, und nachdem die Staatsanwaltschaft das Videomaterial gesichtet hatte, stellte sie fest, dass das mutmaßliche Opfer Anklagen gegen Mianos Rede erhob, die «schlicht unwahr» seien.[173]

Es war nicht das erste Mal, dass Miano von der Polizei wegen «Hassrede» angeklagt worden war: Im Juli 2013 war Miano in Wimbledon wegen einer Straßenpredigt festgenommen worden. Damals wurde er von der Polizei sieben Stunden lang festgehalten und musste eine DNA-Probe abgeben, bevor er ohne Anklage wieder freigelassen wurde.[174]

Im März 2014 musste die Polizei ein weiteres Mal einem christlichen Straßenprediger, den sie widerrechtlich festgenommen hatte, eine Entschädigung zahlen. Die *Greater*

Manchester Police hatte den 57 Jahre alten John Craven wegen Störung der öffentlichen Ordnung angeklagt. Im September 2011 gingen zwei männliche Jugendliche zu ihm hin und fragten ihn, was er von Homosexualität halte. Herr Craven antwortete mit Zitaten aus der Bibel und sagte, dass «Gott die Sünde hasst, den Sünder aber liebt». Nachdem die beiden einem Polizeibeamten daraufhin berichtet hatten, dass sie sich von Herrn Cravens Bemerkungen beleidigt fühlen würden, wurde Craven von dem Beamten wegen Störung der öffentlichen Ordnung festgenommen. Über 19 Stunden lang wurde Craven festgehalten. 15 Stunden lang gab man ihm nichts zu essen und verweigerte ihm den Zugang zu Medikamenten, die er wegen seiner rheumatoiden Arthritis nehmen musste.[175]

Einige Monate später wurde Rob Hughes festgenommen, nachdem ein Bürger ihn angezeigt hatte, homophobe Sprache zu verwenden. Elf Stunden lang hielt man Hughes fest und zwang ihn zur Abgabe von DNA-Probe und Fingerabdrücken, und man machte ein «Verbrecherfoto». Nach einem juristischen Einschreiten erhielt Hughes wegen widerrechtlicher Festnahme 2.500 britische Pfund und einen Zuschuss für seine Anwaltskosten.[176]

Karikaturen, Flugblätter, Schilder und Gedichte

Einer der merkwürdigen Trends der modernen «Hassrede»-Ermittlungen ist die Vielfalt an Medien, die als Hasswerkzeuge betrachtet werden. Karikaturen, Flugblätter, Kirchenschilder, Gedichte, sogar Jodeln: All das war bereits Gegenstand polizeilicher Ermittlungen.

Am 30. September 2005 veröffentlichte die dänische Zeitung *Jyllands-Posten* zwölf Karikaturen, von denen viele den islamischen Propheten Mohammed und den Islam allgemein

lächerlich machten. Nachdem über 50 internationale Publikationen die Karikaturen abgedruckt hatten, brach weltweiter
Protest aus, der mindestens 100 Todesfälle zur Folge hatte.[177]
Eine Reihe sich angegriffen fühlender muslimischer Organisationen erstattete Anzeige bei der dänischen Polizei wegen Verstoßes gegen Paragraf 140 und 266(b) des Strafgesetzbuches.
Am 06. Januar 2006 entschied die örtliche Staatsanwaltschaft,
die Ermittlungen einzustellen, weil kein begründeter Verdacht
bestand, dass eine Straftat begangen wurde. Mit diesem Ausgang unzufrieden, legte die Gruppe beim Generalstaatsanwalt
Beschwerde ein, der die vorherige Entscheidung am 15. März
2006 bestätigte.[178] Daraufhin reichte die Gruppe Beschwerde
beim *Menschenrechtsausschuss der Vereinten Nationen* ein, in
der sie angab, dass ihr ein wirksames Rechtsmittel wegen
«Aufstachelung zum Hass» gegen Muslime verweigert worden
sei. Das Komitee erklärte den Fall für unzulässig, wegen der
Versäumnis, nationale Rechtsmittel auszuschöpfen, denn
eine Berufung im Rahmen einer nationalen Privatklage war
noch anhängig.[179]

Infolge des Abdrucks der Karikaturen durch Dutzende von
Publikationen in der ganzen Welt wurden in vielen Ländern
Gerichtsverfahren eingeleitet, darunter in Frankreich, Großbritannien und Jordanien. Einige Zeitungen, die die Karikaturen
abgedruckt hatten, sahen sich gezwungen, wegen der Androhung von Prozessen Entschuldigungen zu veröffentlichen, was
der Vorsitzende der dänischen Journalistenvereinigung als
«Kniefall vor [den] Gegnern der Pressefreiheit» bezeichnete.[180]

2005 sah sich ein älteres Ehepaar, Joe und Helen Roberts,
polizeilichen Ermittlungen ausgesetzt, nachdem es die kom-
munale Verwaltung angerufen hatte, um sich über mit Steuer-
geldern finanzierte Broschüren zu beschweren, in denen es
um die Rechte Homosexueller ging. Während des Gesprächs
fragten sie, ob auch christliche Literatur ausgelegt werden

könne, und boten an, diese Materialien selbst zu bezahlen.[181] Die Verwaltung, besorgt, dass die Rentner möglicherweise «homophobe Haltungsweisen» zum Ausdruck brachten, berichtete der Polizei von der Unterredung, die zwei Beamte zu dem Paar nach Hause schickte. In einem 80-minütigen Verhör befragte die Polizei die beiden zu ihren Ansichten bezüglich Homosexualität und kam zum Ergebnis, das Paar laufe «auf rohen Eiern». Auch warnte die Polizei die beiden, dass sie kurz davor stehen würden, ein «Hassverbrechen» zu begehen, welches eine Höchststrafe von sieben Jahren Gefängnis nach sich ziehe, doch diesmal würden sie nicht verklagt.[182] Gegen die Polizei und die Gemeindeverwaltung wurde wegen des Umgangs mit diesem Vorfall eine Klage eingereicht, die in einer öffentlichen Entschuldigung und einer kleinen Entschädigungszahlung an das Ehepaar endete.[183]

2007 verteilte Julian Hurst, Prediger einer Kirche in Manchester, Flugblätter in der Öffentlichkeit, in denen für die Ostergottesdienste der Kirche geworben wurde. Das Flugblatt zeigte das Bild einer Osterglocke mit den Worten: «Neues Leben, frische Hoffnung.» Zwei berittene Polizeibeamte näherten sich Hurst und sagten, sie gingen einer Beschwerde nach, wonach er «beleidigende Literatur» verteile. Drei weitere Polizeibeamte erschienen in voller Kampfmontur und prüften die Flugblätter.[184] Die Polizei informierte Hurst darüber, dass ein Passant es als anstößig empfinde, dass die Kirche Osterflugblätter in einem Bereich der Stadt verteile, in dem es «offensichtlich eine beträchtliche Schwulengemeinde» gebe. Mit keinem Wort wurde Homosexualität in den Flugblättern erwähnt. Am folgenden Tag besuchte ein Polizeibeamter der *Race and Hate Crime Unit* Hurst zu Hause, um ihn darüber zu informieren, dass er das gesamte Schriftmaterial der Kirche gesehen und geprüft habe und kein Verbrechen begangen worden sei.[185]

2008 erhielt ein 15-jähriger Jugendlicher eine Vorladung der Londoner Polizei, als er an einer friedlichen Demonstration gegen Scientology teilnahm. Er hatte ein Schild gehalten, auf dem stand: «Scientology ist keine Religion, es ist eine gefährliche Sekte.»[186] Eine Polizeibeamtin las ihm Paragraf 5 des *Public Order Act* vor und «ermahnte ihn streng», das Schild zu entfernen. Als Antwort zitierte der Teenager aus einem *High Court*-Urteil von 1984, in dem Richter Latey Scientology als «Sekte» und als «korrupt, unheilvoll und gefährlich» beschrieben hatte. Dennoch erhielt der 15-Jährige eine Vorladung. Später entschied die Staatsanwaltschaft, ihn nicht strafrechtlich zu verfolgen.[187]

Dänische Behörden erwogen 2014, gegen einen jungen Dichter Anklage zu erheben, weil er eine «beleidigende Redeweise» verwendet habe. Das Erstlingswerk von Yahya Hassan verkaufte sich 100.000 Mal und enthält viele Gedichte, die die religiöse Umgebung, in der er aufgewachsen war, stark kritisieren. Auch sagte Hassan in einer populären Nachrichtensendung, dass seine Generation eine «Generation dummer Immigranten» sei, «die herumlaufen und die Gesellschaft, in der sie leben, nicht akzeptieren».[188] Im Januar 2014 forderte ein Lokalpolitiker, Hassan wegen seiner anstößigen Gedichte gemäß Paragraf 266(b) des dänischen Strafgesetzbuches anzuklagen. Hassan trägt jetzt eine schusssichere Weste und wird durch Dänemarks Inlands-Geheimdienst beschützt, wenn er Vortragseinladungen wahrnimmt.[189] Im November 2013 und im April 2015, nachdem er als Mitglied der *Nationalpartiet* in die Politik gegangen war, wurde er tatsächlich angegriffen.[190] Des Weiteren erhielt er zahlreiche Drohungen, unter denen sechs ausreichten, um eine polizeiliche Untersuchung zu rechtfertigen.[191] Die Klagen gegen Hassan führten zu keiner Verurteilung. Jacob Mchangama, ein Verfechter der Redefreiheit und Direktor von *Justitia,* einer in Kopenhagen ansässigen Denkfabrik, die sich mit Menschenrechten, Meinungsfreiheit und Rechtsstaatlichkeit befasst, äußerte vor der Verhandlung zu diesem Fall: «Wenn Hassan für Äußerungen nicht verurteilt wird, die Äußerungen ähnlich sind, für die andere Menschen verurteilt wurden, ist dies ein Beleg für eine willkürliche Gesetzgebung, bei der niemand sicher sein kann, was zu sagen noch legal ist.»[192]

Im Mai 2014 wurde von der Polizei gegen eine Kirche im ländlichen England ermittelt, weil sie ein mutmaßlich anstößiges Kirchenschild ausstellte. Das Schild zeigte Feuerflammen und die Worte: «Wenn Du glaubst, dass es keinen Gott gibt, hast Du hoffentlich recht!» Der Passant Robert Gladwin beschwerte sich bei der Polizei und sagte: «Mein grundlegendes Verständnis ist, dass das Christentum von Natur aus alle mit einschließt und eine liebende Kirche ist.» Was den Vorfall anging, so fügte er hinzu: «Ich war tatsächlich verblüfft. Wir leben im 21. Jahrhundert, und sie verbreiten diese Aussage – dass Nicht-Christen in der Hölle brennen werden –, um Leute zu schockieren und dazu zu bringen, dass sie sich ihrer Mentalität anschließen.» Obwohl keine strafrechtliche Verfolgung eingeleitet wurde, wurde das Schild vom 69-jährigen Pastor John Rose entfernt. Die Polizei erfasste die Angelegenheit als «Hassvorfall».[193]

In die Sammlung von Karikaturen, Kirchenschildern, Plakaten, Gedichten und weiteren Medien, die verwendet werden, um «Hass» zu verbreiten, könnten wir auch das Jodeln mitaufnehmen. Im Dezember 2010 wurde Helmut Griese, ein 63-jähriger Rentner aus Graz in Österreich, wegen «Verunglimpfung religiöser Symbole» angeklagt, nachdem seine muslimischen Nachbarn behauptet hatten, dass er mit seinem Jodeln den Gebetsruf des Muezzins nachahme.[194] Da er keine teuren juristischen Verfahren wollte, stimmte Griese zu, eine Strafe von 700 € zu bezahlen. Normalerweise wird das

Gesetz, aufgrund dessen er strafrechtlich verfolgt wurde, gegen Neonazis verwendet, die jüdische Gräber schänden.

Fazit

Keiner der hier genannten Fälle führte zu einer strafrechtlichen Verurteilung. Doch bedeutet dies nicht, dass Europas «Hassrede»-Gesetze effizient arbeiten; es gibt vielmehr negative Auswirkungen allein dadurch, dass diese Fälle entstehen. Für die Interessengruppen, die diese Art von Klagen häufig anstreben, ist die Schlacht bereits gewonnen, wenn gegen den Redner Ermittlungen aufgenommen werden. Oder, wie Alexander Gerard schrieb: «Die wirkliche Gefahr, die durch Europas Rede-Gesetze entsteht, ist nicht so sehr die Zahl der Schuldsprüche, sondern vielmehr ein schleichendes Abwürgen der politischen Debatte, da Menschen sich selbst zensieren, um Gesetzesstrafen, das Stigma und die Kosten, die das mit sich bringt, zu vermeiden.»[195] In Folge wird allein durch die Aufnahme von Ermittlungen schon ein Stigma erzeugt und ein großer Schaden verursacht. Das Ziel der Individuen oder Gruppen, die die «Hassrede»-Gesetze nutzen wollen, um ihre eigene Agenda voranzubringen, ist damit oft bereits erfüllt, unabhängig davon, wie der Fall letztendlich ausgeht.

Selbst wenn es keine erfolgreiche strafrechtliche Verfolgung gibt, wird die Redefreiheit insgesamt kaltgestellt, wobei diejenigen, die die Debatte durch Stigmatisierung zum Schweigen bringen wollen, die Hauptprofiteure sind. Ein Politiker, der die Einwanderungspolitik kritisiert, gilt als «Rassist», ein Prediger, der bestimmte sexuelle Verhaltensweisen verurteilt, ist ein «Homophober», und jemand, der es wagt, für die Wahrheit seiner eigenen Glaubensüberzeugungen einzutreten, wird als «bigott» bezeichnet. Die strafrechtlichen Ermittlungen mögen nicht erfolgreich sein, das Stigma aber bleibt und die Debatte wird abgewürgt. Und den Bürgern, die das Ganze von außen beobachten, wird eine klare Botschaft vermittelt: Wenn Du von irgendetwas, das Du siehst oder hörst, gekränkt wirst, ruf die Polizei an. Und wenn Du derjenige bist, der die Kränkung äußert, läufst Du «auf rohen Eiern» – die Polizei in Schutzanzügen ist nur ein paar unvorsichtige Wörter entfernt.

Kapitel 5:
Gerichtsverfahren

Alle Fälle in dem nun folgenden Kapitel gingen über polizeiliche Untersuchungen hinaus und resultierten tatsächlich in strafrechtlicher Verfolgung. Einige Fälle führten auch zu Verurteilungen in den ersten Gerichtsinstanzen, die aber schließlich nach Berufung aufgehoben wurden. Da keiner der Strafrechtsfälle letztendlich erfolgreich zur Verurteilung kam, betrifft dieses Kapitel eine weitere Gruppe von Bürgern, die in den Augen des Gesetzes letztendlich unschuldig sind. Für diejenigen, die «Hassrede»-Gesetze befürworten, sind auch solche Fälle jedoch immer noch kein Problem, sondern im Gegenteil ein Beleg dafür, dass das System funktioniert und der Gerechtigkeit Genüge getan wurde: Denn ein Verdächtiger wurde strafrechtlich verfolgt und vor einem Gerichtshof für unschuldig befunden. – Hat die Redefreiheit nicht etwa triumphiert?

Diese Sichtweise berücksichtigt leider nicht die schädlichen Auswirkungen für die Betroffenen, die durch die unbegründete strafrechtliche Verfolgung verursacht werden. Wie im Folgenden ausgeführt wird, kann dies für viele, die mit einer «Hassrede»-Klage konfrontiert werden, auch ohne Verurteilung zur Bestrafung werden, ganz zu schweigen vom finanziellen Risiko, das man eingehen muss, um sich zu verteidigen.

Politiker

2006 wurde der französische Politiker Christian Vanneste mit einer hohen Geldstrafe belegt, weil er geäußert hatte, dass «Heterosexualität moralisch höher steht als Homosexualität». Diese Bemerkungen wurden zunächst in der französischen Nationalversammlung geäußert und später von den Medien aufgegriffen.[196] Drei Organisationen brachten Vanneste vor Gericht,[197] wo er aufgrund eines ironischerweise «Gesetz über die Pressefreiheit» genannten Gesetzes verurteilt wurde und jeder der Organisationen 3.000 € zahlen sollte.[198] Von einem Berufungsgericht wurde die Entscheidung bestätigt. Im November 2008 aber, fast vier Jahre, nachdem Vanneste seine Äußerungen getätigt hatte, wies der Kassationsgerichtshof das frühere Urteil zurück, mit dem Kommentar, dass die vorigen Instanzen es versäumt hätten, Pressefreiheit und Meinungsfreiheit zu berücksichtigen.[199]

2009 wurde der bekannte niederländische Politiker Geert Wilders wegen zahlreicher Bemerkungen, die er zwischen 2006 und 2008 gegen den Islam geäußert hatte, strafrechtlich verfolgt. Er ist in den Niederlanden sehr bekannt wegen seiner Sichtweise in Bezug auf Einwanderung und wegen seines Films *Fitna,* der äußerst islamkritisch ist. Bemerkenswerterweise empfahlen die Staatsanwälte während der Verhandlung, die Anklagen fallenzulassen, und sagten, dass Wilders' Kommentare auf den Islam abzielten, nicht auf Moslems.[200] Trotzdem erhob man gegen Wilders fünf Anklagen wegen Beleidigung, Aufstachelung zum Hass gegen und Diskriminierung von Moslems, nicht-westlichen Immigranten und Marokkanern, unter Verstoß gegen Artikel 137c und 137d des niederländischen Strafgesetzbuches[201].

Während der Prozess und die Verhandlungen noch liefen, wurde Wilders von Lord Pearson nach Großbritannien eingeladen, um den Film *Fitna* im Oberhaus zu zeigen.[202] Er wurde daran gehindert, in das Land einzureisen,[203] aufgrund eines Gesetzes, das angewandt wird, um Menschen auszuschließen, die man für «eine Bedrohung der öffentlichen Politik, öffentlichen Sicherheit oder öffentlichen Gesundheit» hält – dieses Gesetz wird häufig gegen Terroristen angewandt.[204] In einem Brief des Home Office (Innenministerium) des Vereinigten Königreichs vom 10. Februar 2009 wurde Wilders mitgeteilt: «Der Minister ist überzeugt, dass Ihre Äußerungen über Moslems und ihren Glauben, wie es in Ihrem Film Fitna und an anderer Stelle ausgedrückt wird, die Harmonie der Gemeinschaft und daher die öffentliche Sicherheit im Vereinigten Königreich bedrohen würde.»[205]

Schließlich wurde Wilders am 23. Juni 2011 von allen Anklagen gegen ihn freigesprochen. Der Gerichtshof befand, dass seine Kommentare anstößig sein könnten, aber in den Rahmen der geschützten Rede fallen. Wilders merkte an, dass «die Teilnahme an der öffentlichen Debatte zu einer gefährlichen Angelegenheit geworden ist. Wenn du deine Meinung sagst, riskierst du, strafrechtlich verfolgt zu werden.»[206]

Im Jahr 2014 wurde ein Politiker der *Schwedendemokraten,* Michael Hess, von einem schwedischen Bezirksgericht zu 32.000 Kronen (etwa 3.500 €) Geldstrafe wegen «Hassrede» gegen den Islam verurteilt. Hess postete einen Kommentar zu einem Artikel in der Zeitung *Aftonbladet,* in dem es um Frauen ging, die auf dem Tahrir-Platz in Kairo vergewaltigt worden waren: «Wann werdet ihr Journalisten realisieren, dass es in der islamischen Kultur tief verankert ist, Frauen zu vergewaltigen und zu misshandeln, die die Lehren des Islam nicht befolgen? Es sind weitreichende [Daten] vorhanden, die die Verbindung zwischen den Vergewaltigungen in Schweden und der Anzahl der Migranten aus dem Nahen Osten und aus nordafrikanischen Ländern zeigen.»[207]

Hess, der elf Jahre im Nahen Osten gelebt hat, argumentierte, dass der Kommentar tatsächlich eine Debatte unter Journalisten auslöste, um die Angelegenheit eingehender zu untersuchen. Während der Verhandlung präsentierte er eine Zusammenfassung von Studien, die seine Behauptungen unterstützten. Das Gericht urteilte folgendermaßen:

«Ob [die] Äußerung wahr war oder zumindest Michael Hess wahr erschien, ist für den Fall irrelevant. […] [Seine] Äußerung sollte an dem Datum und in dem Kontext bewertet werden, als er sie geschrieben hat. Damals bezog er sich weder auf etablierte Forschung noch auf Quellen. Nur in Verbindung mit der strafrechtlichen Verfolgung hat [er] danach gestrebt, die Unterstützung durch Forschung und religiöse Schriften darzulegen. Deshalb befindet das Bezirksgericht, dass die Äußerung von Michael Hess eindeutig nicht Teil einer objektiven und verbindlichen Diskussion war.»[208]

Nach Meinung des Gerichts also hätte er bereits in seiner Antwort auf den Artikel auf jene Studien verweisen müssen, damit sie als «objektive Kritik» und nicht als illegale «Hassrede» betrachtet wird. Dennoch revidierte das Berufungsgericht dieses Urteil im Mai 2015. Das Gericht hielt fest, dass Artikel 10 der *Europäischen Menschenrechtskonvention* verletzt worden sei, welcher besage, dass jeder das Recht habe, zu kritisieren, was falsch sei, ohne Einmischung des Staates. In einer Pressemitteilung schrieb Christopher Larsson, der Vorsitzende der *Schwedendemokraten*, das größte Übel sei, dass Hess Opfer einer «Medienhetzjagd» geworden sei. Obwohl er letztendlich für nicht schuldig befunden worden sei, stellte Larsson fest, habe die Berichterstattung «nicht nur Michael, sondern auch seiner Familie und seinen engen Freunden Schaden zugefügt».[209]

Medieninterviews

1996 wurde der niederländische Parteiführer und Abgeordnete im Repräsentantenhaus Leen van Dijke in der nationalen Wochenzeitschrift *Nieuwe Revu* folgendermaßen zitiert: «Warum sollte das Stehlen, zum Beispiel Sozialbetrug, weniger eine Sünde sein, als gegen das Siebte Gebot zu verstoßen? Ja, warum sollte jemand in einer homosexuellen Beziehung besser sein als ein Dieb?»[210] Als Antwort auf die nachfolgende mediale Kritik erläuterte van Dijke, dass er lediglich deutlich mache, was er für universale christliche Lehre halte, dass nämlich alle Sünden gleich seien.[211] Daraufhin gab das Magazin *Gaykrant* diese Äußerung an den Generalstaatsanwalt weiter, und ein Verfahren wurde eingeleitet. Zunächst wurde van Dijke gemäß Artikel 137c und 137e des niederländischen Strafgesetzbuches verurteilt und sollte eine Geldstrafe von 300 Gulden (etwa 135 €) zahlen.[212] Obwohl er nach Berufung freigesprochen wurde, brachten Staatsanwälte den Fall vor den Obersten Gerichtshof, wo der Freispruch bestätigt wurde.[213] Beide höheren Gerichte schlussfolgerten, dass die Bemerkungen beleidigend seien, aber im Kontext von van Dijkes christlichen Überzeugungen nicht gesetzeswidrig.

Im Jahr 2001 wurde der Imam Khalil el-Moumni strafrechtlich verfolgt, nachdem er in einem landesweit ausgestrahlten Fernsehinterview gesagt hatte, dass homosexuelles Verhalten «schädlich für die niederländische Gesellschaft» und eine «ansteckende Krankheit» sei.[214] Er wurde gemäß Artikel 137c und 137d des Strafgesetzbuches angeklagt und zu 1.200 € Geldstrafe verurteilt, nachdem 50 Einzelpersonen und Organisationen Klage eingereicht hatten.[215] Danach entschuldigte sich der Imam für einige der Äußerungen und gab an, sie seien falsch übersetzt worden; außerdem versuchte er, sich mit den Betroffenen auszusöhnen. Dennoch entschied das Justizministerium im Dezember 2001, ein strafrechtliches Verfahren einzuleiten. Im Prozess wurde Khalil el-Moumni freigesprochen, und diese Entscheidung wurde im November 2002 durch das Berufungsgericht bestätigt.[216] Der Freispruch basierte auf der Tatsache, dass er als Geistlicher gesprochen hatte und seine Bemerkungen auf den Koran und weitere muslimische Texte gründete.[217]

André-Mutien Léonard, damals römisch-katholischer Bischof von Namur, gab 2007 dem Wochenmagazin *Télé Moustique* ein Interview, in dem er zu seiner Meinung über Homosexualität befragt wurde. Er sagte, seine Sicht sei dieselbe wie die des berühmten Psychologen Sigmund Freud, er halte eine homosexuelle Anziehung im Wesentlichen für eine Sache von psychologischer Natur.[218] Nach harter Kritik an dieser Sichtweise versuchte Léonard, seine Anmerkungen klarzustellen, und konkretisierte, dass er homosexuelles Verhalten für «abnormal» halte, nicht aber homosexuelle Menschen. Daraufhin wurde Léonard gemäß dem belgischen Antidiskriminierungsgesetz[219] von 2003 wegen der «Stigmatisierung» Homosexueller angeklagt. Am Ende urteilte das Gericht, dass, obwohl die Worte gegenüber Menschen, die sich als Homosexuelle identifizierten, kränkend seien, sie nicht zu Hass oder Diskriminierung aufstacheln würden, wie das Gesetz es darlege.[220] Ähnliche Anklagen wurden 2010 gegen Léonard erhoben,[221] nachdem er die Ausbreitung von HIV mit dem «Missbrauch» der menschlichen Liebe in Zusammenhang gebracht hatte, worauf allerdings kein Verfahren eröffnet wurde.

2002 wurde der französische Autor Michel Houellebecq wegen Aufstachelung zu religiösem Hass und Rassenhass ange-

klagt, aufgrund eines Interviews, das er bezüglich seines Buches *Plateforme* (dt. Titel: *Plattform)* gegeben hatte. Während
des Interviews beschrieb er den Islam als «dümmste Religion»
und den Koran als «schlecht geschrieben». Daraufhin leiteten
die *Human Rights League* und drei islamische Organisationen
Verfahren auf Grundlage des Gesetzes über die Pressefreiheit
vom 29. Juli 1881 wegen «Aufstachelung zum Rassismus»
ein.[222]

Das französische Gericht sprach Houellebecq frei;[223] es urteilte, dass der Angriff gegen den Islam erfolgt sei und nicht
gegen die Moslems selbst.[224] Der Herausgeber des Magazins,
welches das Interview publiziert hatte, Pierre Assouline, sagte,
dass die Verhandlung niemals hätte stattfinden dürfen: «Es
war normal, dass muslimische Einrichtungen reagieren.
Doch es wäre besser gewesen, wenn sie mir geschrieben oder
mich angerufen hätten und wir zwischen Houellebecq und
den Moslems eine Debatte [im Magazin] geführt hätten. Nicht
Richter sollten entscheiden, was man über den Islam sagen
oder nicht sagen kann.»[225]

Der dänische Historiker, Journalist und Verfechter der Redefreiheit Lars Hedegaard wurde 2010 von einem dänischen
Staatsanwalt wegen Rassismus angeklagt. Die Anklage bezog
sich auf ein Interview vom Dezember 2009, in dem Hedegaard
geäußert hatte, dass es in Gebieten mit großer muslimischer
Bevölkerung eine hohe Kriminalitätsrate gebe. Hedegaard
stellte danach fest, dass seine Worte aus dem Zusammenhang
gerissen worden seien, und betonte, dass er keineswegs alle
Moslems oder deren Mehrheit dieser Art des Verhaltens be-
zichtigen wolle.[226]

Zunächst wurde Hedegaard für unschuldig befunden, dann
aber durch eine höhere Instanz auf Grundlage von Artikel
266b des dänischen Strafgesetzbuches[227] verurteilt. Am
20. April 2012 wurde Hedegaard vom Obersten Dänischen

Gerichtshof freigesprochen, weil er nicht beabsichtigt habe, seine Anmerkungen einer größeren Zuhörerschaft zugänglich zu machen. Hedegaard kommentierte: «Der Oberste Gerichtshof hat das Prinzip, dass, um eine Äußerung zu einer Straftat zu machen, sie in der Absicht öffentlicher Verbreitung gemacht werden muss, eindeutig aufrechterhalten. Zu Hause können wir immer noch frei sprechen.»[228]

Einen Tag, nachdem Hedegaard angeklagt worden war, kündigte der damalige dänische Justizminister an, dass die «Hassrede»-Gesetze des Landes revidiert werden sollten. Die *Copenhagen Post* berichtete, dass der Minister «eine Grundlage für Änderungen bei den Gesetzen vorbereitet, welche rassistische und blasphemische Sprache kriminalisieren, wegen der Sorge, sie könnten als politische Instrumente missbraucht werden, um die Redefreiheit einzuschränken».[229]

Im Dezember 2013 wurde der berühmte Musiker Bob Dylan auf Grundlage eines französischen Gesetzes, das «öffentliche Beleidigung und Aufstachelung zum Hass» verbot, wegen «Hassrede» angeklagt. Die Klage erfolgte im Zuge der Beschwerde seitens des *Conseil représentatif des institutions et de la communauté croate de France* an die französische Regierung, nach einem Interview von Dylan im Magazin *Rolling Stone* im September 2012. Als er über die Beziehungen zwischen den Rassen in den Vereinigten Staaten sprach, wurde Dylan wie folgt zitiert: «Schwarze wissen, dass manche Weiße die Sklaverei nicht aufgeben wollten – dass also, wenn diese ihren Willen bekommen hätten, sie immer noch unter dem Joch wären […] Und sie können nicht behaupten, dass sie das nicht wissen […] Wenn du einen Sklavenhalter oder Ku-Klux-Klan-Anhänger als Vorfahren hast, können Schwarze das spüren. Die Sache bleibt bis heute spürbar. So wie Juden Naziblut spüren können und die Serben kroatisches Blut.»[230]

Allan Kodzinn von der *New York Times* hat darauf hingewiesen, dass dieser Kommentar «erschienen sein mag wie
eine vernebelte, impressionistische, emotional betonte Art,
etwas zu sagen, was Dylan bekanntermaßen seit Jahrzehnten
sagt».

Die Klagen gegen Dylan wurden im April 2014 wegen einer
Formalie fallengelassen: Dylan war nicht derjenige gewesen,
der die Veröffentlichung der Kommentare in Frankreich autorisiert hatte. Stattdessen wurde der französische Herausgeber
des *Rolling Stone*-Magazins, Marc Birnbaum, wegen Verstoßes gegen Frankreichs Antidiskriminierungsgesetz angeklagt.
Im Fall einer Verurteilung hätte Dylan eine Maximalstrafe
von einem Jahr Gefängnis und Geldstrafe bis zu 45.000 Euro
gedroht.[231]

Bücher, Artikel und Predigten

Der schwedische Pastor Åke Green wurde 2004 von einem Bezirksgericht zu einem Monat Gefängnis verurteilt, weil er eine
Predigt gehalten hatte, in der sexuelle Immoralität von der
Kanzel aus scharf kritisiert wurde. Pastor Greens Vergehen
war es, «Verachtung» oder «Respektlosigkeit» gegenüber einer
Gruppe von Menschen auszudrücken. Trotz eines Urteils, das
nach Berufung aufgehoben wurde, unternahm der Staatsanwalt Schritte, um den Fall vor das Oberste Gericht zu bringen, welches zu diesem Fall am 09. November 2005 eine Ge-
richtsverhandlung ansetzte und den Freispruch bestätigte.
Die Verhandlung dauerte einen vollen Tag, und der Audiolink
wurde live im Radio ausgestrahlt. In einem Interview mit einer schwedischen Tageszeitung erläuterte der Vorsitzende
des Obersten Gerichtshofes, Richter Johan Munck, dass «ein
Schuldspruch vor dem Europäischen Gerichtshof für Men-

schenrechte keinen Bestand gehabt hätte».[232] Trotzdem wurde das schwedische Gesetz nicht geändert, und die Lobbygruppe *Riksförbundes för homosexuellas, bisexuellas och transpersoners rättigkheter* sagte, das Urteil zeige in Wirklichkeit die Notwendigkeit, das Gesetz zu verschärfen, nicht, es außer Kraft zu setzen.[233]

Der Fall ähnelt einem britischen Fall, dem von Michael Overd, der ebenfalls ursprünglich für eine Predigt aus der Bibel verurteilt worden war und ebenfalls gesagt bekam, er solle zukünftig aus anderen Bibelpassagen predigen. In Overds Fall befragte der Bezirksrichter Shamim Ahmed Qureshi ihn, warum er aus Kapitel 20 des Buches Leviticus predigen würde, und schlug vor, er solle stattdessen aus Kapitel 18 predigen. Das Urteil wurde nach Berufung aufgehoben.[234]

Am 18. Mai 2014 beschrieb der 78 Jahre alte Pastor James McConnell aus Belfast, als er in der *Whitewall Metropolitan Tabernacle Church* eine Ansprache hielt, den Islam als «heidnisch» und «satanisch». Er sagte seiner Kirchengemeinde, dass «ein neues Übel erstanden» sei und dass es «muslimische Zellen in ganz Großbritannien verteilt» gebe. Dies veranlasste Dr. Al-Wazzan vom *Belfast Islamic Centre,* McConnells Predigt als «Hassrede» zu verurteilen. Außerdem sagte er, dass er die Polizei kontaktiert habe und McConnell «für jeglichen rassistischen Angriff gegen irgendeinen Moslem in Nordirland» zur Verantwortung ziehen werde.[235]

Die Polizei leitete Ermittlungen ein und verhörte McConnell am 04. Juni 2014.[236] Merkwürdigerweise war es nicht die Predigt selbst, die Ziel der Ermittlungen war, sondern das Internetstreaming der Predigt. Ein ganzes Jahr später bot die nordirische Staatsanwaltschaft McConnell ein «informed warning»[237] an, was die Eröffnung eines Strafverfahrens verhindert hätte, doch er weigerte sich, dies zu akzeptieren. Ein Sprecher der Staatsanwaltschaft bestätigte, dass das mutmaß-

liche Vergehen darin bestand, «eine Nachricht oder andere
Angelegenheit, die grob anstößig war, mittels eines öffentlichen elektronischen Kommunikationsnetzwerkes zu senden
oder die Sendung zu verursachen», ein Verstoß gegen das
Kommunikations-Gesetz von 2003.[238]

Die 75 Jahre alte italienische Autorin Oriana Fallaci sollte
2006 vor Gericht gestellt werden, weil sie in einem ihrer Bü-
cher den Islam diffamiert habe.[239] Laut der Paragrafen 403
und 406 des italienischen Strafgesetzes zieht die Straftat des
Diffamierens einer anerkannten Religion eine Geldstrafe von
bis zu 6.000 Euro nach sich.[240] In dem fraglichen Buch, *Die
Kraft der Vernunft*, machte Fallaci angeblich 18 beleidigende
Bemerkungen, unter anderem verglich sie den Islam mit einem Teich: «Und der Teich ist ein stehendes Gewässer. Voll
mit Wasser, das nie abfließt, sich nie bewegt, sich nie reinigt,
nie zu fließendem Wasser wird, das bis ins Meer strömt. In der
Tat verunreinigt es leicht und taugt auch wenig als Tränke.»

Nach einer ersten Vorverhandlung kam es nicht zu einem
Verfahren, weil Fallaci starb.[241] Zwei Jahre später wurden die-
selben Gesetze angewandt, um die italienische Komödiantin
Sabina Guzzanti anzugreifen, die vor Tausenden von Fans in
Rom gesagt hatte, dass der Papst in der Hölle enden werde.[242]
Dafür wurde sie mit fünf Jahren Gefängnis bedroht, obwohl
die Katholische Kirche keine strafrechtliche Verfolgung
wünschte.[243] Schließlich entschied der Justizminister, die
Klage fallenzulassen.

Im April 2014 wurde Paul Weston, ein Kandidat für das Eu-
ropaparlament, festgenommen. Man nahm von ihm Finger-
abdrücke und eine DNA-Probe, weil er eine Passage aus einem
Buch von Sir Winston Churchill zitiert hatte. Die «anstößigen»
Worte waren Churchills Buch *The River War* (deutsche Ausgabe: *Kreuzzug gegen das Reich des Mahdi*) entnommen, geschrieben 1899, als er als britischer Armeeoffizier im Sudan

diente. Churchill bezog sich auf die Auswirkungen des «Mohammedanismus», die er als «Plagen» bezeichnete, und nannte unbedachte Sitten, nicht durchdachte Ackerbausysteme oder schlampige Handelsmethoden als besondere Beispiele. Churchill schrieb weiter, dass der Islam das Leben seiner Anmut und Veredelung beraube.[244]

Dieses Zitat Churchills resultierte für Weston darin, dass er wegen eines schweren rassistischen Vergehens gegen die öffentliche Ordnung gemäß Paragraf 4 des *Public Order Act* angeklagt wurde. Das Verbrechen zieht eine Maximalstrafe von zwei Jahren Gefängnis nach sich.[245] Die Verhaftung veranlasste seinen Gegenkandidaten für die Europawahl zu folgendem Kommentar: «Warum sollte ausgerechnet ich ihn verteidigen? Wo sind die Liberalen mit dem Löwenherz, die immer so schnell sind, wenn es darum geht, politische Inhaftierungen in weit entfernten Diktaturen anzuzeigen? Mir ist klar, dass ‹politische Inhaftierung› ein starkes Wort ist, aber es ist kaum möglich, es anders auszudrücken, wenn ein Kandidat für ein öffentliches Amt wegen Beschwerden über den Inhalt seines Sermons in Polizeigewahrsam genommen wird.»[246]

Im Juni 2014 – nach den Wahlen – erhielt Weston von der Polizei eine Mitteilung mit dem Inhalt, dass die «Untersuchungen inzwischen abgeschlossen» seien, und: «[…] nach sorgfältiger Abwägung aller Umstände wurde entschieden, dass kein weiteres polizeiliches Vorgehen stattfindet.»[247]

Fälle, in denen das Strafrecht angerufen wird, um private Debatten beizulegen

Im Februar 2009 wurde die polnische Lebensrechtlerin Joanna Najfeld von der Abtreibungsverfechterin Wanda Nowicką angezeigt, auf Grundlage von Bemerkungen, die Najfeld während einer Fernsehdiskussion auf Kanal TVN 24 machte. Najfelds «kränkende» Bemerkung lautete, dass Nowicką auf der Gehaltsliste der Abtreibungsindustrie stünde. Es war unleugbar, dass Nowicką eine Lobbyistin für die Ausweitung der Abtreibung in Polen war, aber Nowickąs Behauptung war, dass, da es kein Unternehmen in Polen gebe, das «Abtreibungsindustrie» heiße, es eine Diffamierung sei, zu behaupten, dass sie auf dessen Gehaltsliste stehe. Die Klagen wurden auf Grundlage von Paragraf 212 des polnischen Strafgesetzbuches[248] eingereicht.

Am 12. September 2011, nach zweieinhalb Jahren Rechtsstreit mit 16 Gerichtstagen, wurde Najfeld von dem mutmaßlichen Vergehen freigesprochen.[249] Nach Informationen, die von polnischen Nachrichtenquellen offengelegt wurden, rechtfertigte das Gericht seine Entscheidung damit, dass die Organisation von Nowicką Gelder von Verhütungsanbietern und Abtreibungsorganisationen erhalten hatte. Doch sind Informationen über die Verhandlung rar, weil das ganze Verfahren auf Antrag von Nowicką nicht-öffentlich blieb. Die Öffentlichkeit war nicht zugelassen, und Journalisten wurde kein Zugang zu den Unterlagen dieses Falls gewährt.

Polnische Bürgerrechts-Organisationen starteten Kampagnen zur Abschaffung von Paragraf 212 des Strafgesetzbuches,[250] und das kontrovers diskutierte Gesetz wurde Gegenstand verschiedener Rechtsfälle vor dem Europäischen Gerichtshof für Menschenrechte.[251] Der Gerichtshof entschied jedoch, dass die Fälle von der Antragsliste genommen werden sollten, nachdem die polnische Regierung Verstöße gegen das Recht auf Meinungsfreiheit anerkannt und angeboten hatte, den entsprechenden Antragstellern eine Entschädigung zu zahlen.[252] Paragraf 212 befindet sich immer noch im Strafgesetzbuch.

Im März 2009 führten Ben und Sharon Vogelenzang eine ihrer Ansicht nach sachliche Debatte beim Frühstück mit einer ihrer Stammkundinnen, in ihrem Hotel, das sie in Liverpool führten. Später beschwerte sich der weibliche muslimische Gast bei der Polizei, dass sie durch die Bemerkungen des Paares beleidigt worden sei,[253] und die Vogelenzangs wurden angeklagt, gegen Paragraf 5 des *Public Order Act* verstoßen zu haben.

Die Frühstücksdebatte behandelte eine Reihe Themen, in denen die jeweiligen religiösen Sichtweisen diskutiert wurden. Die Muslimin behauptete, dass Jesus nicht der Sohn Gottes sei, sondern ein «kleinerer Prophet», die Vogelenzangs bezeichneten das muslimische Kopftuch als «Form der Sklaverei».[254] Der Prozess endete mit dem Urteil, dass die Beweise gegen die Hoteliers «widersprüchlich» seien, und man ließ die Sache fallen.[255] Dennoch waren die Vogelenzangs gezwungen, ihr Hotel zu verkaufen, da einer ihrer größten Kunden, der *National Health Service*, sich infolge der Anklage zurückzog und auch nach dem Freispruch nicht zurückkehrte.

In seiner Dokumentation dieser persönlichen Zerreißprobe schreibt Jon Gower Davies: «Ben und Sharon haben ihren Fall ‹gewonnen›. Aber sie wurden allein schon dadurch, dass sie dies durchkämpfen mussten, bloßgestellt. [...] Den größten Teil des Jahres saßen die Vogelenzangs in ihrem Haus, das auch ihr Geschäft war, während die staatlichen Behörden ihre Erniedrigung vorantrieben: K. bei Kafka hatte dasselbe Problem.»[256] Sharon selbst erklärte später: «Viele Leute dachten, dass, wenn wir vor Gericht gewinnen würden, alles wieder in Ordnung wäre. Tatsächlich hat es uns an den Rand des Abgrunds geführt, es war also überhaupt kein Sieg.»[257]

Fazit

In einigen der hier beschriebenen Beispiele zogen sich die Fälle vor Gericht über Jahre hin, und obwohl sie vor den Augen des Gesetzes letztendlich für unschuldig erklärt wurden, kostete es die unschuldigen Parteien oft viel Zeit und Geld, ihren Namen wieder reinzuwaschen. Bei bekannteren Personen wäre keine Wikipedia-Seite vollständig ohne Bezug zum «Hassrede-Skandal», in den sie verwickelt waren.[258]

Für diejenigen, die außerhalb des Rampenlichts leben und einfach zurück in ihr alltägliches Leben wollen, kann der verursachte Schaden irreparabel sein. Selbst wenn ihr Name vor dem Gesetz reingewaschen ist, kann das Stigma, in einem «Hass»-Fall der Beklagte gewesen zu sein, ein Leben lang hängenbleiben und dauerhaften Schaden verursachen, wenn es um das weitere soziale Leben, Geschäfte oder eine zukünftige Anstellung geht. So endete der Fall von Ben und Sharon Vogelenzang damit, dass sie ihre geschäftliche Grundlage verloren, ohne große Chance, sie wiederzuerlangen. Als sie namentlich vor Gericht gezerrt wurden, war der Schaden bereits entstanden. Es ist nur ein kleiner Trost, dass sie freigesprochen wurden, da ihr Hotelbetrieb dadurch zerstört wurde.

Kapitel 6:
Verurteilungen

Die Beispiele in diesem Kapitel sind Fälle, die mit einer gerichtlichen Verurteilung endeten. Daraus folgt, dass zumindest einige der Äußerungen, die nun folgen, für kränkender gehalten werden können als die der vorherigen Kapitel. Es stellt sich dennoch die Frage, ob solche Äußerungen in einer strafrechtlichen Verurteilung resultieren sollten. Und auch eine weitere Frage stellt sich: Wann ist das Risiko für die Gesellschaft höher? Wenn man den Bürgern erlaubt, kontrovers und beleidigend zu reden, oder wenn man dem Staat erlaubt, die Rede, die er für kontrovers und beleidigend hält, zu zensieren?

Der immer wiederkehrende Fall
von Mohammed und Aischa

Nichts führt schneller zu einer «Hassrede»-Verurteilung als die Debatte über das Alter von Aischa zu dem Zeitpunkt, als sie mit Mohammed, dem Begründer des Islam, verheiratet wurde. Viele glauben, dass Aischa etwa sechs oder sieben Jahre alt war, als sie verheiratet wurde, und neun, als die Ehe vollzogen wurde. Dies hat manche Menschen dazu veranlasst, Mohammed öffentlich zu verurteilen, was im Gegenzug zu zahlreichen «Hassrede»-Fällen geführt hat, die von dadurch gekränkten Menschen initiiert wurden.

Im Juni 2008 schrieb der damalige finnische Stadtrat Jussi Kristian Halla-aho (heute Mitglied des Europaparlamentes) in einem Blogpost, dass Mohammed ein Pädophiler gewesen sei, mit Verweis auf Aischas Alter zum Zeitpunkt der Verheiratung mit Mohammed und den nachfolgenden Vollzug der Ehe.[259] Als Resultat dieser Anmerkung wurde Halla-aho vor Gericht gebracht, auf Grundlage einer «ethnischen Agitation» und wegen Verstoßes gegen «die Unantastbarkeit der Religion». Wegen Letzterem erging am 08. September 2009 ein Urteil, demgemäß er eine Geldstrafe von 330 Euro zahlen sollte. 2010 hielt das Berufungsgericht diese Entscheidung aufrecht. Am 08. Juni 2012 befand der Oberste Gerichtshof Halla-aho in beiden Anklagepunkten für schuldig und erhöhte die Geldstrafe.[260]

Nach diesem Urteil wurde Halla-aho gezwungen, als Vorsitzender des Verwaltungsausschusses zurückzutreten. Er schrieb während des Verfahrens weiter Blogposts und erläuterte auch die Grundlage seines ursprünglichen Posts: «Die traditionelle muslimische Wissensliteratur der Hadithe sagt uns, dass Mohammed mit seiner Frau Aischa Sex hatte, als sie neun Jahre alt war. [...] Dass Mohammed für die Moslems eine heilige Figur ist, kann ihn nicht gegen Kritik im Westen immun machen, vor allem, wenn die Kritik auf unbestreitbaren Fakten beruht.»[261]

2009 wurde ein österreichisches Parlamentsmitglied, Susanne Winter, wegen «Herabwürdigung religiöser Lehren» verurteilt, weil sie gesagt hatte, dass Mohammed «im heutigen System» als «Kinderschänder» angesehen würde. Ihr Strafmaß betrug drei Monate Gefängnis auf Bewährung und eine Geldstrafe von 24.000 Euro.[262]

Im Februar 2011 wurde die Österreicherin Elisabeth Sabaditsch-Wolff verurteilt, nachdem sie in einem politischen Bildungsinstitut eine Reihe von Vorträgen gehalten hatte. Sie war gebeten worden, ein dreiteiliges Seminar über die Gefahren des radikalen Islam zu halten. Die drei Teile hießen: «Einführung in die Grundlagen des Islam», «Die Islamisierung Europas» und «Der Einfluss des Islam». Im Oktober 2009 schlich sich eine Undercover-Journalistin in zwei der Seminare ein und machte eine Aufnahme, die sie dann an die österreichischen Behörden gab.

Im September 2010 wurde Sabaditsch-Wolff wegen «Hassrede» und Verstoßes gegen Paragraf 283[263] des österreichischen Strafgesetzbuches angeklagt. Jedoch erkannte der Richter Berichten zufolge am 18. Januar 2011, dass die ursprüngliche Anklage nicht überzeugend genug sei, um ein Urteil sicherzustellen; er informierte Sabaditsch-Wolff darüber, dass sie nunmehr wegen «Herabwürdigung religiöser Lehren» gemäß § 188 StGB[264] angeklagt werde.[265]

Sabaditsch-Wolff wurde am 15. Februar 2011 gemäß dieser Anklage verurteilt für ihre Äußerung, dass «Mohammed eine Neigung für kleine Mädchen» hatte. Das Gericht begründete die Entscheidung damit, dass Mohammed nicht als Pädophiler angesehen werden könne, weil er bis zu seinem Tod mit Aischa verheiratet gewesen sei.[266] Sabaditsch-Wolffs Berufung wurde zurückgewiesen, und sie musste eine Geldstrafe von 480 Euro zahlen. Grundlage war ihr Einkommen; wäre sie zu dieser Zeit dauerhaft erwerbstätig gewesen, wäre die Geldstrafe deutlich höher ausgefallen. Ihr Fall liegt nun zur Berufung beim Europäischen Gerichtshof für Menschenrechte.[267]

Demonstranten

Am 8. Oktober 1997 verteilten Lebensrechtler vor einer Nürnberger Einrichtung, in der Abtreibungen durchgeführt wurden, Flugblätter. Darauf stand, dass Abtreibung Mord sei, und man nannte einen Arzt, der in den Räumlichkeiten tätig war, mit Namen; außerdem bezeichneten die Flugblätter ihn als «Tötungsspezialisten für ungeborene Kinder». In einem Zeitungsinterview hatte der Mediziner Dr. Freudemann gesagt, dass er täglich 15 bis 20 Abtreibungen durchführe, etwa 4.000 insgesamt jährlich, und nannte sich selbst wörtlich «hochspezialisiert». Die Flugblätter verglichen die Abtreibungspraxis außerdem mit dem Holocaust: «Früher: Holocaust, heute: Babycaust.»[268]

Im Namen des medizinischen Zentrums und des betroffenen Mediziners erstattete die Stadt Nürnberg Strafanzeige gegen die Demonstranten, wegen «Beleidigung».[269]

Zunächst wurden die Lebensrechtsdemonstranten vom Landgericht auf Grundlage ihres Rechts auf Meinungsfreiheit freigesprochen. Dies wurde jedoch von höheren Instanzen aufgehoben, schließlich wurden die Verurteilungen 2006 vom Bundesverfassungsgericht bestätigt. In seinem Urteil aus dem Jahr 2011, das von einem Professor als «jeglicher Argumentation beraubt»[270] bezeichnet wurde, entschied dann der Europäische Gerichtshof für Menschenrechte (EGMR), dass die strafrechtliche Verurteilung Artikel 10 (Meinungsfreiheit) der *Europäischen Menschenrechtskonvention* nicht verletze, da die Demonstranten gegen «die Persönlichkeitsrechte des Mediziners verstoßen» hätten.[271]

Dieser «Fall Annen» ähnelt dem Fall von Bernadette Smyth, die 2014 nach einer Demonstration vor einer Abtreibungseinrichtung in Belfast 2014 wegen Belästigung strafrechtlich schuldig gesprochen worden war. Doch im Gegensatz zu Klaus Annen wurde Bernadette Smyth am Ende nach Berufung freigesprochen, weil der Richter urteilte, es gebe unzureichende Beweise dafür, dass eine Beleidigung im strafrechtlichen Sinne stattgefunden habe.[272]

Im April 2002 wurde der 69 Jahre alte Harry Hammond aus

Bournemouth von einem Richter zu einer Geldstrafe von 300 britischen Pfund und Kostenübernahme von 395 britischen Pfund verurteilt. Er war auf Grundlage von § 5 des *Public Order Act* angeklagt worden, weil er in der Innenstadt ein Schild mit der Aufschrift «Jesus gibt Frieden, Jesus lebt, Schluss mit Sittenlosigkeit, Schluss mit Lesbentum, Jesus ist der Herr» in der Hand gehalten hatte.[273]

Es bildete sich eine Menschenansammlung, einige bespritzten ihn mit Wasser oder warfen mit Dreck nach ihm, und einer schlug den Rentner zu Boden.[274]

Als die Polizei erschien, bewerteten sie die Lage und entschieden, Hammond festzunehmen, nicht diejenigen, die ihn körperlich attackiert hatten. Eine Berufung gegen das Urteil schlug fehl, und Hammond starb, bevor weitere Berufungen eingereicht werden konnten.

Im Jahr 2004 wurde Attila Vajnai vor dem Budapester Stadtgericht wegen Verstoßes gegen ein Gesetz angeklagt, das das Zeigen «totalitärer Symbole» in der Öffentlichkeit verbot, und zu zwölf Monaten Haft auf Bewährung verurteilt.[275] Er hatte während einer Demonstration einen roten Stern auf seiner Jacke getragen, ein in Ungarn verbotenes Symbol für die kommunistische Willkürherrschaft. Vajnai war der Vizevorsitzende einer linksgerichteten politischen Partei und trug den Stern als Symbol der internationalen Arbeiterbewegung. Er focht das Urteil vor dem EGMR an. Das Gericht akzeptierte, dass die Verurteilung eine legitime Zielrichtung hatte, schlussfolgerte aber, es sei nicht notwendig gewesen, da zwanzig Jahre nach dem Fall des Kommunismus keine «eindeutige und gegenwärtige Gefahr» seiner Restauration bestünde.[276]

Auf Grundlage dieser Argumentation ist es für das Gericht möglich, ein strafrechtliches Verbot des Tragens eines roten Sterns unter bestimmten Umständen zu legitimieren. Obwohl

Ungarn den Fall verloren hatte, nahm es das Verbot solcher Symbole nicht zurück. Infolgedessen musste ein zweiter Ungar, János Fratanolo, 2011 seine Berufung vor den Europäischen Gerichtshof bringen, weil er wegen Tragens eines roten Sterns verurteilt worden war.[277]

Das Gericht befand schnell zu seinen Gunsten und wies die Regierung zu einer Zahlung von 4.000 Euro an. Die ungarischen Behörden verweigerten die Zahlung.[278]

In Schweden wurden 2006 Tor Fredrik Vejdeland und einige weitere Demonstranten wegen der ungebetenen Verteilung von etwa 100 Flugblättern in einer schwedischen Schule verurteilt. Sie wurden jedoch nicht wegen Hausfriedensbruchs oder Verschmutzung angeklagt, sondern wegen Agitation gegen eine «nationale oder ethnische» Gruppe. Die fraglichen Flugblätter kritisierten homosexuelles Verhalten – beschrieben als «abnorme sexuelle Neigung», die «eine moralisch zerstörende Wirkung auf die Substanz der Gesellschaft» habe – und warnten die Schüler vor einer «homosexuellen Propaganda», die angeblich von Lehrern in der Schule verbreitet werde.

Die Angeklagten bestritten, dass der Text der Flugblätter Verachtung gegenüber Homosexuellen ausdrücke, und gaben an, das sei auf keinen Fall ihre Absicht gewesen. Sie sagten, der Zweck ihres Tuns sei es gewesen, eine Debatte über den Mangel an Objektivität in dem in schwedischen Schulen erteilten Unterricht anzustoßen. Der oberste Gerichtshof Schwedens verurteilte sie auf Grundlage von Kapitel 16, Artikel 8 des schwedischen Strafgesetzbuches[279].

Schließlich ging dieser Fall an den EGMR, wo die Antragsteller argumentierten, ihr Recht auf Redefreiheit sei verletzt worden.[280] Doch das Gericht urteilte, dass, während die Flugblätter «Individuen nicht direkt dazu aufriefen, hasserfüllte Handlungen zu begehen», die Kommentare dennoch «ernsthafte und abträgliche Vorwürfe»[281] und des Schutzes unwürdig seien.

Am 06. Februar 2013 wurde eine 74-jährige Rentnerin namens Maria Frank von einem Gericht in München wegen «Hassrede» verurteilt. Frank hatte an einer Demonstration gegen den Bau einer Moschee teilgenommen, die von einer kleinen Anti-Islam-Partei (*Die Freiheit*) organisiert wurde. Frank hielt ein Schild in der Hand, auf dem stand: «Die anmaßenden Türken und Moslems bedrohen wieder Europa.» Sie zog einen historischen Vergleich zur Niederlage der Osmanen in Wien 1683.

Nach einer Anzeige durch ein junges Mitglied der politischen Konkurrenzpartei *Die Grünen* wurde Maria Frank gemäß § 130 StGB[282] verurteilt, der denjenigen bestraft, der «in einer Weise, die geeignet ist, den öffentlichen Frieden zu stören, [...] gegen Teile der Bevölkerung [...] zum Hass aufstachelt [...]». Frank wurde zu einer Geldstrafe mit 90 Tagessätzen à 40 Euro (Gesamtsumme: 3.600 Euro) verurteilt, die für drei Jahre ausgesetzt wurde. Außerdem sollte sie 1.000 Euro an *Amnesty International* zahlen. Frank protestierte vor Gericht: Sie wolle das Geld lieber einer gemeinnützigen Organisation geben, die verfolgten Christen helfe – eine Forderung, der der Richter nicht nachkam.[283]

Das Internet

Der frühere Filmstar Brigitte Bardot veröffentlichte 2008 einen Brief auf ihrer Internetseite, den sie an den damaligen Innenminister Frankreichs, Nikolas Sarkozy, geschrieben hatte. Darin bezog sie sich auf Moslems und sagte, sie «zerstören unser Land, indem sie uns ihre Lebensweisen aufdrängen».[284] Er war eine Antwort auf die rituelle Schlachtung von Schafen während des muslimischen Eid-al-Kabir-Festes, eine Praxis, gegen die Bardot als langjährige Tierschützerin häufig wetterte.[285]

Statt einer Antwort von Sarkozy sah sich Bardot, damals 73 Jahre alt, einem Prozess ausgesetzt, der von der Organisation *Mouvement contre le racisme et pour l'amitié entre les peuples* gegen sie angestrengt wurde. Darin wurde behauptet, dass ihre Anmerkungen zum Hass aufstacheln würden, und dies sei ein Verstoß gegen § 24 des Gesetzes über die Pressefreiheit vom 29. Juli 1881. Das Gericht entsprach dieser Auffassung, und sie erhielt eine Geldstrafe von 15.000 Euro. Es war bereits das fünfte Mal, dass Bardot von französischen Gerichten wegen «Hassrede» verurteilt wurde, mit einer Gesamtsumme an Geldstrafen von fast 30.000 Euro.[286]

2011 veröffentlichte ein Aktivist aus Moldawien, Marian Vitalie, auf seiner Internetseite eine Liste von acht bekannten Persönlichkeiten, die «LGBT»-Veranstaltungen öffentlich unterstützt oder daran teilgenommen hatten.[287]

Die Liste wurde im Rahmen einer nationalen Debatte in Bezug auf vorliegende Vorschläge für Antidiskriminierungsgesetze erstellt, die auch «sexuelle Orientierung» als geschützte Eigenschaft aufführten. Keiner derjenigen, die auf der Liste standen, beschwerte sich darüber, dass Name und Foto auf der Internetseite veröffentlicht waren. Dennoch erstattete die Lobbygruppe *Gender Doc-M* Anzeige gegen Vitalie, mit dem Argument, dass «der Zweck der Liste» sei, «Homosexuelle und die öffentlichen Personen zu stigmatisieren, lächerlich zu machen und zu erniedrigen».

Der Fall ging durch drei Instanzen der nationalen Gerichtsbarkeit, alle Urteile gingen gegen Vitalie aus. Das letztinstanzliche Urteil forderte von ihm, auf seiner Internetseite eine schriftliche Entschuldigung zu veröffentlichen und sowohl Entschädigungszahlungen zu leisten als auch die Gerichtskosten zu zahlen.[288]

Eine Weigerung wäre einer Nichtdurchsetzung des Urteils gleichgekommen und hätte eine Höchststrafe von zwei Jahren Gefängnis nach sich ziehen können.[289]

Am 17. Oktober 2011 wurde Stephen Birrell wegen einiger Bemerkungen, die er auf einer Facebook-Seite gemacht hatte, zu acht Monaten Gefängnis verurteilt. Einige Zeit zuvor hatte ein Spezialteam der Polizei das Internet durchforstet, um nach «Hassreden» zwischen rivalisierenden Fußballfans zu suchen, und stieß dabei auf eine Facebook-Seite mit dem Namen *«Neil Lennon Should Be Banned»*, zu Deutsch, der damalige Manager des Celtic Football Club solle ausgeschlossen werden. Die Beamten stellten fest, dass Birrell auf der Seite verschiedene Kommentare gegen Celtic-Fans, Katholiken und den Papst geschrieben hatte, und leiteten ein Verfahren ein.[290]

Bei der Verurteilung von Birrell sagte Sheriff Bill Totten, dass sein Handeln ein «Hassverbrechen» sei, das von den «vernünftig denkenden Menschen von Glasgow und Schottland» nicht toleriert werde.[291] Außerdem sagte er: «Was Sie geschrieben haben, war niederträchtig und hasserfüllt [und] es gibt für diese Art von Bemerkungen in unserer Stadt oder in unserem Land keinen Platz.» Das Urteil habe die Absicht, «eine klare Botschaft» auszusenden, um «andere abzuschrecken».

Birrells Verteidiger John McLaughlin argumentierte, dass, während die Posts zwar «abscheulich und beleidigend» gewesen seien, diese Aussagen dennoch «keine Bedrohungen oder Aufstachelung zur Gewalt» enthalten würden.[292]

Ähnlich kommentierte der Journalist Alex Massie im *Spectator*: «Dies ist kaum eine erbauliche Angelegenheit und kein Kennzeichen für einen kultivierten Geist. Wir müssen Herrn Birrell nicht mögen und noch viel weniger bewundern, aber dennoch beachten, dass er hier keine Drohungen äußer-

te. Auch ermutigte er niemanden, irgendjemanden zu bedrohen oder eine Gewalttat zu begehen.»[293]

2012 wurde ein junger Moslem, Azhar Ahmed, zu 300 britischen Pfund Geldstrafe und 240 Sozialstunden verurteilt,
nachdem er auf Facebook einen Kommentar gepostet hatte,
in dem es um einen Vorfall um britische Soldaten ging, die
am 06. März 2012 getötet worden waren. Er wurde auf Grundlage von § 127 des *Communications Act* (Kommunikations-
gesetz) verurteilt, einen «grob anstößigen Kommentar» abge-
geben zu haben.[294]

Sein Facebook-Posting war ursprünglich als Beschwerde
gedacht, weil es zum Tod eines afghanischen Kämpfers, der
bei demselben Vorfall starb, keinerlei Medienecho gegeben
hatte. Er kommentierte also erbost, dass «alle Soldaten ster-
ben und zur Hölle fahren» sollten. Die Anklage erfolgte, nachdem die Mutter eines der Soldaten den Post gelesen und die
Polizei angerufen hatte. Ahmed löschte seine Aussage schnell
wieder heraus, wurde aber trotzdem verurteilt. Die Bezirks-
richterin Jane Goodwin erkannte an, dass politischer Protest
erlaubt sein solle, sagte aber, die Prüfung erfolge dahingehend, ob das Gesagte «jenseits dessen» hinausginge, was
«in unserer Gesellschaft tolerabel» sei. Sie sagte, dass «mit der
Redefreiheit auch Verantwortung einhergeht», und Ahmed
habe es versäumt, dieser Verantwortung gerecht zu werden.[295]

Fazit

Mehr noch als jedes sachliche juristische Argument aus diesem Überblick von fünfzig «Hassrede»-Fällen ist dies hier
aber vielleicht das stärkste Argument gegen «Hassrede»-Ge-
setze: Sie sind in der Praxis schlicht nicht durchsetzbar.

Der Europäische Gerichtshof für Menschenrechte (EGMR)

hat eingefordert, dass Gesetze, die die Redefreiheit einschränken, «mit ausreichender Präzision formuliert» sein müssen, um es dem Bürger zu ermöglichen, seine Verhaltensweise zu kontrollieren:

«Er muss in der Lage sein – notfalls mit angemessener Beratung –, die Folgen, die eine Handlung nach sich ziehen kann, in einem den Umständen entsprechenden vernünftigen Maß vorherzusehen.»[296]

Doch wie all diese Fälle zeigen, ist der Begriff der «Hassrede» derart unsicher, dass er auf fast jede Rede in jeder Situation angewandt werden kann: auf die Predigt eines Pfarrers, das Schild eines Demonstranten oder auch auf eine private Unterhaltung – es gibt keine erkennbaren Grenzen. Doch trotz der Unanwendbarkeit dieser Gesetze scheinen die Begeisterung und der Zuspruch für sie dennoch jährlich größer zu werden.

In den folgenden Kapiteln werden wir die Hauptmotive für Europas «Hassrede»-Gesetze einmal kritisch betrachten.

TEIL DREI

Warum solche Gesetze? Grundgedanken und Motive

«Unsere tragischen Erfahrungen im letzten Jahrhundert weisen nach, dass rassistische und extremistische Positionen weit mehr Schaden verursachen können als die Einschränkungen der Meinungsfreiheit. Statistiken über Hassverbrechen zeigen, dass Hasspropaganda immer Schaden verursacht, sei es unmittelbar oder potenziell. Es ist nicht notwendig, zu warten, bis Hassrede zur realen und unmittelbaren Gefahr für die demokratische Gesellschaft wird.»

Richter Yudkivska und Villiger, im Verfahren Vejdeland gegen Schweden vor dem Europäischen Gerichtshof für Menschenrechte, 2012

Kapitel 7:
«Hassrede» und Gewalt

Das Hauptargument, das sowohl früher als auch heute vorgebracht wird, um die «hasserfüllte» Rede zu kriminalisieren, ist, dass eine solche Redeweise zu Gewalt führt. Das eine führe unvermeidlich zum anderen, und deshalb müsse beides verboten werden. So oder ähnlich lautet die Argumentation.

Die Verbindung zwischen Rede und Gewalt wurde während der Verabschiedung der internationalen Menschenrechtsabkommen regelmäßig diskutiert. Auf der einen Seite der Debatte standen die westlichen Delegationen, die unbedingt nur die Rede verbieten wollten, die zu Gewalt aufstachelt – ein vernünftiges, enggefasstes und wohlverstandenes Konzept. Auf der anderen Seite standen die kommunistisch regierten Nationen, die die vageren Begriffe der «Aufstachelung zur Diskriminierung» und «Aufstachelung zum Hass» verbieten wollten.

Wie in Kapitel 1 erläutert, wurde der Begriff «Aufstachelung zur Gewalt» im Unterschied zu «Aufstachelung zur Diskriminierung» während des Entwurfes von Artikel 7 der AEdM heftig debattiert. Mit Unterstützung der Sowjetunion setzte sich der Begriff «Aufstachelung zur Diskriminierung» durch.

In ähnlicher Weise erläuterten wir in Kapitel 2, dass der Originalentwurf des *Internationalen Paktes über bürgerliche und politische Rechte* (ICCPR) besagte: «Jedes Eintreten für nationalen, rassischen oder religiösen Hass, durch das zu Gewalt aufgestachelt wird, wird durch Gesetz verboten.» Dies wurde durch die Regelung ersetzt, «durch das zu Diskriminierung, Feindseligkeit oder Gewalt aufgestachelt wird» – wiederum mit der Unterstützung der damaligen kommunistischen Nationen. Und während der gesamten Debatten in Bezug auf Artikel 4 des Internationalen Übereinkommens zur Beseitigung jeder Form von Rassendiskriminierung (ICERD) war die Sichtweise demokratischer Nationen, dass eine rassistische Redeweise in der Gesellschaft toleriert werden solle, vorausgesetzt, dass diese Redeweise kein Aufstacheln «zu rassistischer Gewalt» beinhalte. Die Tschechoslowakei aber legte eine Änderung vor, welche die Voraussetzung, die Redeweise müsse «in Gewaltakten» resultieren, herausnahm. Wie ein polnischer Delegierter es 1953 ausdrückte, würde die alleinige Verurteilung der Aufstachelung zur Gewalt nicht «an die Wurzel des Übels» gehen. Und 1947 bemerkte ein sowjetischer Delegierter, zwischen «Propaganda, die dazu konzipiert ist, rassischen, nationalen oder religiösen Hass zu entfachen, und der Aufstachelung zum Krieg» sei es nur ein kleiner Schritt.

Warum spielen diese historischen Geschehnisse aus alten Protokollen heute eine Rolle? Weil exakt dieselben Argumente eben auch heute vorgebracht werden. So sagte zum Beispiel der Menschenrechtsbeauftragte des Europarats 2008, dass «der Schritt von ‹Hassrede› zum Hassverbrechen» sehr leicht zu gehen sei,[297] und in einer zustimmenden Stellungnahme im Verfahren *Vejdeland gegen Schweden* schrieben zwei Richter, dass es zwischen verbaler Beleidigung und Aufstachelung zur Gewalt nur eine dünne Linie gebe und derartige Beschuldigungen geeignet seien, zur Aggression aufzufordern.[298]

Mit anderen Worten kann «A» zu «B» führen. Wir alle erkennen an, dass «B» falsch ist; deshalb sollten wir «A» verhindern, bevor es zu «B» führt. Im Folgenden wird dargestellt, welche Probleme es mit einem solchen Ansatz gibt.

Welche Anhaltspunkte verbinden hasserfüllte Rede und Gewalt?

Wenn die Hauptrechtfertigung für «Hassrede»-Gesetze lautet, dass «Hassrede» Gewalt *verursacht*, fällt die Beweislast denjenigen zu, die sich für strafrechtliche Sanktionen einsetzen, um zu zeigen, dass dies tatsächlich der Fall ist. Jedoch gibt es aktuell in dieser Hinsicht einen eindeutigen Mangel an Beweisen.

Der Genozid in Ruanda wird oft als Beweis angeführt, dass «Hassrede» Gewalt tatsächlich *verursacht*. Allein schon die oberflächliche Betrachtung des Genozids in Ruanda bestätigt nicht einmal ansatzweise die These, dass hasserfüllte Rede allein bereits zu Gewalt führt. Die Rolle der Medien und insbesondere von Radiosendungen sowohl vor als auch während des Genozids war unglaublich bedeutend. Die Radiosendungen taten jedoch weit mehr, als Meinungen zu verbreiten oder gar Hass oder Beleidigungen voranzutreiben. Erwiesenermaßen lieferte etwa *Radio Télévision Libre des Mille Collines* neben der Verbreitung von Hass dauerhaft zielgerichtete, praktische Informationen für die Gewalttäter, wie sie ihre Opfer finden konnten.[299] Die Radiostationen riefen ihre Zuhörer wörtlich dazu auf, die Vertreter der Opposition umzubringen. Damit nicht genug, veröffentlichten sie auch Namen und Orte von Zielpersonen.

Nachdem der Genozid begonnen hatte, spielten die Radiostationen eher die unrühmliche Rolle eines Armeegenerals und nicht die Rolle eines klassischen Mediums.[300]

Dennoch dient der Genozid in Ruanda seither als Beleg dafür, dass die verbale Aufstachelung zu Gewalt zu unmittelbarer Gewalt führen könne. Dass dies so sein kann, steht natürlich überhaupt nicht in Frage und ist weltweit in trauriger Weise erwiesen, auch in Ländern mit den strengsten Ein-

schränkungen der Redefreiheit. Das Beispiel Ruanda belegt
jedoch nicht, dass das deutlich nebulösere Konzept der «Aufstachelung zum Hass» unausweichlich zu Gewalt führt, und
die Verbindung zwischen «Hassrede» und Gewalt muss nach
wie vor erst noch in vernünftiger Weise belegt werden.

Wann kann der Staat das Wort verbieten, um die Tat zu verhindern?

Selbst wenn es Belege dafür gäbe zur Unterstützung der These, dass «Hassrede» unmittelbar Gewalt verursacht, so bliebe
es immer noch höchst fraglich, welche Verbindung oder welcher kausale Zusammenhang zwischen Wort und Tat genau
erforderlich ist, um das präventive Verbot des entsprechenden Wortes zu rechtfertigen. Schließlich könnte man argumentieren, dass unglaublich viele Dinge in der einen oder
anderen Weise mit einem gewalttätigen Verhalten in Verbindung gebracht werden könnten, inklusive Computerspiele,
Fernsehsendungen und sogar das Klima, in dem wir leben.[301]
Diejenigen, die für «Hassrede»-Verbote eintreten, erbringen
bezüglich der Verbindung oder des kausalen Zusammen-
hangs zwischen Rede und Gewalt jedoch nur wenig detaillierte Argumente.

So sagte zum Beispiel die *Europäische Kommission gegen
Rassismus und Intoleranz* bei der Verurteilung des Verfas-
sungsgerichtshofes von Ungarn, der die Redefreiheit solide
schützt, Ungarn solle «die *möglichen Verbindungen* zwischen
Hassrede und rassistischen Handlungen» berücksichtigen.[302]
Ein Rechtswissenschaftler argumentierte, die größte Gefahr
der «Hassrede» sei, dass sie ein Klima, eine Umgebung «schaffen kann», in der Verhaltensweisen und Handlungen, die vor-
her nicht möglich gewesen seien, möglich würden.[303]

Wie zu Beginn des Kapitels zitiert, schrieben zwei Richter im Verfahren *Vejdeland gegen Schweden:* «Statistiken über Hassverbrechen zeigen, dass Hasspropaganda immer Schaden verursacht, sei es unmittelbar oder potenziell. Es ist nicht notwendig, zu warten, bis Hassrede zur realen und unmittelbaren Gefahr für die demokratische Gesellschaft wird.»[304] Die fraglichen Statistiken wurden in dem Urteil nicht zitiert, und es fehlte auch die Erklärung, was «potenzieller» Schaden in präzisen juristischen Begriffen bedeutet.

«Hassrede»-Gesetze sind nun bei weitem nicht die einzigen Strafgesetze, die die Handlung «A» verbieten, um die Folge «B» zu verhindern. Solche Straftaten sind in zahlreichen Rechtsordnungen als *einleitende Straftaten* bekannt, die juristisch als vorausgehender Schritt zum Begehen einer weiteren, folgenden Straftat definiert werden. Dieser erste Schritt selbst muss dabei ernsthaft genug sein, um eine Strafe zu rechtfertigen. Verbrechen wie der Versuch einer Straftat, Verschwörung und Aufstachelung fallen in diese Kategorie und kriminalisieren ein Verhalten, das für sich allein auch ganz harmlos sein könnte. Gemäß der *Law Commission of England and Wales* liegt die Grundüberlegung bei diesen Straftaten darin, dass sie es dem Strafrecht ermöglichen, in einem früheren Stadium einzugreifen, bevor der Schaden eintritt.[305]

Natürlich spinnt dies das Netz der Strafbarkeit unglaublich weit; der britische Strafrechtsexperte Jeremy Horder schrieb dazu: «Ein privates Nicken oder ein Wink, mit einer Handykamera eingefangen, kann Beweis genug sein, um jemanden wegen Verschwörung oder Ermutigung zu einem Verbrechen zu verurteilen, ebenso, wenn jemand einfach seine Hand auf ein Auto legt, da dies darauf hinauslaufen könnte, dass es als Autodiebstahlsversuch gewertet wird.»[306]

Es kann gute Gründe geben, warum der Staat die Entscheidung treffen könnte, diejenigen zu bestrafen, die Schritte unternehmen, welche zu einem Verbrechen führen, oder diejenigen, die aktiv am Begehen solcher Verbrechen geholfen haben. Wenn zum Beispiel jemand wissentlich ein Auto voller Bankräuber auf dem Weg zu einem Raub steuert, sollte er strafrechtlich betrachtet für diese Handlung belangt werden, unabhängig davon, ob die Bankräuber Erfolg hatten oder nicht. Obwohl der Fahrer den Bankraub nicht verursacht, und obwohl er alle Verkehrsregeln auf dem Weg zur Bank beachtet hat, genügt die Verbindung zwischen seinen Handlungen und denen der Bankräuber, um ihn zu verurteilen.

Daraus folgt jedoch auch, dass es juristisch schwieriger sein sollte, für einen nicht erfolgten Schaden verurteilt zu werden als für einen tatsächlich zugefügten Schaden. Mit anderen Worten: Die Merkmale für den Versuch eines Verbrechens sollten niemals weniger anspruchsvoll definiert sein als die Merkmale für ein begangenes Verbrechen.[307]

Daher kann man zum Beispiel im englischen Strafrecht bereits für eine Körperverletzung mithaftbar sein, wenn man die Folgen des eigenen Handelns beabsichtigt oder in vernünftiger Weise *vorhersieht,* doch man kann nur dann für «versuchte Körperverletzung» haftbar sein, wenn man absichtlich handelt, und zwar nur dann.[308]

Daraus folgt, dass, je weiter jemand als potenzieller Verursacher von einem zugefügten Schaden entfernt ist, umso strenger sollten die Merkmale des Verbrechens definiert sein: Wenn versuchte Verbrechen nur einen Schritt vom begangenen Verbrechen entfernt sind, dann wäre beispielsweise «bei einem Verbrechen helfen und dazu ermutigen» zwei oder drei Schritte entfernt, «Verschwörung, ein Verbrechen zu begehen» oder «Aufstachelung» wären noch weiter entfernt.

Jede nationale Rechtsprechung wird unterschiedliche Kriterien bemühen, wie weit entfernt von einem Schaden eine Person sein muss, um eine Bestrafung als kriminelle Handlung zu rechtfertigen, doch das Grund-Prinzip ist vernünftig und eindeutig:

Je weiter entfernt jemand ist, desto genauer wäre seine Handlung zu prüfen.

«Hassrede»-Gesetze aber folgen diesem Muster nicht.

Befürworter von «Hassrede»-Gesetzen behaupten, dass «Hassrede» zu Hassverbrechen führe.[309] «Hassrede» müsste naturgemäß dann eine einleitende Straftat sein. Man versucht also, ein Verhalten zu bestrafen, das von einem tatsächlich zugefügten Schaden, nämlich von schwerer Gewalt, faktisch extrem weit entfernt ist. Folgt man also dem juristischen Muster anderer einleitender Straftaten, würde man erwarten, dass «Hassrede»-Gesetze sehr stringente Regulierungen haben, aufgrund derer jemand strafbar sein könnte, da die Worte allein sehr weit von einem Schaden entfernt sind, der von anderen erst in die Tat umgesetzt und somit verursacht werden muss. Dieses Prinzip ist jedoch nicht zu erkennen, wenn man sich die neuesten Gesetze in diesem Bereich ansieht. Tatsächlich haben die meisten Gesetze keinerlei Regelung in Bezug auf Tatabsicht oder Vorhersehbarkeit des verursachten Schadens, und wenn dies doch der Fall ist, sind sie oft extrem vage.

In Österreich, Irland, Malta, Großbritannien und einigen anderen Staaten muss die Rede laut Formulierung im Gesetz nur «wahrscheinlich» Hass entfachen oder zu tatsächlicher Gewalt aufstacheln. Dies entspricht nicht normalen Rechtsprinzipien, wie sie oben erläutert wurden, und in den meisten «Hassrede»-Fällen, die vor Gericht kommen, besteht keine Notwendigkeit, einen zukünftigen Schaden nachzuweisen, sondern lediglich das Potenzial eines möglichen Schadens, der entstehen könnte.

Dies spinnt das Netz der Strafbarkeit tatsächlich sehr weit, ohne dass es irgendeine Möglichkeit gibt, sicherzustellen, dass es angemessen reguliert wird. Man sagt, dass vage Gesetze den Bevollmächtigten der Gesetzesvollstreckung eine beträchtliche Macht verleihen,[310] umso mehr mit einem «Hassrede»-Gesetz, das tatsächlich die gesamte Bevölkerung betrifft.

Daher kann die Tatsache, dass eine gewisse Redeweise möglicherweise an einem unbestimmten Punkt in der Zukunft mit einer kriminellen Verhaltensweise zusammenhängen könnte, sicherlich nicht rechtfertigen, dass man die Redeweise verbietet. Wenn «mögliche Zusammenhänge» und «potenzieller Schaden» alles ist, was erforderlich ist, um eine nicht spezifizierte zukünftige Verhaltensweise zu verhindern, wird über Nacht ein Polizeistaat gegründet.

Man könnte sich zum Beispiel vorstellen, dass der Zusammenhang zwischen Alkoholkonsum und gewalttätigen Handlungen deutlich größer ist als irgendeine mögliche Verbindung zwischen verletzender Sprache und Gewalt, doch nur wenige streben die Kriminalisierung von Alkohol an. Außerdem wird das Recht auf Redefreiheit im Gegensatz zum Alkoholkonsum als grundlegendes Menschenrecht betrachtet. Jegliche Beschränkung dieses Rechtes sollte eine peinlich genaue Rechtfertigung erfordern. Insofern hält die Vorstellung, dass die Rede zu Gewalt führen könne und beides daher verboten werden solle, keiner genauen Überprüfung stand.

Ein zuverlässiger, gut dokumentierter Beleg, dass «hasserfüllte» oder «beleidigende» Sprache allein Gewalttaten und andere kriminelle Verhaltensweisen verursacht, wurde bisher nicht geliefert. Selbst wenn ein solcher Zusammenhang hergestellt werden könnte, genügte er nicht, um willkürlich ein Wort vor einer Tat präventiv zu verbieten – es sei denn, wir wären uns alle einig, dass wir gerne in einem Polizeistaat leben wollen.

Ist die Zensur der Sprache auch ein wirksames Werkzeug bei der Bekämpfung von Gewalt?

Als drittes Argument gegen die präventive Zensur freier Rede fehlen Belege dafür, dass dies ein wirksames Werkzeug bei der Bekämpfung von Gewalt und Extremismus ist. Als Antwort darauf wird oft Nazi-Deutschland als Beispiel genommen. Wenn Deutschland wirksame «Hassrede»-Gesetze gehabt hätte, so wird argumentiert, wären die Nazis niemals an die Macht gekommen, und die Grausamkeiten, die sie begingen, hätten niemals stattgefunden.

Das Problem daran ist, dass es in der Weimarer Republik «Hassrede»-Gesetze gab – sie sind heute noch in Kraft.[311] Und diese Gesetze wurden angewandt. Während der Weimarer Republik gab es mehr als 200 Strafverfahren wegen antisemitischer Redeweise.[312] Julius Streicher, der bekannte Nazi-Herausgeber, der in Nürnberg exekutiert wurde, war einer derjenigen, die wiederholt wegen «Hassrede» angeklagt und verurteilt wurden.[313]

1922 wurde er zu zwei Wochen Gefängnis verurteilt wegen einer Rede, in der er behauptete, Juden würden in ihren religiösen Ritualen das Blut von heidnischen Kindern verwenden. 1929 wurden Streicher und ein Kollege erneut verurteilt, weil sie eine Reihe von Artikeln in *Der Stürmer*, dem Nazipropagandablatt, veröffentlicht hatten, in denen diese Verleumdung wiederholt wurde. Streicher erhielt zwei Monate Gefängnis, sein Kollege dreieinhalb Monate.

Doch leider gelang es solchen Urteilen nicht, den Aufstieg der Nazis an die Macht zu stoppen: «Wie die nachfolgende Geschichte so schmerzlich belegt, erwies sich diese Form der Gesetzgebung als ineffektiv, genau in dem Moment, als es ein wirkliches Argument dafür gab.»[314]

Wenn man Nazi-Deutschland als Beispiel dafür zitiert, wo

Redefreiheits-Beschränkungen geholfen hätten, den Hass ein-
zudämmen, vergisst man überdies oft, dass das Erste, was Hitler nach der Machtübernahme 1933 tat, war, die Beschränkungen der Redefreiheit und weiterer bürgerlicher Freiheiten
erheblich auszuweiten.[315]

Die Gesetze zur Einschränkung der Redefreiheit waren ge-
naugenommen doppelt unwirksam: Vor 1933 trugen sie also
nichts dazu bei, den Aufstieg der Nazis zu stoppen; und die
Gesetze zur Redefreiheit nach 1933 machten wiederum den
Widerspruch gegen das Naziregime unmöglich.

In ähnlicher Weise trug diese Gesetzgebung nichts dazu
bei, um die Gräuel zu verhindern, die es in Europas jüngster
Geschichte gab. Jugoslawien zum Beispiel trat in seiner Unterstützung der «Hassrede»-Regelungen während des Entwurfs
der Menschenrechtsdokumente bei den Vereinten Nationen
sehr entschieden auf. Artikel 134 des nationalen Strafgesetzbuches bestrafte die Aufstachelung zu Hass sehr schwer und
bildete einen Teil der Grundlage für die internationalen
«Hassrede»-Gesetze, die wir heute haben. Wie Jacob Mchangama darlegt, «trug das Verbot der Hassrede nichts dazu bei,
um eine Kultur der Toleranz zu schärfen, welche ethnische
Säuberungen und Genozid, die bei dem Zerfall Jugoslawiens
auftraten, hätte verhindern können».[316]

Ein tatsächlicher Beleg, dass die Unterdrückung der Redefreiheit ein wirksames Werkzeug ist, um Extremismus und Gewalt zu verhindern, fehlt in auffallender Weise. Noch weiter:
Manche argumentieren, dass die Unterdrückung der Redefreiheit tatsächlich Extremismus und Gewalt verschlimmern
können. So schreibt zum Beispiel Alfred Alan Borovoy, es
gebe Anzeichen dafür, dass «die Nazis im Deutschland vor
Hitler ihre Strafverfahren in schlauer Weise ausnutzten, um
die Zahl ihrer Anhängerschaft zu erhöhen. Sie nutzten die Verfahren als Plattform, um ihre Botschaft zu verbreiten.»[317]

Ähnlich argumentiert auch die amerikanische Strafrechts-
expertin Susan Gellman, die notiert, dass Hitler die Anti-Hass-
gesetze der Weimarer Republik genutzt habe, um für seine Sache Werbung zu machen und den Märtyrer zu spielen.[318]

Zusätzlich zu dem Risiko, dass die Kriminalisierung der
Sprache mehr Spannungen und Verschärfungen verursacht,
statt diese tatsächlich zu verringern, ist die Möglichkeit, frei
zu sprechen, auch das beste Werkzeug, um Unterdrückung zu
bekämpfen und Hass entgegenzutreten. Wie bereits erwähnt,
wies Lady Gaitskell bereits im Jahr 1965 als britische Vertreterin bei der UNO ausdrücklich darauf hin.[319]

Aus all dem folgt: Das Argument, Staaten sollten die Redefreiheit über «Aufstachelung zu unmittelbarer Gewalt» hinaus
einschränken, erstens, weil «Hassrede» zu Gewalt führe, und
zweitens, weil «Hassrede»-Gesetze Gewalt verhindern würden, ist in all den Jahrzehnten, in denen es argumentativ vorgebracht wurde, nicht substantiell untermauert worden. Auf
der anderen Seite gibt es eine Vielzahl an Belegen für den
Schaden, den «Hassrede»-Gesetze den bürgerlichen Freiheiten und letztendlich der Demokratie selbst zufügen.

Kapitel 8:
Schutz vor Kränkung
und Wahrung der Würde

Wenn die hauptsächliche Begründung für «Hassrede»-Gesetze jene ist, dass die unkontrollierte Rede einen zukünftigen Schaden verursachen könnte, nämlich Gewalt oder «Hassverbrechen», ist die zweithäufigste Begründung für «Hassrede»-Gesetze, dass die Rede *in sich und an sich* schädlich sei – unabhängig davon, was sich daraus ergeben könnte. Frankreich zum Beispiel verbietet eine nicht-öffentliche Rede, die für im strafrechtlichen Sinne beleidigend angesehen wird.[320] Unabhängig also davon, ob die Rede zu einer zukünftigen ungewollten Handlungsweise führen könnte oder nicht, wird eine bestimmte Redeweise für so beleidigend, kränkend oder unangenehm betrachtet, dass sie schlicht und einfach nicht toleriert werden kann. Dieses Kapitel untersucht die übliche Rechtfertigung für diese Regelung.

Können wir Kränkungen kontrollieren?

Der Glaube, dass «Hassrede» bei einem Individuum einen realen und tatsächlichen Schaden verursache und daher verboten werden müsse, ist in Europa in den verschiedenen internationalen und nationalen Gesetzgebungen, Gerichtshöfen und in Institutionen, die Politik gestalten, weit verbreitet.

Das Ministerkomitee des Europarates zum Beispiel verabschiedete 1997 eine Empfehlung zur «Hassrede». Eines der festgelegten Prinzipien des Komitees lautete, dass «konkrete Ausdrücke von Hassrede für Einzelne oder Gruppen so beleidigend sein können, dass sie nicht den Grad von Schutz erhalten, der gemäß Artikel 10 der Europäischen Menschenrechtskonvention anderen Ausdrucksformen zugestanden wird».[321]

2003 hielt der Europäische Gerichtshof für Menschenrechte (EGMR) fest, dass bei der Ausübung der Redefreiheit eine Verpflichtung bestünde, so weit wie möglich Ausdrücke zu vermeiden, die «grundlos kränkend» sind.[322]

Im Fall *Vejdeland gegen Schweden* räumte der Gerichtshof ein, dass die in Frage stehende Rede «Individuen nicht direkt empfahl, hasserfüllte Handlungen zu begehen», sie jedoch «schwerwiegende und abträgliche Behauptungen» enthalte und dies ausreichend sei, um sie für des Schutzes unwürdig zu erklären. Weiterhin sagte der Gerichtshof, dass Angriffe auf Personen dadurch begangen werden könnten, dass man «bestimmte Bevölkerungsgruppen beleidigt, der Lächerlichkeit preisgibt oder verleumdet» und dass eine Redeweise, die «in unverantwortlicher Weise» verwendet werde, des Schutzes nicht würdig sei.[323]

In ähnlicher Weise äußerte sich der schwedische Oberste Gerichtshof im Fall Åke Green (siehe Kapitel 6): Man könne «die Grenzen einer sachlichen und verantwortungsbewussten Diskussion überschreiten» und an diesem Punkt strafbar sein, da dies «als kränkend wahrgenommen» werden könne.[324]

Diese Argumentationslinie ist alles andere als neu. Bei den Verhandlungen 1961 über den *Internationalen Pakt über bürgerliche und politische Rechte* (ICCPR) betonte der jugoslawische Delegierte die Bedeutung des Verbots von «Hassbekundungen, die, auch wenn sie nicht zu Gewalt führen, eine Herabsetzung der Menschenwürde und eine Verletzung der Menschenrechte» darstellen würden.[325]

Ein Jahrhundert zuvor schrieb Thomas Macaulay, der den *Indian Penal Code* (Indisches Strafgesetzbuch) kodifizierte, in Bezug auf die indische Bevölkerung, dass es «vielleicht kein Land gibt, in dem grausameres Leid zugefügt und tödlichere Missgunst hervorgerufen wird, und zwar durch Verletzungen, die lediglich die *mentalen Gefühle* betreffen».[326] Diese Argumentation führte zur Verabschiedung von Indiens Blasphemie-Gesetzen, die schließlich unter anderem nach Pakistan weitergetragen wurden.

Heute werden solche Blasphemie-Gesetze bekanntlich dazu verwendet, diejenigen, die nicht mit der Mehrheitsreligion übereinstimmen, ins Gefängnis zu bringen.

Inzwischen wird auch in Europa allgemein akzeptiert, dass bestimmte Redeweisen so beleidigend oder kränkend sind, dass sie verboten werden müssen. Der verursachte Schaden gilt als so schwerwiegend, dass er mit einem Angriff auf die physische Integrität eines Individuums vergleichbar ist, also mit etwas, das wir um fast jeden Preis schützen.[327] Als Erwiderung darauf müssen wir fragen, an welchem Punkt die Sprache so kränkend wird, dass sie gleichbedeutend damit gewertet werden kann, geschlagen zu werden. Und wie wissen wir, wann diese Linie überschritten wird? Denn schließlich ist Hass oder Beleidigung «keineswegs wie ein Faustschlag ins Gesicht, ein Stich in die Magengrube oder der Diebstahl des Autos».[328]

Wenn man jemanden schlägt, gibt es keinen Zweifel daran, dass man ihn tatsächlich geschlagen hat. Dasselbe kann man aber nicht in Bezug auf Beleidigung sagen. Der Brite Jon Gower Davies schreibt, es sei nicht so einfach zu wissen, wann man gehasst wurde – oder auch, wann man sich selbst gehasst hat – und wie lange und wie intensiv und mit welchen Auswirkungen.[329] Selbst wenn es also theoretisch akzeptiert wäre, dass eine bestimmte Redeweise verboten sein sollte, einfach weil sie für Individuen oder die Öffentlichkeit zu beleidigend sei: Ist es dann auch möglich, zwischen beleidigender Redeweise und erlaubter Redeweise zu unterscheiden?

Mentale oder emotionale Verletzungen sind naturgemäß weniger sicher festzustellen und unterscheiden sich von physischen Verletzungen. Deshalb muss zum Beispiel im englischen Strafrecht, auch wenn dort psychologischer Schaden als «tatsächlicher körperlicher Schaden» zulässig ist, bewiesen werden, dass die Verletzung ein medizinisch anerkannter psychologischer Zustand ist.[330]

Außerdem: Im Gegensatz zu physischem Schaden ist «Kränkung» ein Begriff, der sich mit den gesellschaftlichen Strömungen und dem Zeitgeist verschiebt und verändert. Worte, die früher einmal harmlos waren, können jetzt als extrem kränkend angesehen werden und umgekehrt. Solche Wertverschiebungen geschehen nicht durch Anweisungen, Wahlen oder Umfragen. Stattdessen, an irgendeinem unbestimmten Punkt und mit der lenkenden Hand politischer und gesellschaftlicher Eliten, verschieben sich bestimmte Worte von gesellschaftlich akzeptabel hin zu inakzeptabel; und wenn diese Verschiebung in Staaten stattfindet, die «Hassrede»-Gesetze besitzen, kann dies den Unterschied zwischen Freiheit und Strafbarkeit ausmachen.

Im Gegensatz dazu sind als Delikte definierte Handlungen, wodurch versucht wird, Individuen vor Schaden zu schützen, nicht vom Wandel der Gesellschaft abhängig. Da die Welt sich verändert und die Technologie fortschreitet, kann sich der Geltungsbereich verschiedener Delikte mit der Zeit durch den Gesetzgebungsprozess oder die Entwicklung des Gewohnheitsrechts natürlich anpassen, doch der Punkt, an dem die strafrechtliche Haftung eintritt, ist keine vage und mysteriöse Vorstellung, die von den Launen der vorherrschenden

Kultur bestimmt wird. Ein Schlag ins Gesicht bleibt immer ein Schlag ins Gesicht.

«Hassrede»-Gesetze aber bürden jedem Bürger die Verantwortung auf, immer auf dem Laufenden zu sein, was gesellschaftlich akzeptabel und was inakzeptabel ist, um die Möglichkeit einer strafrechtlichen Sanktion zu verhindern. Doch wie kann man von Bürgern erwarten, dass sie genau wissen, was erlaubt ist und was nicht, wenn es nicht einmal die Exekutivorgane und die Gerichtshöfe wissen?

Das unterschiedliche Schicksal der englischen Straßenprediger dient hier als Beispiel. Wir haben die Situation von vier Straßenpredigern geschildert, die öffentlich sagten, dass das Praktizieren von Homosexualität eine Sünde sei. Alle vier Männer erhielten eine Entschädigung wegen widerrechtlicher Festnahme durch die Polizei. Eine Reihe weiterer Prediger verbreitete eine ähnliche Botschaft, jedoch wurden sie ohne Anklage wieder freigelassen oder ihre Fälle wurden abgewiesen. Sie erhielten im Gegensatz zu Ersteren keine Entschädigung.

In den letzten Jahren ist anscheinend von allen englischen Straßenpredigern, die die Homosexualität in ihren öffentlichen Predigten erwähnten und deshalb festgenommen wurden, nur einer gerichtlich verurteilt worden, und dieser Mann starb, bevor sein Berufungsprozess verhandelt war. Wenn also schon die Polizei Schwierigkeiten hat, zu unterscheiden, was zu sagen auf englischen Straßen erlaubt ist und was nicht, wie können dann die Bürger das wissen? Wie können wir erkennen, wo die Linie zwischen akzeptabel, inakzeptabel und kriminell gezogen wird?

Der Europäische Gerichtshof für Menschenrechte hat versucht, zwischen einer «grundlos kränkenden» Rede zu unterscheiden, die des Schutzes unwürdig ist, und dem Recht, «kränken, schockieren oder beunruhigen»[331] zu dürfen – eine

Formulierung, die im Zentrum der Redefreiheitsfälle steht. Doch wo ist die Trennlinie zwischen «jemanden kränken» und «jemanden grundlos kränken»? Im Informationsblatt des Gerichtshofes heißt es zuversichtlich, dass er «bei seinen Erkenntnissen sorgfältig eine Unterscheidung zwischen tatsächlicher und ernsthafter Aufstachelung zu Extremismus und auf der anderen Seite dem Recht von Individuen (inklusive Journalisten und Politikern) trifft, ihre Ansichten frei zu äußern und andere zu ‹kränken, schockieren oder beunruhigen›».[332] Im Fallrecht des Gerichtshofes jedoch wird deutlich, dass er in diesem Unterscheidungsprozess kläglich versagt, und die Grundlage, auf der manche Redeweise geschützt wird und manche nicht, ist nicht mehr nachvollziehbar, selbst für Juristen, die in diesem Bereich tätig sind.

In einer Warnung an den Gerichtshof vor Subjektivität bei dem Versuch, zwischen akzeptabler und inakzeptabler Redeweise zu unterscheiden, schrieben die Richter Andreas Sajo, Vladimiro Zagrebelsky und Nona Tsotsoria in ihrer abweichenden Meinung in einem bekannten «Hassrede»-Fall *Féret gegen Belgien:*

> «Inhaltliche Regulierungen und inhaltliche Beschränkungen der Rede basieren auf der Annahme, dass bestimmte Äußerungen ‹gegen den Geist› der Konvention gerichtet sind. Doch der Begriff ‹Geist› bietet keine eindeutigen Standards und ist offen für Missbrauch. Menschen, auch Richter, neigen dazu, Positionen, mit denen sie nicht übereinstimmen, als offenkundig inakzeptabel zu kennzeichnen und daher jenseits des Bereichs geschützter Meinungsäußerung. Jedoch ist genau dies der Bereich, in dem wir Vorstellungen begegnen, die wir verabscheuen oder verachten, wo wir bei unserem Urteil am allervorsichtigsten sein müssen, da unsere persönlichen Überzeu-

gungen unsere Vorstellungen darüber, was wirklich gefährlich ist, beeinflussen können.»[333]

Leider wurde solchen Warnungen seitens des Gerichts keine Beachtung geschenkt, was den Professor Ian Leigh zu dem Kommentar veranlasste: «Insoweit man vom EGMR sagen kann, dass er eine Theorie zur Redefreiheit hat, ist es eine sehr enggefasste und dürftige Theorie.»[334]

Die Grenzlinien zwischen akzeptabler und inakzeptabler Rede, legaler Kränkung und illegaler grundloser Kränkung sind bis zur Undeutlichkeit verschwommen, und es erscheint in der Praxis als unmöglich, ein sauberes gesetzliches Schema um Begriffe wie «Beleidigung» und «Kränkung» zu stricken, selbst wenn man sich große Mühe gibt.

Kann Würde den Begriff der Kränkung ersetzen?

Neueste Kommentare zu den Hintergründen der «Hassrede»-Gesetze haben versucht, das Thema der subjektiven «Kränkung» zu umgehen, indem sie das Thema Kränkung insgesamt ausgelassen haben und sich stattdessen auf den Begriff der «Würde» konzentrieren. Wenn sie mit der Kritik konfrontiert werden, dass «jeder das Recht hat, zu kränken», antworten einige Verfechter der «Hassrede»-Gesetze nunmehr, dass ihre Begründung eigentlich nicht der Schutz vor Kränkung sei, sondern die Wahrung der Würde.

Der führende wissenschaftliche Unterstützer dieser Herangehensweise ist Jeremy Waldron.[335] Seine Argumentation pendelt in einer subtilen Unterscheidung zwischen «beschädigter Würde» und «gekränkten Gefühlen». Er glaubt, dass der Begriff der Würde mit dem gesellschaftlichen Status zu tun hat – dem «objektiven oder gesellschaftlichen Aspekt des Ansehens einer Person in der Gesellschaft».[336] Kränkung auf der anderen Seite habe zu tun mit dem «subjektiven Aspekt von Gefühlen».[337] Daher sollten «Hassrede»-Gesetze nicht danach streben, einen Schutz vor Kränkung sicherzustellen, sondern eher danach, die Würde jedes Bürgers objektiv zu wahren.

Waldron erkennt an, dass ein Affront gegen die Würde fast immer von gekränkten oder verletzten Gefühlen begleitet wird, zum Beispiel «Empörung, Kränkung, Beleidigung, Ungläubigkeit, unangenehme Befangenheit, die Wahrnehmung einer Bedrohung, Erniedrigung, Wut»[338], und er akzeptiert, dass es schwierig sein wird, «solche Gefühle, die für eine legislative Regelung nicht geeignet sind, von denen zu unterscheiden, die es sind».[339] Tatsächlich akzeptiert er, dass eine gesetzgeberische Handlung in einem Fall eine angemessene Antwort auf die «Flut von Gefühlen» sein kann, in anderen Fällen jedoch nicht, selbst wenn «der psychologische Aspekt der beiden Fälle aus Sicht eines unduldsamen Beobachters recht ähnlich erscheint».[340]

Wie können solche Unterscheidungen aber dann in der Praxis getroffen werden? Waldron gibt zu, dass wir keine subjektive «Fall-zu-Fall-Analyse der Gefühle einzelner Opfer»[341] vornehmen können. Stattdessen schlägt er vor, dass wir «Kategorien und Ausdrucksweisen identifizieren, bei denen die Erfahrung darauf hinweist, dass sie wahrscheinlich einen Einfluss auf die Würde von Mitgliedern schutzbedürftiger Minderheiten haben»,[342] und dass man «auf die Schädlichkeit dieser Art der Rede achtet».[343] Diese Vorgehensweise werde es uns erlauben, «auf bestimmte Arten des Leids hinzuweisen […] die wahrscheinlich involviert sind, welche anderen Gefühle auch immer ebenfalls verursacht werden».[344]

Die Unterscheidungen, die Waldron zu treffen versucht, sind unglaublich fein. Und tatsächlich gesteht er: «Manche werden sagen, dass die Linien, die ich vertrete, […] schwer zu ziehen sind. Und das sind sie auch. Aber ich folgere daraus nicht, dass wir diese Haltung aufgeben sollten. Gesetzgebungspolitik ist oft kompliziert und erfordert einen nuancierten Entwurf und eine sorgfältige Handhabung [...].» Wenn die Argumentation hier enden würde und es keine Rechtsprechung gäbe, auf die zu verweisen wäre, weil noch kein Staat damit begonnen hätte, «Hassrede»-Gesetze zu erlassen, wären manche Menschen geneigt, zu glauben, dass diese schwierigen Grenzlinien tatsächlich gezogen werden können. Jedoch führt Waldron weiter aus: «Außerhalb der Vereinigten Staaten hat die Welt einige Erfahrung dazu gesammelt, wie man diese Regulierungen entwerfen und wie man diese Unterscheidungen handhaben kann.»[345]

Hier wird das theoretische Argument zur Realität. Doch entgegen Waldrons Aussage hat die Welt bisher eben schlicht und einfach keine adäquaten Erfahrungen gesammelt, wie man diese Regulierungen entwerfen oder wie man diese Unterscheidungen handhaben sollte.

Aktuell haben zum Beispiel Österreich, Belgien, Ungarn und Spanien Gesetze, die die «Verletzung der Würde» unter Strafe stellen, jedoch sind diese nicht eindeutiger als andere «Hassrede»-Gesetze, nicht zuletzt deshalb, weil «Verletzung der Würde» ein nicht eindeutig definierter Begriff ist. In einem italienischen Strafrechtsparagrafen (594), der inzwischen abgeschafft wurde, hieß es: «Wer die Ehre oder die Würde einer Person verletzt, [...] wird mit Gefängnis bis zu sechs Monaten oder Geldstrafe bis zu 516 Euro bestraft. Dasselbe Strafmaß wird angewandt, wenn das Verbrechen mittels telegrafischer oder telefonischer Kommunikation, schriftlich oder zeichnerisch [...] begangen wird.»

Abgesehen davon, wie wohl eine strafrechtlich hasserfüllte Zeichnung aussehen könnte, ist es unklar, wie der Begriff der Würde den Begriff der Kränkung in der Praxis verbessern könnte. Bedenklich ist auch, dass Ungarn den Begriff der Würde auf sich selbst als Nationalstaat angewandt hat.

Vor einiger Zeit wurde seine Verfassung um folgende Passage erweitert: «Die Freiheit der Meinungsäußerung darf nicht mit dem Ziel ausgeübt werden, die Würde der ungarischen Nation oder einer anderen nationalen, ethnischen, Rassen- oder Religionsgemeinschaft zu verletzen.»[346]

In den Anhängen zu diesem Buch ist eine ganze Reihe europäischer «Hassrede»-Gesetze aufgeführt – ein eindeutiges Muster hat sich in Europa etabliert: Sobald eine Regierung beginnt, Einschränkungen der Redefreiheit gesetzlich zu regulieren, gibt es keinen objektiven Punkt mehr, an dem dies endet. Statt sehr enge, gut zugeschnittene und wohlverstandene gesetzliche Rechtsbegriffe zu enthalten, sind diese Gesetze das exakte Gegenteil: ausgedehnt, übergreifend und ohne Begrenzung. Es gibt Gesetze über strafrechtlich zu verfolgende Beleidigung, die sogar dann Anwendung finden, wenn die beleidigte Partei die Beleidigung gar nicht gehört hat, und Strafen, die nicht vollstreckt werden, wenn die beleidigte Partei mit einer wechselseitigen Beleidigung antwortet.[347]

Es gibt Gesetze, die ausdrücklich besagen, dass, selbst wenn die Beleidigung sachlich korrekt sei, dies nicht notwendigerweise eine Bestrafung verhindere.[348]

Es gibt Gesetze, die über den Schutz von Individuen vor Schaden hinausgehen und tatsächlich die Lehren der Religion selbst schützen. Die Herabwürdigung einer «Glaubenslehre» ist eine strafrechtlich relevante Kränkung,[349] und das böswillige Lästern gegen Gott zieht eine Gefängnisstrafe von zwei Jahren nach sich.[350]

Es gibt Gesetze, die den Staat selbst schützen, wie zum Beispiel in Griechenland, wo ein Geistlicher zu drei Jahren Haft verurteilt werden kann, wenn er «zu Feindseligkeit gegenüber der staatlichen Gewalt» aufstachelt[351], und in Bulgarien führt es zu drei Jahren Gefängnis, wenn man eine religiös motivierte politische Organisation bildet und diese für «Propaganda gegen das Staatsorgan oder seine Tätigkeiten» nutzt.[352] In Dänemark wird man, wenn man die Flagge der Vereinten Nationen verhöhnt, mit zwei Jahren Gefängnis bestraft.[353] Diese Liste lässt sich unendlich weiterführen.

In den Anhängen zu diesem Buch finden sich zahlreiche Beispiele von «Hassrede»-Gesetzen; es wäre aber schwierig, daraus zu folgern, dass sie insgesamt eine ähnliche oder gar gleiche Erfahrung darstellen, wie man Einschränkungen der Redefreiheit gestaltet.

Was ist nun das Ergebnis solcher Gesetze? Wie in den vorherigen Kapiteln dargelegt, werden Bürger dafür bestraft, dass sie dichten, singen oder jodeln. Frühstücksdebatten werden Gegenstand jahrelanger strafrechtlicher Ermittlungen, das Predigen von der Kanzel ist zu einer riskanten Tätigkeit geworden, und die Polizeiregister darüber, was man öffentlich oder privat nicht sagen darf, werden jedes Jahr umfangreicher.

Europa hat zwar versucht, klare, präzise, wohlverstandene Einschränkungen der Redefreiheit zu erlassen, welche man grob zusammenfassen und «Hassrede»-Gesetze nennen kann, ist aber an der eigenen Ambition gescheitert. Es gibt keine Grundlage dafür zu glauben, dass die feine Unterscheidung zwischen «gekränkten Gefühlen» und «verletzter Würde» in der Praxis gesetzlich geregelt werden kann. Michael McConnell, ein führender US-amerikanischer Wissenschaftler und früherer Bundesrichter, sagt dazu:

«Waldron fordert seine Leser auf, sich das platonische Ideal von Hassredegesetzen vorzustellen, doch in der tatsächlichen Durchführung haben sie eine schreckliche Leistungsbilanz, da sie von politisch mächtigen Gruppierungen

dazu genutzt werden, um die Redeweise, welche sie kritisiert, zu unterdrücken. Es ist schwer, irgendwo auf der Welt
einen Fall zu finden, wo eine Redeweise, die dominante
Ideologien unterstützt, bestraft wird, um die Schwachen zu
schützen. Häufig ist das Gegenteil der Fall.»[354]

Bei dem Versuch, den Begriff der Würde als Leitprinzip für
«Hassrede»-Gesetze einzuführen, wurde ein vager, facetten-
reicher Begriff durch einen anderen ersetzt. Waldron gesteht,
dass es zahlreiche Theorien zur Würde gebe, dass der Begriff
vielseitig verwendet werde und dass der Würdediskurs «wegen der Mehrdeutigkeit vermaledeit» sei.[355]

Er versucht nicht, den Begriff gesetzgeberisch zu verwenden, ihn als legales Prinzip vorzuschlagen oder selbst für ein
eigenständiges, gesetzliches Recht auf Würde zu argumentieren. Er akzeptiert, dass der Begriff der Würde von Befürwor-
tern wie von Gegnern der «Hassrede»-Gesetze zitiert werden
kann (der eine behauptet, seine Würde sei verletzt, weil er verbal beleidigt worden sei, der andere behauptet, seine Würde
sei verletzt, weil er zensiert worden sei). Und er versteht die
Bedenken, dass die Aufnahme der Würde in den Rechtsdis-
kurs große Probleme schaffen könnte.

Dennoch glaubt er, dass der Würdebegriff genutzt werden
könne, effektive und angemessene «Hassrede»-Gesetze zu erlassen – und gründet diesen Glauben, wie gesagt, weitgehend
auf die Aussage, dass die Welt darin gewisse Erfahrung gesammelt habe.

Das hat sie jedoch nicht.

Können wir die Gesellschaft vor Kränkung und verletzter Würde schützen?

Eng mit dem Schutz von Individuen vor Kränkung oder verletzter Würde verbunden ist die Vorstellung, dass die Öffentlichkeit insgesamt ebenfalls vor «Hassrede» geschützt werden muss. Es wird behauptet, dass negative Redeweise allgemein ein Angriff auf die Öffentlichkeit sei, nicht nur ein Angriff auf ein besonderes Individuum oder eine besondere Gemeinschaft, und deshalb liege eine Hauptmotivation, «Hassrede» zu verbieten, darin, die Öffentlichkeit vor gesellschaftlichem Schaden zu bewahren.

So glaubt Waldron zum Beispiel, dass, da wir uns mit Diversität und Multikulturalismus «in ein großes Experiment, gemeinsam zu leben und zu arbeiten, begeben» würden, «Hassrede» verboten werden müsse, weil sie das Allgemeingut, eine diverse Gesellschaft aufrechtzuerhalten, unterminiere.[356] Dies bezeichnet er auch als «Umweltgut – die Atmosphäre einer wohlgeordneten Gesellschaft».[357]

Ein Mitglied des britischen Oberhauses argumentierte, dass das Verbot der «Hassrede» gerechtfertigt sei, weil sie «den Umgangston der öffentlichen Debatte verschlechtert, die moralische Sensibilität der Gemeinschaft gröber macht und die Kultur gegenseitigen Respekts, die im Kern einer guten Gesellschaft liegt, schwächt».[358]

Man kann beobachten, wie diese Begründung von Zeit zu Zeit in jenen «Hassrede»-Fällen auftauchte, wie etwa in den beiden geschilderten Fällen aus Schottland und Spanien[359] oder im englischen Fall, wo sich ein Passant von einem Kirchenschild gekränkt fühlte.[360] In all diesen Fällen gab es kein wirkliches Opfer, oder genauer gesagt, die Öffentlichkeit insgesamt wurde als Opfer betrachtet. Die «vernünftig denkenden» Menschen des 21. Jahrhunderts, so die Theorie, können eine solche Redeweise schlicht und einfach nicht tolerieren und müssen vor ihr geschützt werden.

Zieht man jedoch daraus die Schlussfolgerung, dass «Hassrede» kriminalisiert werden muss, um Individuen vor Kränkung zu schützen und, weiter gefasst, um eine gesellschaftliche Ökologie des Respekts, der Würde und der Zuversicht[361] aufrechtzuerhalten, würde dies die Rolle und Reichweite des Strafrechts signifikant ausweiten.

Kränkung, Würde und das Strafrecht

Das Strafrecht als Staatswaffe ist das letzte Mittel. Es ist ein einzigartiger Bereich des Gesetzes, aufgrund seiner Fähigkeit, «eine Botschaft zu senden». Gegen ein Strafgesetz zu verstoßen geht über die «Strafbarkeit wegen des Verstoßes gegen ein gesetzliches Verbot» hinaus. Der *Angeklagte* wird «verurteilt, weil er ein *Verbrechen begangen* hat»; er oder sie wurde «aufgrund einer *Anklage* für *schuldig* befunden».[362]

Nirgendwo anders in der Rechtswissenschaft wird eine derart ausdrucksvolle, sozial gefühlsgeladene Sprache verwendet. Und selbst wenn das Opfer dem Kriminellen vergibt und darum bittet, dass der Täter einer Strafe entkommt, muss der Staat dennoch handeln – das Verhalten des Kriminellen ist ein Unrecht, schwerwiegend genug, dass es in der Verantwortlichkeit der Gemeinschaft und des Staates liegt, ihn zu bestrafen.[363] Ein solches Urteil wird möglicherweise die Zukunft des Täters beeinflussen, Arbeitsplatz, Reisen, Familie, Finanzen, und zwar sein ganzes Leben lang.

Deshalb muss, um ein Verhalten als kriminell zu klassifizieren, dieses Verhalten schwerwiegend genug sein, um eine Bestrafung zu rechtfertigen, die «über Kritik und Tadel» hinausgeht.[364] Eine Kriminalisierung muss gegen weitere Erwägungen abgewogen werden. Wie etwa gegen die erheblichen entstehenden Kosten, wenn man die Strafverfolgung in Gang setzt, gegen den Preis einer unvermeidbar möglichen falschen Verurteilung, angesichts der inhärenten Fehlbarkeit des Rechtsprozesses, und dagegen, ob dies die Einschränkung individueller Freiheit wert ist.[365]

Es könnte der Fall eintreten, dass die Kriminalisierung mehr Schaden anrichtet, als sie beabsichtigtes Gutes bewirkt – es könnte der Fall eintreten, dass die abschreckende Funktion des Gesetzes deutlich aufgehoben wird durch die Verurteilung und strafrechtliche Verfolgung von Individuen, die überhaupt nicht wissen, was mit ihnen passiert.

Angesichts solcher Überlegungen war das Strafrecht traditionell ein Boden, auf dem die Gesetzgeber sich vorsichtig bewegten. Sie ließen sich von Prinzipien leiten, die von politischen und juristischen Theoretikern und Praktikern über Jahrhunderte festgelegt wurden. Dazu gehört das Schadensvermeidungsprinzip, welches besagt, dass alle Bürger tun können, was immer sie wollen, solange dies nicht in tatsächlichem Schaden für andere resultiert.[366]

Außerdem gibt es das Prinzip der minimalen Kriminalisierung, was bedeutet, dass der Gesetzgeber danach streben sollte, eine strafrechtliche Verhaltensweise so weit wie möglich einzuschränken, um eine Kultur zu erleichtern, in der Individuen sich ohne Furcht bewegen können, weil der Anwendungsbereich des Strafrechts relativ eng gefasst ist.[367]

Verglichen mit diesen Prinzipien schneiden «Hassrede»-Gesetze nicht gut ab. Noch grundlegender: «Hassrede»-Gesetze schneiden beim Vergleich mit den Prinzipien der *Rechtsstaatlichkeit* selbst nicht gut ab. Die Präambel der *Europäischen Menschenrechtskonvention* besagt, dass sie ein Beschluss von «Regierungen europäischer Staaten, die vom gleichen Geist beseelt sind und ein gemeinsames Erbe an politischen Über-

lieferungen, Idealen, Achtung der Freiheit und Rechtsstaatlichkeit besitzen [...]», ist.[368] Auch die *Allgemeine Erklärung
der Menschenrechte* sagt in ihrer Präambel, dass es notwendig
sei, «die Menschenrechte durch die Herrschaft des Rechtes zu
schützen».[369]

Kurz gesagt, ist die Rechtsstaatlichkeit das Prinzip, durch
welches wir wissen, dass jeder Mensch unter der Sonne auch
unter dem Gesetz steht – und auf welcher Grundlage das Gesetz seine Stellung hat.

2011 nannte Lord Bingham in seinem Buch *The Rule of Law*
acht wichtige Prinzipien; für unsere Belange sind die ersten
drei Prinzipien von besonderer Bedeutung:

> «(1) Das Gesetz muss zugänglich und, soweit möglich,
> einsichtig, eindeutig und durchschaubar sein. (2) Fragen
> von legalen Rechten und legaler Strafbarkeit sollten nor-
> malerweise durch die Anwendung des Gesetzes gelöst
> werden und nicht durch die Ermessensausübung. (3) Das
> Gesetz sollte auf alle gleichermaßen angewandt werden,
> außer in dem Maße, wie objektive Unterschiede eine Un-
> terscheidung rechtfertigen.»[370]

Wenn man diese Prinzipien neben die europäischen «Hassrede»-Gesetze und deren Anwendung in der Praxis stellt, erkennt man große Unstimmigkeiten, da «Hassrede»-Gesetze
und ihre Anwendung weder einsichtig noch eindeutig oder
durchschaubar sind.

In den vorherigen Kapiteln wurden fünfzig «Hassrede»-
Fälle detailliert beschrieben, die in polizeilichen Ermittlungen, Strafverfolgung oder Verurteilung resultierten. Diese
Fälle wurden von mir in Kategorien eingeteilt, die sich auf
den Ausgang der jeweiligen Verfahren bezogen.

Es darf bezweifelt werden, dass irgendein Leser die Fälle

ohne Vorwissen in die jeweils korrekte Kategorie hätte ein-
teilen können, indem er den Ausgang des Verfahrens anhand der Fakten und der Gesetzeslage erahnt. Die Bestimmung einer kohärenten Methode, um «Hassrede»-Gesetze
akkurat anzuwenden, erweist sich als unerreichbar, und es
ist beinahe unmöglich vorherzusagen, wie das Verfahren zu
einer «kränkenden Redeweise» ausgehen könnte: ob polizeiliche Ermittlungen, Strafverfolgung, Verurteilung oder
Entschädigung für widerrechtliche Festnahme zu erwarten
wären. Dies ist auch eine direkte Herausforderung für das
Prinzip der Rechtsstaatlichkeit, und es bedeutet, dass Bürger dauerhaft mit allem rechnen müssen, weil einfach
nicht klar ist, wann man ein Verbrechen begeht und wann
nicht.

Wenn «Hassrede»-Gesetze nur deshalb verabschiedet
werden, weil manche Redeweisen für zu kränkend gegenüber Individuen oder der Öffentlichkeit insgesamt gehalten
werden, erweitert dies die Rolle und Reichweite des Strafrechts in dramatischer Weise, und die Beweislast muss bei
den Vertretern der «Hassrede»-Gesetze liegen, um dies zu
rechtfertigen. Jedoch waren solche Rechtfertigungen nicht
vorhanden, als die kommunistischen Staaten als Erstes danach strebten, Beschränkungen der Redefreiheit zu interna-
tionalisieren, und auch in den nachfolgenden Jahrzehnten
lagen derartige Rechtfertigungen nicht vor. Ganz im Gegenteil: Die aktuelle Ausbreitung von «Hassrede»-Gesetzen geht
einen langen Weg, um die Prinzipien des Strafrechts zu un-
terminieren und ganz grundlegend auch die Rechtsstaatlichkeit selbst. Damit übersteigt der Schaden, der bei dem
Versuch verursacht wird, die vage Begrifflichkeit der «Hassrede» zu kriminalisieren, bei weitem den Grundgedanken
hinter dieser Gesetzgebung, der in diesem Kapitel dargelegt
wurde, dass nämlich «Hassrede» Individuen oder der Gesell-

schaft Schaden zufügt, und zwar einen so großen Schaden, dass er durch die Polizei verhindert oder bekämpft werden muss.

TEIL VIER

Die Zukunft der europäischen «Hassrede»-Gesetze

«Folglich erfordert wahre Befriedung, dass die Toleranz vor der Tat entzogen werde: auf der Stufe der Kommunikation in Wort, Druck und Bild. Allerdings ist eine derart extreme Aufhebung des Rechts der freien Rede und freien Versammlung nur dann gerechtfertigt, wenn die Gesamtgesellschaft in äußerster Gefahr ist. Ich behaupte, dass unsere Gesellschaft sich in einer solchen Notsituation befindet und dass diese zum Normalzustand geworden ist.»

Herbert Marcuse, Repressive Toleranz, 1965

Kapitel 9:
Eine Zukunft der Zensur?

Indem er für die Legitimierung der Intoleranz in bestimmten Fällen argumentierte, schrieb der berühmte Marxist Herbert Marcuse – in den Medien oft als «Vater der neuen Linken» bezeichnet – im Jahr 1965: «Das traditionelle Kriterium ‹eindeutiger und gegenwärtiger Gefahr› scheint einer Stufe nicht mehr angemessen, auf der sich die ganze Gesellschaft in der Lage des Theaterpublikums befindet, wenn jemand ‹Feuer› schreit.» Mit Bezug auf Nazi-Deutschland räsonierte Marcuse, dass durch «unbesonnene Rede» zu jedem Zeitpunkt eine Katastrophe ausgelöst werden könne. Seine Lösung lautet: «Folglich erfordert wahre Befriedung, dass die Toleranz vor der Tat entzogen werde: auf der Stufe der Kommunikation in Wort, Druck und Bild.»[371]

Diese Worte Marcuses skizzieren eine mögliche Zukunft Europas in treffender Weise. Es wäre eine Zukunft steigender staatlicher Zensur, wo die extreme Aufhebung des Rechts auf Redefreiheit aufgrund dessen gerechtfertigt würde, dass die gesamte Gesellschaft in großer Gefahr sei, im «Extremismus» unterzugehen.

Deshalb müssen wir, wenn wir einen Rückblick auf die Entstehung der europäischen «Hassrede»-Gesetze werfen und die gegenwärtige Wirkung solcher Gesetze bewerten, nach vorne sehen und uns fragen: Was hält die Zukunft für Europa bereit?

Mit jedem Jahr, das ins Land zieht, dehnt ein europäisches Land seine «Hassrede»-Gesetzgebung aus. In vielen Fällen sind es Menschenrechtsorganisationen, die die Klagen führen; ihre Kampagnen zielen darauf ab, dass die Regierung die Rede ihrer Bürger eingrenzt. Studenten an führenden Universitäten wollen lieber vor Kränkung geschützt werden, als Redefreiheit zu besitzen. Und es gibt gegenwärtig eine unerschütterliche Unterstützung für solche einschränkenden Gesetze seitens der europäischen und internationalen wichtigsten Institutionen und Gremien, die die Menschenrechte «überwachen».

Im Hinblick auf die Einschränkungen der Redefreiheit, die durch den Anstieg der «Hassrede»-Gesetze verursacht werden, ist es wahrscheinlich, dass Europas Zukunft die einer wachsenden, staatlicherseits durchgesetzten Zensur ist. In diesem Kapitel wird eine derartige Zukunft betrachtet. Falls Europa auf dem Weg einer wachsenden Zensur bleibt, gibt es einige Dinge, die auf Grundlage der zurückliegenden Entwicklungen und der gegenwärtigen Anwendung von «Hassrede»-Gesetzen vorhergesehen werden können.

1. Der Geltungsbereich von «Hassrede»-Gesetzen wird ausgeweitet

Erstens: Eine Zukunft steigender Zensur wird dazu führen, dass der Geltungsbereich von «Hassrede»-Gesetzen deutlich ausgeweitet wird. Dies ist eine ziemlich sichere Vorhersage. Wie wir gesehen haben, expandierte das ursprüngliche Konzept, die extremsten Formen rassistischer Rede zu verbieten, in den vergangenen fünfzig Jahren und beinhaltet aktuell weitere Formen der Rede wie zum Beispiel religiösen Hass, homophoben Hass und, ganz neu, transphoben Hass. Für den, der dies will, ist die Matrjoschka[372] der Redebeschränkungen endlos.

2012 berichtete das Menschenrechtskomitee der Vereinten Nationen über «negative Gender-Stereotypen» in Island. In der Pressemitteilung dazu hieß es, dass die negativen Gender-Stereotypen, die in der isländischen Gesellschaft existieren würden, typisch seien. Dazu gehöre der Glaube, dass ein Bauarbeiter nur ein Mann und eine Krankenschwester nur eine Frau sein könne. Die Forschung habe gezeigt, dass solche Stereotypen den Boden für genderbasierte Gewalt und Diskriminierung bereiten würden. Island, so heißt es weiter, teile die Besorgnis über die ineffektive Anti-Hassrede-Gesetzgebung und tue sein Bestes, um dieses Thema anzugehen.[373]

Während Island über eine solche Gesetzgebung noch nachdachte, ging Belgien weiter und schuf 2014 ein neues Gesetz: *Loi contre le sexisme dans l'espace public.* Darin heißt es, dass «jede öffentliche Geste oder Verhaltensweise, die «offensichtlich dem Zweck dient, gegenüber einer Person wegen ihres Geschlechts Verachtung zum Ausdruck zu bringen, oder aus dem gleichen Grund eine Person als minderwertig zu betrachten oder eine Person auf ihr Geschlecht zu reduzieren, und die eine schwere Verletzung der Würde dieser Person darstellen [...]»,[374] eine strafrechtlich zu verfolgende Handlung mit bis zu einem Jahr Gefängnis darstellt».[375]

Während die Vorstellung, das Strafrecht zu verwenden, um sich mit «negativen Gender-Stereotypen» zu befassen, früher völlig abwegig erschien, zeichnet sich diese Zukunft jetzt am Horizont ab. Und der Geltungsbereich von «Hassrede»-Gesetzen wird sich voraussichtlich weiter ausdehnen, ohne dass man einen Endpunkt ausmachen könnte.

2. Die Schwelle der «Hassrede»-Gesetze sinkt

Zweitens: Zusätzlich zu der Vorhersage, dass der Geltungsbereich von «Hassrede»-Gesetzen sich ausweiten wird, kann ebenfalls vorhergesagt werden, dass die Schwelle, wann solche Gesetze angewandt werden, sinken wird. Folglich wird eine Zukunft steigender Zensur auch dazu führen, dass eine größere Anzahl von Mainstream-Ansichten – nicht nur von «extremen» Ansichten – verboten werden wird.

Der Kommentar der EU-Grundrechteagentur, es gebe «keine Rechtsvorschriften [...], welche die Rechte von LGBT gewährleisten», und daher sei «es kaum möglich, bestimmte Praktiken zu unterbinden und Stereotypen unmittelbar entgegenzuwirken»[376], spricht Bände.

Er betont das letztendliche Ziel mancher Organisationen: die vollständige Unterdrückung oder Beseitigung von abweichenden Meinungen. Empfohlen wird weiterhin: «Ebenso sollte die erneut bekräftigte Entschlossenheit zur Bekämpfung von Straftaten und Gewalt gegen LGBT zu wirksameren Maßnahmen führen, wobei auf EU- und einzelstaatlicher Ebene alle in den neuen Verträgen vorgesehenen Möglichkeiten für die Gestaltung der Rechtsvorschriften über den Schutz von LGBT ausgeschöpft werden sollten.»[377]

Durch die Ausschöpfung aller rechtlichen Möglichkeiten, wozu auch das Strafrecht zählt, sollen «Praktiken unterbunden» und soll «Stereotypen entgegengewirkt» werden. Die EU-Grundrechteagentur steht mit dieser Haltung bei weitem nicht allein, wie die folgenden Zitate verdeutlichen:

«Eine Studie in Großbritannien zeigte, dass die große Mehrheit von Hassreden nicht von Extremisten oder Radikalen begangen wird, sondern von normalen Menschen.»[378]

«Die Identifizierung von [...] ‹Hassrede› ist manchmal schwierig [...]. Sie kann sich auch in Äußerungen verbergen, die auf den ersten Blick als vernünftig oder normal erscheinen mögen.»[379]

«Manchmal ist Hassrede in keiner Weise direkt [...]. [Der] Gebrauch des Begriffes ‹Familie› und die Formulierung ‹traditionelle Familienwerte› ist an sich eine Form der Hassrede [...].»[380]

Mit einer deutlich verwässerten Sichtweise in Bezug auf «Hassrede» wird die Schwelle, wann jemand gegen ein «Hassrede»-Gesetz verstoßen hat, gesenkt, und eine steigende Anzahl von bestimmten Redeweisen wird erfasst. Dies ist ein Ziel der britischen Regierung. Aus Besorgnis darüber, dass es Menschen oder Gruppierungen gibt, die «gerade noch innerhalb des Gesetzes stehen, aber giftigen Hass verbreiten»[381], wollte sie sogenannte *Extremism Disruption Orders* einführen, die auf «schädliche Handlungen von extremistischen Individuen, die Hass verbreiten, aber keine Gesetze brechen», abzielen.[382]

In einer Zukunft der steigenden Zensur wird die Schwelle der «Hassrede» bis dahin gesenkt, dass selbst die Achtung der Gesetze keine Garantie dafür bietet, dass der Staat einen Bürger in Ruhe lässt.

3. Es wird eine Kultur der Zensur geschaffen

Drittens: Eine Zukunft steigender Zensur wird dazu führen, dass Einschränkungen der Redefreiheit sich vom Strafrecht aus in immer mehr Bereiche des Lebens ausbreiten werden: TV- und Radio-Verhaltenskodices, Regeln am Arbeitsplatz, Regeln auf dem Universitäts-Campus und so weiter.

Während das Strafrecht angewandt wird, um falsches Verhalten zu bestrafen, spielt es gleichzeitig eine Rolle bei der Gestaltung der Gesellschaft. Paul Robinson, einer der weltweit führenden Strafrechtsexperten, stellt fest, dass der kommunikative Wert für die allgemeine Öffentlichkeit eine der Hauptfunktionen des Strafrechts ist.[383] Das Gesetz schaffe eine «spezielle strafrechtliche Marke und verbreitet die Vorstellung dazu», die dann die Botschaft vermittle, dass einige Fälle «eine Verurteilung *signalisieren,* während andere Fälle dies nicht tun».[384]

Deshalb wisse die Öffentlichkeit, was ein Verbrechen sei und was nicht. Wenn folglich das Strafrecht in einer Gesellschaft die Redefreiheit stark einschränkt, kann man zu Recht annehmen, dass die Kultur einer solchen Gesellschaft gegenüber der Redefreiheit ebenfalls eine restriktive Haltung einnehmen wird. Es wird eine Kultur geschaffen, in der der Ausdruck «Das kannst du nicht sagen» zum Allgemeinplatz wird, wenn dies nicht schon geschehen ist.

Als zum Beispiel einige Monate, bevor das britische Parlament über die Legalisierung von gleichgeschlechtlichen Ehen abstimmen sollte, die öffentliche Debatte dazu hätte in vollem Gang sein müssen, kam die Zensur über die Nation: Ein Angestellter wurde degradiert, weil er seine Ansichten über die Ehe auf seiner persönlichen Facebook-Seite gepostet hatte,[385] und einem anderen wurden disziplinarische Maßnahmen angedroht, nachdem er in seiner Mittagspause eine Petition weitergeleitet hatte, die die existierende Definition der Ehe unterstützte.[386]

In Schottland wurde ein hochkarätiger Politiker aus dem Vorstand einer Wohltätigkeitsorganisation abgewählt, die nichts mit Ehe zu tun hatte, weil er den Vorsitz einer anderen Organisation innehatte, die ein Referendum zu diesem Thema verlangte.[387] Und in England wurde eine Lokalpolitikerin aus dem Amt als Stadträtin getrieben, nachdem sie gegen einen Antrag gestimmt hatte, der die gleichgeschlechtliche Ehe unterstützte.[388]

Das absurdeste Beispiel für Zensur stammt von der *Law Society,* der Anwaltskammer für England und Wales, selbst. Bei der Anwaltskammer sollte eine Konferenz abgehalten werden, mit dem Titel «One man. One woman. Making the case for marriage for the good of society».[389] Die Konferenz unterstützte das gegenwärtige Gesetz und wurde von einem erfahrenen Richter ausgerichtet. Die *Law Society* jedoch beging Vertragsbruch und stornierte die Veranstaltung mit den Worten (offensichtlich war man sich der darin enthaltenen Ironie nicht bewusst): «Wir sind stolz auf unsere Rolle bei der Förderung der Diversität im Beruf des Rechtsanwalts und hatten das Gefühl, dass der Inhalt dieser Konferenz mit unserer Haltung schlecht vereinbar sei.»[390]

Kein Gesetz zwang die *Law Society* zu dieser Handlung, doch in einer Kultur der Zensur werden solche Einschränkungen der öffentlichen Debatte sich immer weiter verbreiten. Dies wird nirgendwo deutlicher als auf dem universitären Campus, einem Ort, wo «Trigger-Warnungen» Studenten vorab auf möglicherweise kränkende Materialien hinweisen, «Redefreiheits-Zonen» die Bereiche absperren, in denen es erlaubt ist, frei zu sprechen, «sichere Orte» Studenten dabei helfen, sich von jeglichen Kränkungen zu erholen, die zu ertragen sie gezwungen worden sein könnten,[391] und von wo Redner oder Gruppierungen, die anderer Meinung sind als die Studenten, lautstark und stolz verbannt werden.[392]

Das Niveau der Zensur auf dem Campus ist derart hoch, dass die universitäre Politik im Hinblick auf Redefreiheit, Belästigung und Einschüchterung immer mehr den Gesetzen autoritärer Staaten ähnelt. Denn was zum Beispiel ist der Unterschied zwischen einer universitären «Redefreiheitszone» und den «Protestzonen» bei den Olympischen Spielen von Peking 2008 und den Olympischen Winterspielen in Sotschi 2014, wo denjenigen, die gegen die Regierung protestieren wollten, zwar die Erlaubnis dazu gegeben wurde, zu reden, aber nur in einem kleinen, eingezäunten Bereich, Kilometer von den Spielstätten entfernt?[393]

Die aktuelle Denkweise auf dem Campus liest sich beispielhaft und wie eine Parodie in der Stellungnahme einer Studentin, die für die Absage einer Debatte an der Universität Oxford zum Thema Abtreibung verantwortlich war, mit der Begründung, dass beide Redner Männer gewesen wären. Ihre Argumentation erklärte sie der Zeitung *The Independent* folgendermaßen: «Die Vorstellung, dass in einer freien Gesellschaft absolut alles für eine Debatte offen ist, hat auf Randgruppen eine schädliche Wirkung [...]. Bei der Organisation der Kampagne gegen diese Veranstaltung habe ich nicht die Redefreiheit abgewürgt. Als Studentin erklärte ich, dass es in mir das Gefühl auslösen würde, in meiner eigenen Universität bedroht zu werden [...].»[394]

Eine Zukunft der steigenden Zensur wird sicherlich dazu führen, dass solche Ansichten und Richtlinien sich von Universitäten aus auf die übrige Gesellschaft ausweiten werden.

4. Steigende, von der Regierung unterstützte Überwachung und Berichterstattung

Viertens wird es in einer Zukunft der steigenden Zensur auch eine Ausweitung von Prozessen, staatlich unterstützten Kontrollorganen und von «Hassrede»-Berichterstattung geben. Wie es ein Fachmann ausdrückt, wird dann der «Strudel aus Sprachregelungsgesetz-Klagen, Gerichtsverfahren und Ermittlungen» von einer ganzen Industrie aufrechterhalten.[395]

Entsprechend werden Dutzende von «Anti-Hass»-Gruppierungen «bereitwillig Beschwerden und Klagen einreichen und manchmal auch die direkten Nutznießer sein, wenn Geldstrafen auferlegt werden. Ihre Beschwerden wiederum rufen Ermittlungen einer ganzen Buchstabensuppe von Regierungsbehörden hervor ... Und diese münden dann im Gerichtssystem.»[396]

Diese «Buchstabensuppe von Regierungsbehörden» mag bereits bestehen, doch wird ihr Ausmaß und ihre Rolle bei steigender Zensur sich immer nur weiter ausweiten. Deren staatliche Finanzierung beruht darauf, «ein Problem zu lösen». Je größer das Problem ist, je mehr Fälle von «Hass» es gibt, desto essenzieller wird ihre Rolle und desto höher werden die finanziellen Zuschüsse. Und der Schlüssel zu allem sind fehlende Daten.

Die *Europäische* Grundrechteagentur zum Beispiel vergibt regelmäßig Studien als Ausschreibungen, um die benötigten fehlenden Daten zu erheben. So schrieb sie zum Beispiel 2012 eine europaweite Studie mit 370.000 € über «Homophobie» und «Transphobie» aus. Die Agentur erläuterte, dass die Studie darauf abziele, «das Ausmaß und die Art von Diskriminierung und Hassverbrechen in ganz Europa zu beleuchten. Dies gibt Politikern die fehlenden Daten, die sie benötigen, um effektive Antworten zu formulieren».[397]

Wie nicht anders zu erwarten, ergab die anonyme Umfrage, die keine Person oder Gruppe davon abhalten konnte, sie mehrmals auszufüllen, und keinerlei überprüfbare Tatsachen verlangte,[398] den «Nachweis» weitreichender diesbezüglicher Probleme, die ein immer radikaleres Vorgehen – und entsprechende Finanzierung – verlange.

In ähnlicher Weise erstellt die *Organisation für Sicherheit und Zusammenarbeit in Europa* (OSZE) jedes Jahr einen «Hassverbrechen»-Bericht. Jedoch ist darin die Grenze zwischen dem, was als «Hassverbrechen» zu bezeichnen ist und immer ein tatsächliches Verbrechen impliziert, und allen anderen Formen des «Hasses» unglaublich verschwommen. Außerdem sind auch Nichtregierungsorganisationen zugelassen (denen man auch vertraut), und man gibt zu, dass «das Niveau der Berichterstattung und Methodologie variiert».[399]

Am 25. November 2015, dem Internationalen Tag für Toleranz, veröffentlichte das *Büro der OSZE für Demokratische Institutionen und Menschenrechte* seine «Hassverbrechen»-Daten für 2014. In Fettdruck fand sich auf der Internetseite die Überschrift: «Wichtige Ergebnisse aus den Hassverbrechensdaten 2014». An anderer Stelle der Internetseite jedoch bezieht man sich nicht mehr auf «Hassverbrechen», sondern wechselt auf den nebulöseren Begriff des «Hassvorfalls».[400]

Und, viel kleiner gedruckt und ganz am Ende der Internetseite, beinahe wie eine Fußnote, findet sich der Hinweis, dass die Informationen «lediglich auf dem Büro gemeldeten Informationen beruhen und nicht die Verbreitung von Hassverbrechen im Bereich der OSZE darstellen».[401] Folglich ist also die Glaubwürdigkeit der Daten fraglich, die Botschaft aber ist klar: Wir brauchen mehr Berichte, mehr Daten und mehr staatliches Handeln, um den Hass zu stoppen.

Weitere Aktionen folgten: 2013 lancierte der Europarat durch seine Jugendabteilung eine «Keine Hassrede»-Bewegung. Die Bewegung erstellte eine Internetplattform für Hassberichte, und der «Hate Speech Watch Report» stellte, eine leise Ironie, eine öffentliche Plattform für alle gesammelten Hassbeispiele, die sie erhielt, zur Verfügung.[402]

Ähnliche Anstrengungen unternimmt man auf nationaler Ebene. So ermutigt zum Beispiel in Kanada das staatlich unterstützte «Register für homophobe Handlungen» die Bevölkerung dazu, «jedes negative Wort» dort zu melden.[403]

Und im Vereinigten Königreich können «Hassvorfälle» ge-

meldet werden, wann immer ein Bürger das Gefühl hat, ein
solcher Vorfall habe sich ereignet. Es gibt keine Notwendigkeit, Tatsachen oder Beweise anzuführen, es muss kein Verbrechen stattgefunden haben – wenn ein Bürger das Gefühl
hat, ein «Hassvorfall» habe sich ereignet, dann ist das so. Und
die Regierung sammelt die Daten. Es gibt sogar eine neue
Hassverbrechen-App, damit es noch leichter ist, Meldung zu
machen.[404]

In Bosnien und Herzegowina nennt man Bürger, die «Hassvorfälle» melden, gar gleich «Superbürger». Auch hier ist die
Unterscheidung zwischen Hassverbrechen, Hassvorfall und
Hassrede abgeschafft worden. Wie die Internetseite verlautet,
ermöglicht es die Superbürger-Initiative jedem, Vorfälle von
Hassverbrechen oder Hassrede zu melden, bei denen sie
Zeuge waren. Die Initiative ist ein Erfolg: Seitdem die Seite
2013 freigeschaltet wurde, erhält sie immer mehr Meldungen
über *Vorfälle*.[405]

Eine Zukunft steigender Zensur wird folglich erleben, wie
die «Buchstabensuppe von Regierungsbehörden» an Größe,
Einfluss und Macht zunehmen wird, da immer mehr Redebei-
spiele berichtet und reguliert werden. In echt Orwell'scher
Manier werden Bürger dazu ermutigt, andere Bürger, die eine
Äußerung gegen die vorherrschende Denkweise von sich geben, an den Staat zu melden:

«Weswegen sind Sie hier?», fragte Winston. «Gedankenver-
brechen!», sagte Parsons, fast unter Schluchzen. [...] «Wer
hat Sie angezeigt?», fragte Winston. «Es war mein Töchter-
chen», sagte Parsons mit einer Art von betrübtem Stolz.
«Sie lauschte am Schlüsselloch. Hörte, was ich sagte, und
gleich am nächsten Tag lief sie zu den Streifen. Allerhand
tüchtig für einen Dreikäsehoch von sieben Jahren, he? Ich
hege deshalb keinen Groll gegen sie. Tatsächlich bin ich

stolz auf sie. Es beweist jedenfalls, dass ich sie in dem richtigen Geist erzogen habe.»[406]

Jede dieser Meldungen gegen jeden anderen «beweist», was die Überwachungsorgane immer gesagt haben: Es gibt immer mehr «Hass», und der Staat muss seine Macht ausweiten, um ihn zu stoppen. Wie der britische Premierminister David Cameron es einmal twitterte, als Reaktion auf den unvermeidbar jährlich wachsenden Hass im Vereinigten Königreich: «Das Ansteigen von Hassverbrechen ist nicht akzeptabel – wir müssen mehr tun, um sie zu bekämpfen.»[407]

5. Der Schutz der Redefreiheit wird verwässert

Fünftens wird eine Zukunft steigender Zensur dazu führen, dass nationale und internationale Gerichte weniger geneigt sein werden, den soliden Schutz der Redefreiheit aufrechtzuerhalten, und mehr geneigt, den Inhalt bestimmter Rede als des Schutzes unwürdig zu verurteilen.

Ein kurzer Blick zum Europäischen Gerichtshof für Menschenrechte veranschaulicht diesen Punkt.[408] Für die Bürger, die in einem der 47 Mitgliedsstaaten des Europarates leben, liefert Artikel 10 der *Europäischen Menschenrechtskonvention* einen der am deutlichsten formulierten Schutzparagrafen für die Redefreiheit:

«Artikel 10 – Freiheit der Meinungsäußerung:
Jede Person hat das Recht auf freie Meinungsäußerung. Dieses Recht schließt die Meinungsfreiheit und die Freiheit ein, Informationen und Ideen ohne behördliche Eingriffe und ohne Rücksicht auf Staatsgrenzen zu empfangen und weiterzugeben. Dieser Artikel hindert die

Staaten nicht, für Hörfunk-, Fernseh- oder Kinounternehmen eine Genehmigung vorzuschreiben.

Die Ausübung dieser Freiheiten ist mit Pflichten und Verantwortung verbunden; sie kann daher Formvorschriften, Bedingungen, Einschränkungen oder Strafdrohungen unterworfen werden, die gesetzlich vorgesehen und in einer demokratischen Gesellschaft notwendig sind für die nationale Sicherheit, die territoriale Unversehrtheit oder die öffentliche Sicherheit, zur Aufrechterhaltung der Ordnung oder zur Verhütung von Straftaten, zum Schutz der Gesundheit oder der Moral, zum Schutz des guten Rufes oder der Rechte anderer, zur Verhinderung der Verbreitung vertraulicher Informationen oder zur Wahrung der Autorität und der Unparteilichkeit der Rechtsprechung.»

Der Europäische Gerichtshof für Menschenrechte hat festgestellt, dass die Meinungsfreiheit innerhalb der Konvention eine «besondere Bedeutung»[409] habe, und der Gerichtshof hat häufig betont, dass die Meinungsfreiheit «eine der wesentlichen Grundlagen für eine [demokratische] Gesellschaft darstelle, eine der Grundvoraussetzungen für deren Fortschritt und für die Selbstverwirklichung jedes Individuums».[410] In ähnlicher Weise nahmen nationale Gerichte der Mitgliedsstaaten oft Bezug auf die grundlegende Bedeutung dieses Rechts, mit der Bemerkung, es sei «eine wesentliche Bedingung einer intellektuell gesunden Gesellschaft» und habe innerhalb der Konvention eine zentrale Rolle.[411]

Von entscheidender Bedeutung dabei ist, dass nicht nur die nicht-kränkende Sprache durch Artikel 10 geschützt wird. Über die Jahre hat der Gerichtshof wiederholt klargestellt, dass die Meinungsfreiheit, die in Absatz 2 nur sehr eng definierten Beschränkungen unterliegt, nicht nur auf Informationen und Ideen anwendbar sei, die wohlwollend aufgenommen oder als nicht-kränkend oder als gleichgültige Angelegenheit betrachtet würden, sondern auch auf solche, die den Staat oder irgendeine Bevölkerungsschicht kränken, schockieren oder beunruhigen. Dies seien die Anforderungen an Pluralismus, Toleranz und Aufgeschlossenheit, ohne die es keine demokratische Gesellschaft gebe.[412]

Die langjährige Sichtweise des Gerichtshofes belegt dessen Haltung, dass viele «kränkende» Formen der Meinungsfreiheit durch Artikel 10 geschützt waren.

Unglücklicherweise zeigt der Gerichtshof wachsende Sympathie für Zensurargumente, vor allem in Fällen, in denen die in Frage stehende Rede ein besonders kontroverses Thema behandelt. Wenn sich dieser Trend nicht ändert, wird die Redefreiheit durch eine neue Freiheit außer Kraft gesetzt – die «Freiheit, nicht gekränkt zu werden».

Vor wenigen Jahren noch glaubten die Menschen, dass der Gerichtshof als Verteidiger der Redefreiheit auftrete. 2004 wurde der schwedische Pastor Green (siehe Kapitel 6) zunächst verurteilt, nach der Berufung aber freigesprochen. In der Urteilsbegründung kommentierte der Vorsitzende des *Supreme Court*, Richter Johan Munck:

«Hätten wir nur eine Interpretation des schwedischen Gesetzes berücksichtigt, wäre Pastor Green verurteilt worden. Der Hintergrund des Gesetzes ist sehr eindeutig, und darüber gibt es keine Debatte. Wenn wir aber den Europäischen Gerichtshof berücksichtigen, der damit beauftragt ist, die Europäische Menschenrechtskonvention zu interpretieren, dann konnten wir nichts anderes tun, als ihn freizusprechen. Wir sind davon überzeugt, dass ein Schuldspruch vor dem Europäischen Gerichtshof nicht aufrechterhalten worden wäre.»[413]

Nur wenige Jahre später wurde dasselbe schwedische Gesetz angewandt, um Tor Fredrik Vejdeland und einige andere wegen der ungebetenen Verteilung von etwa einhundert Flugblättern in einer Schule zu verurteilen. Der Fall ging, wie in Kapitel 6 geschildert, schließlich zum EGMR, wo die Antragsteller argumentierten, dass ihr Recht auf Redefreiheit verletzt worden sei.[414]

Doch der Gerichtshof betonte, dass «Angriffe auf Personen» dadurch begangen werden könnten, dass man bestimmte Bevölkerungsgruppen beleidige, in der Öffentlichkeit lächerlich mache oder verleumde, und auf Grundlage dieser Einschätzung urteilte der Gerichtshof, dass keine Verletzung des Artikels 10 stattgefunden habe.[415]

Der Fall lässt vermuten, dass wir uns in eine Zukunft bewegen, in der Richtern die Autorität verliehen wird, die Gültigkeit bestimmter Meinungen zu beurteilen. Wie eine der zustimmenden Stellungnahmen, hier die von Richter Zupančič, darlegt: «Hätten die Antragsteller in ihren Flugblättern die Homosexualität verteidigt und ‹gegen die schlimmen Homophoben› gewettert, wären sie vermutlich nicht verurteilt worden.»[416] Es bleibt zu beobachten, welche anderen Sichtweisen in Zukunft als des Schutzes unwürdig betrachtet werden.

Zusammengefasst kann man einige Vorhersagen zur Zukunft Europas treffen, wenn es den gegenwärtigen Kurs beibehält:

Der Anwendungsbereich von «Hassrede»-Gesetzen wird weiter ausgeweitet, und immer mehr Redeweisen werden reguliert und zensiert.

Auch Mainstream-Ansichten werden immer mehr zum Schweigen gebracht.

Eine Zensur-Kultur wird parallel zu den Beschränkungen durch das Strafrecht heranwachsen.

Es wird eine Ausweitung von Prozessen und staatlich unterstützten Kontroll- und Berichtsorganen geben, um das Problem der gefährlichen Rede aufrechtzuerhalten.

Und nicht zuletzt werden die Gerichte weiter dazu ermächtigt, die Gültigkeit bestimmter Ansichten zu beurteilen und die Redefreiheit mehr und mehr einzuschränken, bis «kontroverse» Sichtweisen nur noch unter äußerst begrenzten Umständen erlaubt sein werden.

Diese Zukunft mag im Augenblick vielleicht als wahrscheinlich erscheinen, sie muss aber nicht zwangsläufig eintreten.

Kapitel 10:
Eine Zukunft der freien Rede?

Rechtlich betrachtet, erfolgte die Ausweitung der europäischen «Hassrede»-Gesetze schnell. Dennoch, trotz der aktuellen Entwicklungen, ist es möglich, dass der momentane europäische Kurs auch relativ schnell wieder geändert werden kann. Dieses Kapitel skizziert die gesetzlichen Schritte, die unternommen werden müssten, um eine alternative Zukunft zu schaffen – eine, in der die Redefreiheit auf solide Weise geschützt und geschätzt wird.

Reform nationaler «Hassrede»-Gesetze

Zunächst ist es möglich, nationale, allzu weitreichende «Hassrede»-Gesetze zu reformieren. Ein solcher Prozess geschah in Großbritannien, als Kampagnengruppen, Organisationen, die für bürgerliche Freiheiten eintreten, und Politiker erfolgreich verlangten, dass der Begriff «beleidigend» aus Paragraf 5 des *Public Order Act* entfernt wird. Paragraf 5 regelte die Strafbarkeit der Verwendung von «bedrohlichen, verletzenden oder beleidigenden Worten ... innerhalb der Hör- oder Sehweite einer Person, die wahrscheinlich Belästigung, Ängstigung oder Bedrängnis verursachen». Wie in den vorigen Kapiteln dargelegt, wird das Gesetz häufig angewandt, um kontroverse Ansichten zum Schweigen zu bringen.[417] Die erstaunliche Allianz zwischen der *National Secular Society* und dem *Christian Institute* schaffte es mit vereinten Kräften, dass das Gesetz reformiert wurde, und damit war die Kampagne trotz einigen Widerstandes der Regierung 2013 letztendlich erfolgreich.

Während man das Entfernen eines Begriffes aus einem nationalen Gesetz als relativ bescheidenen Schritt betrachten kann, ist das Prinzip, das hinter der Reform steht, von entscheidender Bedeutung – die Rede ist des Schutzes würdig, und Gesetze, die die Rede in unangemessener Weise einschränken, müssen aufgehoben werden. Die Argumente zugunsten der Redefreiheit und Reform riefen jene in Erinnerung, die die UN-Delegierten des Vereinigten Königreiches vor über fünfzig Jahren äußerten, als sie gegen die Absicht der totalitären Regime argumentierten, die Rede zensieren zu wollen.[418]

Ähnliche Argumente werden nach und nach in ganz Europa vorgebracht, da viele nationale «Hassrede»-Paragrafen ähnlich vage Terminologien enthalten und dringend reformiert werden müssen. So starteten polnische Bürgerrechtsbewegungen eine Kampagne zur Abschaffung des berüchtigten Paragrafen 212[419] des Strafgesetzbuches, der diffamierende Bemerkungen unter Strafe stellte, und der frühere dänische Justizminister Lars Barfoed kündigte an, dass Dänemarks «Hassrede»-Gesetze wegen der Einschränkungen der Redefreiheit überprüft werden müssten.[420]

Außerhalb Europas ist anzumerken, dass Paragraf 13 des *Canadian Human Rights Act,* der kanadischen Menschenrechtserklärung, abgeschafft wurde. Der Paragraf hatte «die Mitteilung von Hassnachrichten per Telefon oder im Internet» verboten und es für gesetzeswidrig erklärt, «eine Person oder Personen Hass oder Herabwürdigung auszusetzen».[421] Mit der Bemerkung, dies sei ein guter, wenn auch später erster Schritt zur Reform, betrachtete man das Gesetz als größere Bedrohung für die Freiheit als dessen Nutzen, um einen Schaden zu begrenzen.[422]

Das Beispiel aus Großbritannien und Kanada zeigt, dass es möglich ist, die nationale Gesetzgebung zugunsten der Redefreiheit zu reformieren. Die Erfolge mögen bescheiden sein, besonders in Anbetracht der gegenläufigen Trends, nichtsdestotrotz sind sie wichtig. Wenn Europa zu seinen liberaldemokratischen Werten zurückkehren soll, sollten diese Erfolge erst der Anfang sein. Europa sollte «diese Gelegenheit ergreifen, den gefährlichsten illiberalen Trend der fortschrittlichsten Demokratien in der Welt zu revidieren. Dies würde dem Trend, dass Europa ein Vorbild für Zensur wird, ein Ende setzen und es stattdessen als Vorbild genuin demokratischer Rechte wiederherstellen, indem es seine moralische Autorität in der Welt ausdehnt und nicht einschränkt.»[423]

Die Überprüfung des internationalen Rechts

Zweitens muss das internationale Recht überprüft werden. Trotz der klaren Begrenzungen, die der Redefreiheit in einigen größeren internationalen Dokumenten auferlegt werden, vor allem Artikel 20(2) des ICCPR und Artikel 4 des ICERD, gibt es insgesamt immer noch eine hohe Hürde dafür, wann Einschränkungen der Meinungsfreiheit im internationalen Recht akzeptabel sind. Die frühere Sonderberichterstatterin der UNO für Religions- und Glaubensfreiheit, Asma Jahangir, schrieb, dass «Artikel 20 [des ICCPR] vor dem Hintergrund der vom Nazi-Regime während des Zweiten Weltkrieges begangenen Gräuel entworfen wurde». Daher sei die Hürde für Handlungen, auf die sich Artikel 20 bezieht, relativ hoch.[424]

Außerdem stellte die 2018 verstorbene Sonderberichterstatterin fest, dass die Redefreiheit nicht mehr eingeschränkt werden sollte, als es internationale Gesetze aktuell erlauben würden, denn: «Jeder Versuch, die Schwelle von Artikel 20 des Abkommens zu senken, würde nicht nur die Grenzen für die Meinungsfreiheit verengen, sondern auch die Religions- und Glaubensfreiheit selbst begrenzen. Ein solcher Versuch könnte kontraproduktiv sein und eine Atmosphäre der religiösen Intoleranz fördern.»[425]

Weiter empfahl die Sonderberichterstatterin, dass «Äußerungen unter Artikel 20 nur dann verboten werden sollten, wenn sie eine Aufstachelung zu unmittelbaren Akten der Gewalt oder Diskriminierung gegen ein bestimmtes Individuum oder eine Gruppe darstellen».[426] In ähnlicher Weise stellt der *General Comment No. 34* des UN-Menschenrechtskomitees klar, dass Beschränkungen des Rechts auf Meinungsfreiheit «nicht über das hinausgehen sollten, was in Paragraf 3 [des Artikels 19] erlaubt oder unter Artikel 20 gefordert wird».[427]

2012 veröffentlichte das Büro des UN-Hochkommissars für Menschenrechte den *Rabat Plan of Action*. Dies nach einem Jahr voller Diskussionen, Beratungen und Expertenworkshops, die sich mit dem Thema Anstachelung zum Hass befassten. Während dieser *Plan of Action* eine gemischte Sammlung von Empfehlungen darstellt, von denen einige die Meinungsfreiheit unterstützen und andere den Begriff Aufstachelung zum Hass besonders hervorheben, ist er in Bezug auf die Interpretation internationaler Gesetze glasklar, indem es darin heißt:

«Artikel 20 ICCPR erfordert eine hohe Schwelle, weil gemäß dem grundlegenden Prinzip die Begrenzung der Redefreiheit eine Ausnahme bleiben muss. Eine solche Schwelle sollte in Übereinstimmung mit Artikel 19 ICCPR gelesen werden. Tatsächlich ist der dreiteilige Test für Beschränkungen (Gesetzmäßigkeit, Verhältnismäßigkeit und

Notwendigkeit) auch auf Fälle von Aufstachelung anzuwenden, das heißt, solche Einschränkungen müssen gesetzlich vorgesehen sein, sehr eng definiert, um einem legitimen Interesse zu dienen, und in einer demokratischen Gesellschaft notwendig sein, um dieses Interesse zu schützen. Dies impliziert unter anderem, dass Einschränkungen eindeutig und eng definiert sind und auf ein dringliches soziales Bedürfnis reagieren; sie das verfügbare Mittel sind, das am wenigsten aufdringlich ist; dass sie nicht übermäßig sind, dass sie also die Rede nicht auf weitreichende oder nicht zielgerichtete Weise einschränken; und dass sie verhältnismäßig sind in dem Sinne, dass der Nutzen für das geschützte Interesse den Schaden für die Meinungsfreiheit überwiegt, auch mit Bezug auf die Sanktionen, die sie ermöglichen.»[428]

Wenn es also folglich in internationalen Dokumenten Begrenzungen gibt, die der Redefreiheit auferlegt werden, liegt die überragende Betonung im internationalen Rechtskörper auf dem Schutz der Redefreiheit, und Beschränkungen sollten nicht über das hinausgehen, was bereits existiert. Wenn die Redefreiheit solide geschützt werden soll, dann muss man jeglichen Versuchen, das internationale Vertragsrecht mit nicht-bindenden Empfehlungen seitens nicht gewählter Vertragskontrollorgane zu verwässern, widerstehen.

Einen soliden Standard für Redefreiheit schaffen

Auch wenn die Reform nationaler «Hassrede»-Gesetze und die Überprüfung internationaler Gesetze für eine Zukunft, die die Redefreiheit respektiert, notwendig sind, ist dies nicht ausreichend. Letztendlich ist ein vollständiger Richtungswechsel erforderlich mit größerem gesetzlichem Schutz für die Redefreiheit. Entsprechend sollten Beschränkungen der Redefreiheit nur gültig sein, wenn die Rede eine Aufstachelung zu unmittelbarer Gewalt darstellt. Eine höhere Schwelle der Redefreiheit wird es den Bürgern erlauben, ihr Verhalten wirksam zu regulieren, und es wird den Gesetzen erlauben, ohne die momentane Willkür angewandt zu werden.

Nun, falls Europa sich von seiner momentanen illiberalen Position entfernen soll, kann man sich an nur wenige Rechtsprechungen halten und ihnen folgen. Wie erwähnt, war Ungarn eine der wenigen Rechtsprechungen in Europa, die dem Druck, den Schutz der Redefreiheit zu verwässern, widerstanden, mit einem Verfassungsgerichtshof, der übermäßig ausgedehnte strafrechtliche Beschränkungen der Redefreiheit häufig aufhob.[429]

Leider lassen die kürzlich erfolgten Verfassungszusätze vermuten, dass die Nation nicht länger als Vorzeigemodell für die Redefreiheit gelten kann. Die frühere Herangehensweise, wenn auch nicht notwendigerweise in ganz konsistenter Manier angewandt[430] und jetzt weitgehend durch die neuen Verfassungszusätze unterhöhlt, baute weitgehend auf der Rechtsprechung der Vereinigten Staaten bezüglich des *First Amendment* auf, welche im letzten Jahrhundert in den meisten europäischen Nationen einen recht unterschiedlichen Gesetzesweg gegangen ist.

Heute schützen die USA die Redefreiheit in außergewöhnlichem Maß, doch vor einem Jahrhundert hatten sie eher eine entschieden europäische Herangehensweise, wenn es um die Regulierung der Redefreiheit ging. Tatsächlich gründete der *Supreme Court* seinen ersten Redefreiheits-Fall des 20. Jahrhunderts auf englisches Gewohnheitsrecht. Im Verfahren *Patterson gegen Colorado* wurde der Angeklagte der Herabwürdigung für schuldig befunden, weil er einen Cartoon veröffent-

licht hatte, der einen Gerichtshof von Colorado verspottete.[431]
Der *Supreme Court* entschied damals, dass der Schutz der Redefreiheit, garantiert durch den *Ersten Verfassungszusatz*,[432]
keine Rede einschließe, die «als entgegen dem Gemeinwohl
betrachtet wird», vor allem auch nicht eine Rede, die die Gerichtshöfe verspottet, was schließlich «dazu tendieren würde,
die Justizverwaltung zu behindern».[433] Dieses Urteil war der
Ursprung des sogenannten «Bad Tendency»-Tests, fortan an-
gewendet im Hinblick auf mögliche «böse Absichten» einer
Äußerung, was dann zur Kriminalisierung jeder Rede oder
Handlung führen konnte, die «wahrscheinlich» ein uner-
wünschtes Ergebnis hervorbringt.[434] Insgesamt, wie der *Supreme Court* später äußerte, könne wohl niemand wissen,
wann «ein kleiner Atemzug ausreicht, um eine Flamme zu
entfachen».[435]

Während des Ersten Weltkrieges hatten US-Gerichtshöfe
dann offenbar die Gewohnheit, Seifenkisten mit Pulverfässern
zu verwechseln, wobei der Test auf böse Absichten und seine
Verschwommenheit die Verurteilungen von unerwünschten
Äußerungen erleichterten. In Form eines *Aufwiegelungsgesetzes zu Kriegszeiten,* das «illoyale, lästerliche, verleumderische
oder beleidigende Rede» über die Regierung unter Strafe stellte,[436] verhängten die Gerichte lange Haftstrafen für Redner gegen den Krieg, ohne dass sie einen Konflikt zwischen dem
Aufwiegelungsgesetz und der Garantie der Redefreiheit gemäß dem Ersten Verfassungszusatz sahen.[437]

Bürger wurden beispielsweise dafür verurteilt, dass sie der
Ansicht waren, das militärische Konzept sei nicht verfassungsgemäß,[438] ihre Religion verbiete den Militärdienst[439]
oder der Krieg sei unmoralisch.[440] Das Aufwiegelungsgesetz
wurde 1921 aufgehoben, doch die dienstbeflissene Interpretation der Redefreiheit blieb bestehen.

Der erste Hinweis auf eine moderne amerikanische Herangehensweise fand sich im Fall *Schenck gegen die Vereinigten Staaten,* im berühmten «Jemand schreit ‹Feuer› in einem vollbesetzten Theater»-Fall. Hierzu erklärte Richter Olive Wendell Holmes: «Die Frage in jedem Fall ist, ob die verwendeten Worte unter solchen Umständen verwendet wurden und von solcher Art waren, dass eine eindeutige und gegenwärtige Gefahr entsteht, dass sie diejenigen substantiellen Übel mit sich bringen, die zu verhindern der Kongress das Recht hat.»[441] Der Unterschied zwischen den beiden Tests sei der der zeitlichen Nähe und des Grades.[442] Während der Test der «bösen Absicht» irgendwann deutlich später und an einem entfernten Ort Schaden verursachen könnte, erfordert der Test der «eindeutigen und gegenwärtigen Gefahr» eine engere Verbindung zwischen der Rede und dem Schaden.

Ein ausgereifter Schutz auch hetzerischer Rede entstand aus dem Fall im Jahr 1969: *Brandenburg gegen Ohio.*[443] Der Fall betraf ein Bundesstaats-Gesetz, das ursprünglich unter Strafe stellte, für «die Pflicht, Notwendigkeit oder Richtigkeit von Verbrechen, Sabotage, Gewalt oder gesetzeswidrigen Terrorismusmethoden als Mittel zur Durchführung einer wirtschaftlichen oder politischen Reform» einzutreten.[444]

Der Gerichtshof hob das Gesetz auf und erläuterte, dass das Eintreten für die Anwendung von Gewalt oder gesetzeswidrige Handlungen so lange nicht verboten sein dürfe, bis «ein solches Eintreten darauf gerichtet ist, zu *unmittelbaren* gesetzeswidrigen Handlungen anzustacheln oder sie hervorzubringen und zu solchen Handlungsweisen *wahrscheinlich* anstachelt oder sie hervorbringt».[445]

Dasselbe Prinzip der Redefreiheit – dass die Rede nur unter Strafe gestellt werden kann, wenn sie direkt schädlich oder wahrscheinlich direkt schädlich ist – wurde andererseits auch ausgeweitet, um die kränkende Rede abzudecken. Im Fall *Chaplinsky gegen New Hampshire* hielt der Oberste Gerichtshof der USA ein Gesetz aufrecht, das es unter Strafe stellte, «irgendein kränkendes, höhnisches oder belästigendes Wort» jemandem gegenüber zu äußern, der sich gesetzeskonform auf der Straße oder einem öffentlichen Ort aufhalte, oder ihn mit einem kränkenden oder höhnischen Namen zu bezeichnen.[446]

Der Gerichtshof schrieb, dass «bestimmte, genau definierte und eng begrenzte Arten der Rede» nicht geschützt seien, inklusive «Kampfansagen [...], die allein durch ihre Äußerung Verletzungen zufügen oder dazu neigen, zur unmittelbaren Ruhestörung anzustacheln».[447] Doch einige Jahre später, im Verfahren *Terminiello gegen Chicago*, hob das Gericht ein Gesetz auf, das eine Rede unter Strafe stellte, welche «Menschen zu Zorn aufwiegelt, zu öffentlicher Auseinandersetzung auffordert oder einen Zustand der Unruhen mit sich bringt».[448]

Der Gerichtshof merkte an, dass Rede «häufig provokativ und herausfordernd ist. Sie kann auf Vorurteile und vorgefasste Meinungen zielen und tiefgehende, beunruhigende Auswirkungen haben, weil sie für die Akzeptanz einer Idee kämpft».[449]

Eine solche Redeweise könne nicht unter Strafe gestellt werden, außer wenn sie eine eindeutige und gegenwärtige Gefahr darstelle, denn «die Alternative würde zu einer Standardisierung von Ideen führen, entweder durch Gesetzgebung und Gerichtshöfe oder durch vorherrschende politische oder gesellschaftliche Gruppierungen».[450]

Dieses Prinzip setzte sich zur Zeit des Vietnamkrieges durch, einer Zeit, in der Europa sich genau in die entgegengesetzte Richtung bewegte. Der Oberste Gerichtshof revidierte in zwei Fällen die Urteile, die unter Anwendung des *Aufwiegelungsgesetzes* aus dem Ersten Weltkrieg zu langen Haftstrafen geführt hätten. 1969 hob der Gerichtshof die Verurteilung eines afroamerikanischen Bürgerrechtsaktivisten auf, der die amerikanische Flagge in Brand gesteckt hatte.[451]

Und 1971 hob der Gerichtshof die Verurteilung gegen einen Anti-Kriegs-Demonstranten auf, der in einem Gerichtsgebäude eine Jacke trug, auf der «F**k the Draft» (Sch*** auf das Aufgebot) stand.[452]

Innerhalb eines halben Jahrhunderts hatte sich der Schutz der Redefreiheit im *Ersten Verfassungszusatz* von einem Potemkin'schen Dorf zu einem echten Schutzschild gegen staatliche Zensur entwickelt. Der Gerichtshof formulierte es so: «Wenn es ein grundlegendes Prinzip in Bezug auf den *Ersten Verfassungszusatz* gibt, dann ist es das, dass die Regierung das Äußern einer Idee nicht einfach deshalb verbieten darf, weil die Gesellschaft die Idee selbst für anstößig oder unangenehm hält.»[453]

In Anwendung dieser Logik hob der Oberste Gerichtshof 1992 im Fall *R.A.V. gegen City of St. Paul* ein «Hassrede»-Gesetz auf.[454] Dort wurden bestimmte Arten der Rede unter Strafe gestellt, die «Ärger, Angst oder Groll gegen andere erregen, auf Grundlage von Rasse, Hautfarbe, Glaubensüberzeugung, Religion oder Geschlecht».[455] Der Gerichtshof ging von dem Prinzip aus, dass «inhaltsbezogene Regelungen mutmaßlich ungültig sind»,[456] dass aber bestimmte Redekategorien wie Kampfansagen oder Verleumdung bestraft werden könnten. Jedoch könne die Tatsache, dass solche Arten der Rede unter Strafe gestellt werden könnten, nicht bedeuten, dass sie «Mittel zur inhaltlichen Diskriminierung» werden könnten – die Regierung kann Verleumdung verbieten, sie kann aber nicht nur regierungskritische Verleumdung verbieten.[457]

Der Oberste Gerichtshof schloss daraus, dass die Regierung «keine Autorität hat, der einen Seite einer Debatte die Lizenz zum Freestyle-Kampf zu erteilen, während sie von der anderen Seite verlange, den Queensberry-Regeln zu folgen».[458]

Während die USA das 20. Jahrhundert also damit begannen, in Richtung Zensur zu gehen, beendeten sie das Jahrhundert mit einer wirklich liberalen Herangehensweise. Die Einsicht von Oliver Wendell Holmes, «jede Idee ist ein Aufstacheln»,[459] betonte die Notwendigkeit, in einer freien Gesellschaft die freie Rede zu schützen, sei sie angenehm oder unangenehm. Rede kann bestraft werden – wenn sie wahrscheinlich zu unmittelbarer gesetzeswidriger Handlung anstachelt –, aber nicht dafür, dass sie einfach eine Kränkung verursacht. So schreibt es auch Michael McConnell mit Bezug auf den Schutz der Redefreiheit in den USA: «Rede ist verfassungsgemäß geschützt – nicht, weil wir bezweifeln, dass Rede Schaden verursacht, sondern weil wir mehr Furcht vor der Zensur haben.»[460]

Im Jahr 2011 hatte der Oberste Gerichtshof die Gelegenheit, seine Rechtsprechung in Bezug auf die Redefreiheit nochmals zu prüfen, in dem sehr bewegenden Verfahren *Snyder gegen Phelps*. In dem Fall ging es um Demonstranten bei der Beerdigung eines amerikanischen Soldaten, der in Ausübung seiner Pflicht getötet worden war. Die Demonstranten standen auf öffentlichem Grund nahe bei dem Grab und hielten Schilder hoch, auf denen Dinge standen wie «Dankt Gott für tote Soldaten». Mit acht Stimmen zu einer entschied der Oberste Gerichtshof, dass die Demonstranten verfassungsgemäß in ihrer Redefreiheit geschützt waren:

«Rede ist machtvoll. Sie kann Menschen zu Handlungen aufstacheln, sie aufgrund von Freude oder Sorge zu Tränen rühren und – so wie hier – großen Schmerz zufügen. Wie die Tatsachen liegen, können wir auf diesen Schmerz nicht reagieren, indem wir den Sprecher bestrafen. Als Nation haben wir einen anderen Weg gewählt – auch verletzende Redeweise zu öffentlichen Angelegenheiten zu schützen, um sicherzustellen, dass wir die öffentliche Debatte nicht ersticken.»[461]

Der Fall ist auch in anderer Hinsicht sehr interessant: Da die Demonstranten nicht durch Gesetz davon abgehalten werden konnten, ihre verletzenden Worte auszusprechen, antwortete die Gesellschaft. Sobald die Demonstranten landesweit ihre Absicht ankündigten, bei einer Beerdigung zu demonstrieren, versammelten sich Anwohner, um «Menschenketten» um die Beerdigung herum zu bilden, damit die trauernden Angehörigen die Demonstranten nicht sehen mussten. Von Studenten in Texas über Motorradfahrer in Arizona bis zu einer ganzen Stadt in Missouri kamen Gruppierungen aus der Gesellschaft zusammen, um hasserfüllte Rede zu überwältigen.

Eine Facebook-Gruppe, die eine solche Unterstützung in Arizona mobilisierte, sagte: «Wir werden um die Familien, die ihre geliebten Angehörigen verloren haben, eine Mauer der Menschlichkeit errichten, damit sie ihre Beerdigungen in Frieden abhalten können, in Würde und umgeben von Liebe.»[462]

Es gibt wenig Zweifel daran, dass Demonstranten auf einer solchen Beerdigung in Europa festgenommen, strafrechtlich verfolgt und verurteilt worden wären. Doch hätte diese strafrechtliche Vorgehensweise niemals so eine gesellschaftliche Antwort darauf entfacht wie jene, die stattdessen gesellschaftlich durch die gesamten USA ging. «Hassrede»-Gesetze geben der Staatsgewalt große Macht, um die Sprache zu regulieren, ohne solche Gesetze aber geht die Verantwortung auf die Menschen über. Der Unterschied zwischen «bürgerlicher Teilhabe»[463] und dem Sich-Verlassen auf die Staatsgewalt ist deutlich sichtbar. Vincent Blasi schrieb dazu:

«[A] Das Vorherrschen der Redefreiheit kann dabei helfen, den Charakter zu bilden, indem hierbei Menschen erforderlich sind, die üble Ideen zurückschlagen und bösartige Demagogen zurückschlagen, um jene wertvollen Ziele auf

die anstrengendste Weise zu verfolgen: eher durch Enga-
gement als durch Verbot. [...] Gemäß diesem Standpunkt
können die gefährlichsten Ideen nur durch starke Persönlichkeiten niedergeschlagen werden, nicht durch repressive Gesetze.»[464]

Damit ist eine Zukunft, in der die Redefreiheit geschützt und
geschätzt wird, nicht unmöglich, dafür müssen jedoch nationale «Hassrede»-Gesetze reformiert und internationale Gesetze überprüft werden. Und, was am allerwichtigsten ist: Die
europäischen Nationen müssen eine höhere Hürde dafür an-
setzen, wann die Rede eingeschränkt werden sollte – nicht,
wenn sie kränkt, beleidigt oder verletzt, sondern nur dann,
wenn sie eine Aufstachelung zu unmittelbarer Gewalt darstellt.

Fazit

In der Mitte des vergangenen Jahrhunderts wurde das Argument, der Staat müsse die Rede seiner Bürger durch das
Strafgesetz regulieren, auf internationalem Niveau erfolgreich vorangetrieben. Durch die neugebildeten Vereinten
Nationen wurde der Welt mitgeteilt, dass «Hassrede»-Ge-
setze angewandt werden könnten, um den Rassismus, die
Diskriminierung und den Hass der vorangegangenen Jahrzehnte auszuradieren. Und, so wurde behauptet, die kommunistischen Länder hätten in ihren Gesellschaften die Diskriminierung erfolgreich ausgerottet, als Ergebnis solcher,
den Staat dazu ermächtigender Gesetze.

Heute kennen wir die Wahrheit über diese Regimes. Doch
trotz ihres Zusammenbruchs wird nach wie vor das Argument
angebracht, dass die Unterdrückung «gefährlicher» Rede

einen Fortschritt bei den Menschenrechten darstelle. Und was besonders bemerkenswert ist: Viele europäische Nationen, die vor einem halben Jahrhundert solchen Argumenten massiv widersprochen haben, sind jetzt eifrige Unterstützer von «Hassrede»-Gesetzen. Nicht zuletzt auch der Gerichtshof, der damit beauftragt ist, die in der *Europäischen Menschenrechtskonvention* verbriefte Redefreiheit zu verteidigen, unterstützt die Zensur-Argumentation mit steigender Tendenz.

Zweifellos ist ein starker Schutz der Redefreiheit nicht ohne Risiko. In einer Gesellschaft, die kränkende und beleidigende Rede schützt, besteht immer das Risiko, dass andere Bürger durch das, was sie hören, verletzt und gekränkt werden.

Ein Richter aus Großbritannien kommentierte es so: «Rechte, die es wert sind, dass man sie hat, sind schwer zu bändigende Angelegenheiten.»[465] Doch das ist das Risiko, das liberaldemokratische Nationen einfach tragen müssen – denn es gibt keine andere Wahl. Wenn die Prämisse, dass der Staat durch ein strenges Strafrecht die öffentliche Debatte zensieren muss, erst einmal akzeptiert ist, gibt es keinen logischen Punkt mehr, an dem dies ein Ende findet, und der Staat wird im Gegenzug dazu ermächtigt, das Äußern einer Idee einfach nur deshalb zu verbieten, weil der Staat oder die Gesellschaft diese Idee für kränkend oder beleidigend halten.

Wenn bei den Menschenrechten wirkliche Fortschritte erzielt werden sollen, muss eine solche Zukunft verhindert werden. Oder wie es der kolumbianische Delegierte bei der Generalversammlung der Vereinten Nationen vor einem halben Jahrhundert warnend erwähnte und wie hier noch einmal wiederholt werden soll:

«Ideen unter Strafe zu stellen, welcher Natur auch immer sie sein mögen, bedeutet, den Weg für Tyrannei und Machtmissbrauch zu bereiten […].»[466]

Anhang A
Internationale
«Hassrede»-Regelungen

Internationaler Pakt über bürgerliche und politische Rechte vom 19. Dezember 1966

Artikel 20(2)

Jedes Eintreten für nationalen, rassischen oder religiösen Hass, durch das zu Diskriminierung, Feindseligkeit oder Gewalt aufgestachelt wird, wird durch Gesetz verboten.

Vorbehalte:

Australien: «Australien interpretiert die Rechte in Artikel 19, 21 und 22 so, dass sie mit Artikel 20 im Einklang stehen; entsprechend sind das Commonwealth und die einzelnen Staaten mit Rücksicht auf den Gegenstand des Artikels gesetzgeberisch für die Belange von praktischem Interesse im Interesse der öffentlichen Ordnung (*ordre public*) tätig geworden; es wird sich das Recht vorbehalten, keine weitere gesetzliche Regelung zu diesen Themen zu erlassen.»

Belgien: «Die belgische Regierung erklärt, dass sie sich nicht für verpflichtet hält, im von Artikel 20, Paragraf 1 abgedeckten Bereich gesetzgeberisch tätig zu werden, und dass Artikel 20 als Ganzes angewandt werden sollte, unter Berücksichtigung der Gedanken- und Religionsfreiheit, der Meinungs- und Versammlungsfreiheit und der Freiheit, sich zusammenzuschließen, die in den Artikeln 18, 19 und 20 der Allgemeinen Erklärung der Menschenrechte verkündet und in den Artikeln 18, 19, 21 und 22 des Pakts bestätigt wurden.»

Luxemburg: «Die Regierung Luxemburgs erklärt, dass sie sich nicht für verpflichtet hält, in dem durch Artikel 20 Paragraf 1 abgedeckten Bereich Rechtsvorschriften zu erlassen und dass Artikel 20 als Ganzes eingeführt wird, unter Berücksichtigung der Rechte auf Gedanken-, Religions-, Meinungs- und Versammlungsfreiheit und der Freiheit, sich zusammenzuschließen, die in den Artikeln 18, 19 und 20 der Allgemeinen Erklärung der Menschenrechte niedergelegt und in den Artikeln 18, 19, 21 und 22 des Pakts bestätigt wurden.»

Malta: «Artikel 20 – die Regierung Maltas interpretiert Artikel 20 als mit den Rechten in Artikel 19 und 21 in Einklang stehend, behält sich aber das Recht vor, keinerlei Rechtsvorschriften gemäß Artikel 20 zu erlassen.»

Neuseeland: «Die Regierung von Neuseeland, die in den Bereichen des Eintretens für nationalen und rassischen Hass und des Erregens von Feindseligkeiten oder Anfeindungen Rechtsvorschriften erlassen hat und das Recht auf Freiheit der Rede berücksichtigt, behält sich das Recht vor, keine weiteren Rechtsvorschriften bezüglich Artikel 20 zu erlassen.»

USA: «Dieser Artikel 20 autorisiert oder erfordert keine Rechtsprechung oder andere Vorgehensweise seitens der Vereinigten Staaten, welche das Recht auf Rede- und Versammlungsfreiheit einschränken würde, welches durch die Verfassung und Gesetze der Vereinigten Staaten geschützt ist.»

Vereinigtes Königreich (bei der Ratifizierung): «Die Regierung des Vereinigten Königreiches interpretiert Artikel 20 als mit den Rechten, die in den Artikeln 19 und 21 des Pakts zuerkannt werden, im Einklang stehend, und da sie in den Angelegenheiten von praktischem Interesse im Interesse der öffentlichen Ordnung (*ordre public*) Rechtsvorschriften erlassen hat, behält sie sich das Recht vor, keine weitere Rechtsvorschrift zu erlassen. Ein ähnliches Recht behält sich das Vereinigte Königreich auch für seine abhängigen Territorien vor.»

Internationales Übereinkommen zur Beseitigung jeder Form von rassistischer Diskriminierung

Artikel 4

Die Vertragsstaaten verurteilen jede Propaganda und alle Organisationen, die auf Ideen oder Theorien hinsichtlich der Überlegenheit einer Rasse oder einer Personengruppe bestimmter Hautfarbe oder Volkszugehörigkeit beruhen oder die irgendeine Form von Rassenhass und Rassendiskriminierung zu rechtfertigen oder zu fördern suchen; sie verpflichten sich, unmittelbare und positive Maßnahmen zu treffen, um jedes Aufreizen zur Rassendiskriminierung und alle rassisch diskriminierenden Handlungen auszumerzen; zu diesem Zweck übernehmen sie unter gebührender Berücksichtigung der in der Allgemeinen Erklärung der Menschenrechte niedergelegten Grundsätze und der ausdrücklich in Artikel 5 des vorliegenden Übereinkommens genannten Rechte unter anderem folgende Verpflichtungen:

a) jede Verbreitung von Ideen, die sich auf die Überlegenheit einer Rasse oder den Rassenhass gründen, jedes Aufreizen zur Rassendiskriminierung und jede Gewalttätigkeit oder Aufreizung dazu gegen eine Rasse oder eine Personengruppe anderer Hautfarbe oder Volkszugehörigkeit sowie jede Unterstützung rassenkämpferischer Betätigung einschließlich ihrer Finanzierung zu einer nach dem Gesetz strafbaren Handlung zu erklären,

b) alle Organisationen und alle organisierten oder sonstigen Propagandatätigkeiten, welche die Rassendiskriminierung fördern und dazu aufreizen, als gesetzwidrig zu erklären und zu verbieten und die Beteiligung an derartigen Organisationen oder Tätigkeiten als eine nach dem Gesetz strafbare Handlung anzuerkennen,

c) nicht zuzulassen, dass staatliche oder örtliche Behörden oder öffentliche Einrichtungen die Rassendiskriminierung fördern oder dazu aufreizen.

Vorbehalte:

Österreich: Erklärung der Republik Österreich zu Artikel 4 des Internationalen Übereinkommens über die Beseitigung aller Formen rassischer Diskriminierung:

«Artikel 4 des Internationalen Übereinkommens über die Beseitigung aller Formen rassischer Diskriminierung bestimmt, dass die in seinen lit. a, b und c näher umschriebenen Maßnahmen unter gebührender Berücksichtigung der in der Allgemeinen Erklärung der Menschenrechte niedergelegten Grundsätze und der ausdrücklich in Artikel 5 des Übereinkommens genannten Rechte durchzuführen sind. Die Republik Österreich vertritt daher die Auffassung, dass durch die genannten Maßnahmen das Recht auf Meinungsfreiheit und freie Meinungsäußerung sowie das Recht auf Versammlungs- und Vereinigungsfreiheit zu friedlichen Zwecken nicht gefährdet werden dürfen. Diese Rechte sind in den Artikeln 19 und 20 der Allgemeinen Erklärung der Menschenrechte niedergelegt; sie wurden durch die Generalversammlung der Vereinten Nationen mit

der Annahme der Artikel 19 und 21 des Internationalen Paktes über
staatsbürgerliche und politische Rechte bestätigt und werden auch in Artikel 5 lit. d viii und ix des vorliegenden Übereinkommens genannt.»

Antigua und Barbuda: «Die Annahme dieses Übereinkommens durch
die Regierung von Antigua und Barbuda bedeutet nicht die Übernahme
von über die Grenzen der Verfassung hinausgehenden Verpflichtungen
oder die Übernahme einer Verpflichtung zur Einführung von gerichtlichen Verfahren, die über die in der Verfassung vorgesehenen hinausgehen. Die Regierung von Antigua und Barbuda legt Art. 4 des Übereinkommens dahingehend aus, dass eine Partei nur dann gehalten ist,
Maßnahmen auf den unter lit. a, b und c dieses Artikels fallenden Gebieten zu treffen, wenn die Verfügung einer solchen Gesetzgebung als
notwendig erachtet wird.»

Australien: «Die Regierung Australiens erklärt, dass sie derzeit insbesondere nicht in der Lage ist, alle in Artikel 4 (a) des Übereinkommens angeführten Handlungen als strafbar anzusehen. Handlungen dieser Art sind
strafbar nur im Rahmen der geltenden strafrechtlichen Bestimmungen
betreffend Angelegenheiten wie Aufrechthaltung der öffentlichen Ordnung, Erregung öffentlichen Ärgernisses, Tätlichkeiten, Aufruhr, grobe
Ehrenbeleidigung, Verschwörung und Anschlag. Die australische Regierung beabsichtigt, bei erster Gelegenheit das Parlament aufzufordern,
spezifische gesetzgeberische Maßnahmen zur Anwendung der Bestimmungen des Artikels 4 (a) zu treffen.»

Bahamas: «Die Regierung des Commonwealth der Bahamas wünscht
zuerst ihre Auffassung des Artikels 4 des Internationalen Übereinkommens über die Beseitigung aller Formen rassischer Diskriminierung
darzulegen. Nach ihrer Auslegung verlangt Artikel 4 von einer Vertragspartei nur insoweit zusätzliche gesetzgeberische Maßnahmen auf den
in den Absätzen (a), (b) und (c) dieses Artikels genannten Gebieten, als
sie unter gebührender Beachtung der in Artikel 5 des Übereinkommens
niedergelegten, in der Allgemeinen Erklärung verkörperten Grundsätze
(insbesondere der Meinungsfreiheit und freien Meinungsäußerung sowie des Rechts, sich friedlich zu versammeln und friedliche Vereinigungen zu bilden) zur Erreichung der in Artikel 4 genannten Ziele zusätzliche gesetzliche Bestimmungen oder eine Änderung geltender
Rechtsvorschriften oder der bestehenden Praxis für erforderlich hält.
Schließlich garantiert die Verfassung des Commonwealth der Bahamas

jeder Person im Commonwealth der Bahamas die Grundrechte und Grundfreiheiten des Individuums ohne Ansehung seiner Rasse oder Herkunft. Die Verfassung schreibt für den Fall der Verletzung eines dieser Rechte durch den Staat oder durch eine Privatperson die Durchführung von Gerichtsverfahren vor. Die Annahme des Übereinkommens durch das Commonwealth der Bahamas bedeutet nicht die Übernahme von Verpflichtungen, die über die Grenzen der Verfassung hinausgehen, oder die Übernahme einer Verpflichtung zur Einleitung gerichtlicher Verfahren, die über die in der Verfassung vorgesehenen hinausgehen.»

Barbados: «Die Regierung von Barbados legt den Artikel 4 des genannten Übereinkommens dahingehend aus, dass eine Vertragspartei des Übereinkommens nur dort gehalten ist, Maßnahmen auf den unter Absatz (a), (b) und (c) fallenden Gebieten zu treffen, wo angenommen wird, dass die Notwendigkeit für eine solche Gesetzgebung gegeben ist.»

Belgien: «Das Königreich Belgien wünscht jedoch zu betonen, welche Bedeutung es der Tatsache beimisst, dass gemäß Artikel 4 des Übereinkommens die Annahme der unter lit. (a), (b) und (c) vorgesehenen Maßnahmen unter gebührender Beachtung der in der Allgemeinen Erklärung der Menschenrechte niedergelegten Grundsätze und der in Artikel 5 des Übereinkommens ausdrücklich genannten Rechte erfolgen sollte. Das Königreich Belgien ist daher der Ansicht, dass die sich aus dem Artikel 4 ergebenden Verpflichtungen mit dem Recht auf Meinungsfreiheit und freie Meinungsäußerung und dem Recht, sich friedlich zu versammeln und friedliche Vereinigungen zu bilden, in Einklang gebracht werden muss. Diese Rechte werden in den Artikeln 19 und 20 der Allgemeinen Erklärung der Menschenrechte verkündet und wurden in den Artikeln 19 und 21 des Internationalen Pakts über bürgerliche und politische Rechte erneut bestätigt. Sie wurden auch in Artikel 5 Absatz (d) (viii) und (ix) dieses Übereinkommens zum Ausdruck gebracht.»

Frankreich: «Frankreich möchte in Bezug auf Artikel 4 klarstellen, dass es den darin enthaltenen Hinweis auf die Grundsätze der Allgemeinen Erklärung der Menschenrechte und die in Artikel 5 des Übereinkommens niedergelegten Rechte dahingehend auslegt, dass die Vertragsstaaten der Verpflichtung enthoben sind, ein Gesetz gegen die Diskriminierung zu erlassen, das mit den in diesen Instrumenten gewährleisteten Rechten auf Meinungsfreiheit und freie Meinungsäußerung sowie auf Versammlungs- und Vereinigungsfreiheit zu friedlichen Zwecken unvereinbar ist.»

Irland: «Art. 4 des Übereinkommens über die Beseitigung aller Formen rassischer Diskriminierung sieht vor, dass die in lit. a, b und c beschriebenen Maßnahmen mit gebotener Rücksicht auf die in der Allgemeinen Erklärung der Menschenrechte und insbesondere die in dessen Art. 5 festgehaltenen Grundsätze getroffen werden sollen. Irland geht deshalb davon aus, dass aufgrund solcher Maßnahmen das Recht auf Meinungsfreiheit und -äußerung sowie das Recht auf friedliche Versammlung und Vereinigung nicht gefährdet werden dürfe.»

Italien: «(a) Die in Artikel 4 des Übereinkommens vorgesehenen und in den Absätzen (a) und (b) dieses Artikels im Einzelnen beschriebenen positiven Maßnahmen, die darauf abzielen, jedes Aufreizen zu einer Diskriminierung oder alle diskriminierenden Handlungen auszumerzen, sind, wie dieser Artikel es vorsieht, ‹unter gebührender Beachtung der in der Allgemeinen Erklärung der Menschenrechte enthaltenen Grundsätze und der in Artikel 5 dieses Übereinkommens ausdrücklich genannten Rechte› auszulegen. Folglich dürfen die aus dem vorgenannten Artikel 4 sich ableitenden Verpflichtungen nicht das Recht auf Meinungsfreiheit und freie Meinungsäußerung sowie das Recht, sich friedlich zu versammeln und friedliche Vereinigungen zu bilden, die in den Artikeln 19 und 20 der Allgemeinen Erklärung der Menschenrechte niedergelegt sind, von der Generalversammlung der Vereinten Nationen durch die Annahme der Artikel 19 und 21 des Internationalen Pakts über die bürgerlichen und politischen Rechte bestätigt wurden und auf die in Artikel 5 Absatz (d) (viii) und (ix) des Übereinkommens hingewiesen wird, gefährden.»

Japan: «Mit der Anwendung von Art. 4 lit. a und b des genannten Übereinkommens kommt Japan seinen Verpflichtungen in dem Ausmaß nach, als die Erfüllung seiner Verpflichtungen mit den in der Verfassung von Japan garantierten Rechten der Versammlungsfreiheit, Vereinigung sowie der Meinungsfreiheit und anderen Rechten vereinbar ist, vor allem unter gebührender Hinsicht auf die in der Allgemeinen Erklärung für Menschenrechte festgehaltenen Grundsätze und die in Art. 5 des Übereinkommens ausdrücklich festgeschriebenen Rechte gemäß Art. 4.»

Malta: «Die Regierung [...] interpretiert Artikel 4 dahingehend, dass eine Vertragspartei des Übereinkommens gehalten ist, weitere Maßnahmen auf den unter Absatz (a), (b) und (c) dieses Artikels fallenden Gebieten zu treffen, falls sie unter gebührender Beachtung der in der Allgemeinen Erklärung der Menschenrechte niedergelegten Grundsätze und der in Artikel 5 des Übereinkommens angeführten Rechte der Ansicht ist, dass sich die Notwendigkeit zur Erlassung eines *ad-hoc*-Gesetzes in Ergänzung oder Abänderung des geltenden Rechts und der bestehenden Übung ergibt, um jeder Handlung einer rassischen Diskriminierung ein Ende zu setzen.»

Monaco: «Vorbehalt zu Art. 4: Monaco interpretiert den Verweis in diesem Artikel zu den Grundsätzen der Allgemeinen Erklärung für Menschenrechte sowie zu den in Art. 5 dieses Übereinkommens aufgezählten Rechten so, dass Vertragsparteien von der Verpflichtung entbunden werden, hemmende Gesetze, die unvereinbar sind mit Meinungsfreiheit und Meinungsäußerung sowie der Freiheit zur friedlichen Versammlung und Vereinigung, die von diesen Dokumenten garantiert werden, zu erlassen.»

Nepal: «Die Regierung Seiner Majestät interpretiert Artikel 4 des genannten Übereinkommens dahingehend, dass eine Vertragspartei des Übereinkommens nur dann gehalten ist, weitere Maßnahmen der Gesetzgebung auf den unter Absatz (a), (b) und (c) dieses Artikels fallenden Gebieten zu treffen, wenn die Regierung Seiner Majestät unter gebührender Beachtung der in der Allgemeinen Erklärung der Menschenrechte niedergelegten Grundsätze vielleicht der Ansicht ist, dass gewisse legislative Ergänzungen oder Abänderungen des geltenden Rechts und der bestehenden Praxis auf diesen Gebieten für die Erreichung des im vorangehenden Teil des Artikels 4 angeführten Zieles notwendig sind.»

Papua-Neuguinea: «Die Regierung von Papua-Neuguinea legt Artikel 4 des Übereinkommens dahingehend aus, dass jede Vertragspartei nur insoweit verpflichtet ist, zusätzliche gesetzgeberische Maßnahmen auf den von den Absätzen (a), (b) und (c) des Artikels betroffenen Gebieten zu treffen, als sie es in gebührender Berücksichtigung der in Artikel 5 des Übereinkommens enthaltenen Allgemeinen Erklärung der Menschenrechte für notwendig erachtet, bestehende Rechtsvorschriften und Praktiken zu ergänzen oder abzuändern, um den Bestimmungen des Artikels 4 Wirksamkeit zu verschaffen.»

Schweiz: «Vorbehalt zu Art. 4: Die Schweiz behält sich das Recht vor, die gesetzlich notwendigen Maßnahmen für die Umsetzung von Art. 4 zu treffen, unter gebührender Rücksichtnahme auf Meinungsfreiheit und Versammlungsfreiheit, *inter alia* in der Allgemeinen Erklärung der Menschenrechte festgehalten.»

Tonga: «Es legt Artikel 4 so aus, dass er einer Partei des Übereinkommens vorschreibt, weitere gesetzliche Maßnahmen auf den durch lit. a, b und c dieses Artikels geregelten Gebieten nur insoweit zu ergreifen, als sie unter entsprechender Berücksichtigung der in die Allgemeine Erklärung der Menschenrechte aufgenommenen Grundsätze und der in Artikel 5 des Übereinkommens ausdrücklich festgelegten Rechte (insbesondere des Rechtes auf Meinungsfreiheit und freie Meinungsäußerung sowie des Rechtes, sich friedlich zu versammeln und friedliche Vereinigungen zu bilden) der Ansicht ist, dass eine gewisse gesetzliche Ergänzung und Änderung des geltenden Rechts und der bestehenden Praxis auf diesen Gebieten zur Erreichung des im ersten Teil des Artikels 4 dargelegten Ziels notwendig ist.»

Vereinigte Staaten: «I. Die Zustimmung des Senates ist Gegenstand folgender Vorbehalte: Dass die Verfassung und die Gesetze der Vereinigten Staaten weitreichenden Schutz für Redefreiheit, Freiheit der Meinungsäußerung und Versammlungsfreiheit beinhalten. In diesem Sinne erkennen die Vereinigten Staaten keine Verpflichtung aufgrund dieses Übereinkommens an, vor allem gemäß Art. 4 und 7, jene Rechte im Zuge von legislativen oder anderen Maßnahmen einzuschränken, soweit sie durch die Verfassung sowie die Gesetze der Vereinigten Staaten geschützt sind.»

Vereinigtes Königreich (Großbritannien und Nordirland): «Es interpretiert Artikel 4 dahingehend, dass eine Vertragspartei des Übereinkommens nur dann gehalten ist, weitere Maßnahmen der Gesetzgebung auf den unter Absatz (a), (b) und (c) dieses Artikels fallenden Gebieten zu treffen, wenn sie unter gebührender Beachtung der in der Allgemeinen Erklärung der Menschenrechte niedergelegten Grundsätze und der in Artikel 5 des Übereinkommens ausdrücklich angeführten Rechte (insbesondere des Rechtes auf Meinungsfreiheit und freie Meinungsäußerung und des Rechtes auf Versammlungs- und Vereinigungsfreiheit zu friedlichen Zwecken) vielleicht der Ansicht ist, dass gewisse legislative Ergänzungen oder Abänderungen des geltenden Rechts und der bestehenden Praxis auf diesen Gebieten für die Erreichung des im vorangehenden Teil des Artikels 4 angeführten Zieles notwendig sind.»

Anhang B
Regionale
«Hassrede»-Regelungen
(Europa)

Rahmenbeschluss des Europäischen Rates vom 28. November 2008 zur strafrechtlichen Bekämpfung bestimmter Formen und Ausdrucksweisen von Rassismus und Fremdenfeindlichkeit

Artikel 1 – Rassistische und fremdenfeindliche Straftaten

(1) Jeder Mitgliedstaat trifft die erforderlichen Maßnahmen, um sicherzustellen, dass folgende vorsätzliche Handlungen unter Strafe gestellt werden:

  a) die öffentliche Aufstachelung zu Gewalt oder Hass gegen eine nach den Kriterien der Rasse, Hautfarbe, Religion, Abstammung oder nationaler oder ethnischer Herkunft definierte Gruppe von Personen oder gegen ein Mitglied einer solchen Gruppe;
  b) die Begehung einer der in Buchstabe a genannten Handlungen durch öffentliche Verbreitung oder Verteilung von Schriften, Bild- oder sonstigem Material;

(…)

(2) Für die Zwecke von Absatz 1 steht es den Mitgliedstaaten frei, nur Handlungen unter Strafe zu stellen, die in einer Weise begangen werden, die geeignet ist, die öffentliche Ordnung zu stören, oder die Drohungen, Beschimpfungen oder Beleidigungen darstellen.

Zusatzprotokoll vom 28.01.2003 zum Übereinkommen über Computerkriminalität betreffend die Kriminalisierung mittels Computersystemen begangener Handlungen rassistischer und fremdenfeindlicher Art

Kapitel II – Innerstaatlich zu treffende Maßnahmen

Artikel 3 –Verbreitung rassistischen und fremdenfeindlichen Materials über Computersysteme

(1) Jede Vertragspartei trifft die erforderlichen gesetzgeberischen und anderen Maßnahmen, um folgende Handlungen, wenn vorsätzlich und unbefugt begangen, nach ihrem innerstaatlichen Recht als Straftaten zu umschreiben: das Verbreiten oder anderweitige Öffentlich-verfügbar-Machen rassistischen und fremdenfeindlichen Materials über ein Computersystem.

(2) Eine Vertragspartei kann sich das Recht vorbehalten, die in Absatz 1 genannten Handlungen nicht unter Strafe zu stellen, wenn das Material nach Artikel 2 Absatz 1 eine Diskriminierung, die nicht mit Hass oder Gewalt einhergeht, befürwortet oder fördert oder dazu aufstachelt, vorausgesetzt, dass andere wirksame Mittel zur Verfügung stehen.

(3) Unbeschadet des Absatzes 2 kann sich eine Vertragspartei das Recht vorbehalten, Absatz 1 auf Fälle von Diskriminierung nicht anzuwenden, für die sie wegen feststehender Grundsätze ihrer innerstaatlichen Rechtsordnung in Bezug auf die Freiheit der Meinungsäußerung wirksame Mittel nach Absatz 2 nicht vorsehen kann.

Artikel 5 – Rassistisch und fremdenfeindlich motivierte Beleidigung

(1) Jede Vertragspartei trifft die erforderlichen gesetzgeberischen und anderen Maßnahmen, um folgende Handlung, wenn vorsätzlich und unbefugt begangen, nach ihrem innerstaatlichen Recht als Straftat zu umschreiben: die öffentliche Beleidigung i) einer Person wegen ihrer Zugehörigkeit zu einer Gruppe, die durch die Rasse, die Hautfarbe, die Abstammung, die nationale oder ethnische Herkunft oder die Religion, wenn Letztere für eines dieser Merkmale vorgeschoben wird, gekennzeichnet ist, oder ii) einer Personengruppe, die durch eines dieser Merkmale gekennzeichnet ist, mittels eines Computersystems.

Anhang C[467]
Nationale «Hassrede»-Gesetze in der Europäischen Union

Die im Folgenden aufgeführten nationalen «Hassrede»-Gesetze sind nicht alle Gesetze dieser Art. Es gibt zahlreiche weitere, auch zivilrechtliche Diffamierungs- und Verleumdungsregelungen, die sich auf die Rede beziehen, ebenso wie Kodices für Radio- und Fernsehanstalten oder für Universitäten, außerdem Arbeitnehmerregelungen und Weiteres. Diese sind hier ebenso wenig aufgeführt wie Gesetze, die sich auf die Leugnung des Holocaust beziehen; diese fallen in eine andere Kategorie der Einschränkung der Redefreiheit und werden daher in diesem Buch nicht behandelt. Die jeweiligen Gesetze werden in aktueller Fassung (*Stand Oktober 2019*) wiedergegeben.

Belgien

Art. 144 Strafgesetzbuch[468]

Wer durch Handlungen, Worte, Gebärden oder Drohungen Kultgegenstände entweder an den zur Ausübung des Kultes bestimmten beziehungsweise gewöhnlich dazu dienenden Orten oder bei öffentlichen Feierlichkeiten dieses Kultes schändet, wird mit einer Gefängnisstrafe von fünfzehn Tagen bis zu sechs Monaten und mit einer Geldbuße von 26 bis zu 500 [EUR] bestraft.

Art. 145 Strafgesetzbuch

Mit denselben Strafen wird bestraft, wer durch Handlungen, Worte, Gebärden oder Drohungen den Diener eines Kultes bei der Ausübung seines Amtes schmäht. Wer den Diener eines Kultes schlägt, wird mit einer Gefängnisstrafe von zwei Monaten bis zu zwei Jahren und mit einer Geldbuße von 50 bis zu 500 [EUR] bestraft.

Art. 22 Gesetz zur Bekämpfung bestimmter Formen von Diskriminierung[469]

Mit einer Gefängnisstrafe von einem Monat bis zu einem Jahr und einer Geldbuße von 50 EUR bis 1.000 EUR oder mit nur einer dieser Strafen wird bestraft:

1. Wer in einer der in Artikel 444 des Strafgesetzbuches[470] erwähnten Situationen zur Diskriminierung gegenüber einer Person wegen eines der geschützten Merkmale anstiftet, und dies selbst außerhalb der in Artikel 5 erwähnten Bereiche,

2. Wer in einer der in Artikel 444 des Strafgesetzbuches erwähnten Situationen zu Hass oder Gewalt gegenüber einer Person wegen eines der geschützten Merkmale anstiftet, und dies selbst außerhalb der in Artikel 5 erwähnten Bereiche,

3. Wer in einer der in Artikel 444 des Strafgesetzbuches erwähnten Situationen zur Diskriminierung oder Segregation gegenüber einer Gruppe, einer Gemeinschaft oder ihren Mitgliedern wegen eines der geschützten Merkmale anstiftet, und dies selbst außerhalb der in Artikel 5 erwähnten Bereiche,

4. Wer in einer der in Artikel 444 des Strafgesetzbuches erwähnten Situationen zu Hass oder Gewalt gegenüber einer Gruppe, einer Gemeinschaft oder ihren Mitgliedern wegen eines der geschützten Merkmale anstiftet, und dies selbst außerhalb der in Artikel 5 erwähnten Bereiche.

Art. 26 Gesetz zur Bekämpfung bestimmter Formen von Diskriminierung zwischen Frauen und Männern[471]

Für die Anwendung des vorliegenden Titels versteht man unter Diskriminierung jede Form von beabsichtigter unmittelbarer Diskriminierung, beabsichtigter mittelbarer Diskriminierung, Anweisung zur Diskriminierung, Belästigung oder sexueller Belästigung aufgrund des Geschlechts.

Das Gesetz zur Bekämpfung von Sexismus an öffentlichen Orten (2014) versteht «Sexismus» als «[…] öffentliche Gesten oder Handlungen, die offensichtlich dem Zweck dienen, gegenüber einer Person wegen ihres Geschlechts Verachtung zum Ausdruck zu bringen, oder aus dem gleichen Grund eine Person als minderwertig zu betrachten oder eine Person auf ihr Geschlecht zu reduzieren, und die eine schwere Verletzung der Würde dieser Person darstellen».

Bulgarien

Art. 146 Strafgesetzbuch

(1) Wer etwas Erniedrigendes über die Ehre oder die Würde im Beisein einer Person sagt oder tut, wird mit Geldstrafe von eintausend bis zu dreitausend Lewa bestraft. In diesem Fall kann das Gericht ebenso eine öffentliche Rüge als Strafe verhängen.

(2) Falls der Beleidigte sofort mit einer Beleidigung erwidert hat, kann das Gericht beide von einer Strafe befreien.

Art. 162 Strafgesetzbuch

(1) Wer mittels Worten, Schrift oder anderer Mittel für Masseninformation, mittels elektronischer Informationssysteme oder anderer Hilfsmittel Diskriminierung, Gewalt oder Hass, basierend auf Rassen-, Nationalitäts- oder ethnischer Zugehörigkeit, predigt oder dazu aufstachelt, wird mit Freiheitsstrafe von einem Jahr bis zu vier Jahren und Geldstrafe von fünf- bis zu zehntausend Lewa sowie mit einer öffentlichen Rüge bestraft.

(3) Wer eine Organisation oder Gruppe gründet oder führt, die sich das Begehen von Handlungen nach Absatz 1 und 2 zum Ziel setzt oder das Begehen solcher Handlungen zulässt, wird mit Freiheitsstrafe von einem Jahr bis zu sechs Jahren und Geldstrafe von zehn- bis zu dreißigtausend Lewa sowie mit einer öffentlichen Rüge bestraft.

(4) Wer Mitglied einer solchen Organisation oder Gruppe ist, wird mit Freiheitsstrafe bis zu drei Jahren und mit einer öffentlichen Rüge bestraft.

Art. 164 Strafgesetzbuch

(1) Wer Diskriminierung, Gewalt oder Hass auf religiöser Basis mittels Worten, Schrift oder anderer Mittel für Masseninformation, mittels elektronischer Informationssysteme oder anderer Hilfsmittel predigt oder dazu aufstachelt, wird mit Freiheitsstrafe bis zu vier Jahren oder auf Bewährung sowie mit Geldstrafe von fünf- bis zehntausend Lewa bestraft.

(2) Wer einen religiösen Tempel, ein Gebetshaus, ein Heiligtum oder dazugehöriges Gebäude, ihre Symbole oder Grabsteine entweiht, vernichtet oder beschädigt, wird mit Freiheitsstrafe bis zu drei Jahren oder auf Bewährung sowie mit einer Geldstrafe von drei- bis zehntausend Lewa bestraft.

Art. 166 Strafgesetzbuch

Wer eine politische Organisation auf religiöser Basis gründet oder wer mittels Worten, Schrift, durch Handlungen oder auf andere Weise die Kirche oder die Religion für Propaganda gegen das Staatsorgan oder seine Tätigkeiten benutzt, wird mit Freiheitsstrafe bis zu drei Jahren bestraft, falls er nicht einer schwereren Strafe unterliegt.

Dänemark

§ 110 e Strafgesetzbuch

Mit Geldstrafe oder mit Freiheitsstrafe bis zu 2 Jahren wird bestraft, wer öffentlich eine fremde Nation, einen fremden Staat oder deren oder dessen Flagge oder ein sonstiges allgemein anerkanntes Nationalsymbol oder die Flagge der Vereinten Nationen oder des Europäischen Rates verhöhnt.

§ 266 b Strafgesetzbuch

Wer öffentlich oder mit dem Vorsatz der Verbreitung in einem weiteren Kreis eine Äußerung macht oder eine sonstige Aussage trifft, durch welche eine Gruppe von Personen wegen ihrer Rasse oder Hautfarbe, ihrer nationalen oder ethnischen Herkunft, ihres Glaubens oder ihrer sexuellen Ausrichtung bedroht, verhöhnt oder herabgewürdigt wird, wird mit Geldstrafe oder Freiheitsstrafe bis zu 2 Jahren bestraft.

Abs. 2. Bei der Strafzumessung ist als besonders erschwerender Umstand zu berücksichtigen, inwieweit die Straftat den Charakter einer Propagandatätigkeit hat.

Deutschland

§ 130 Strafgesetzbuch

(1) Wer in einer Weise, die geeignet ist, den öffentlichen Frieden zu stören,

1. gegen eine nationale, rassische, religiöse oder durch ihre ethnische Herkunft bestimmte Gruppe, gegen Teile der Bevölkerung oder gegen einen Einzelnen wegen seiner Zugehörigkeit zu einer vorbezeichneten Gruppe oder zu einem Teil der Bevölkerung zum Hass aufstachelt, zu Gewalt- oder Willkürmaßnahmen auffordert oder

2. die Menschenwürde anderer dadurch angreift, dass er eine vorbezeichnete Gruppe, Teile der Bevölkerung oder einen Einzelnen wegen seiner Zugehörigkeit zu einer vorbezeichneten Gruppe oder zu einem Teil der Bevölkerung beschimpft, böswillig verächtlich macht oder verleumdet,

wird mit Freiheitsstrafe von drei Monaten bis zu fünf Jahren bestraft.

(2) Mit Freiheitsstrafe bis zu drei Jahren oder mit Geldstrafe wird bestraft, wer

1. eine Schrift (§ 11 Absatz 3) verbreitet oder der Öffentlichkeit zugänglich macht oder einer Person unter achtzehn Jahren eine Schrift (§ 11 Absatz 3) anbietet, überlässt oder zugänglich macht, die

   a) zum Hass gegen eine in Absatz 1 Nummer 1 bezeichnete Gruppe, gegen Teile der Bevölkerung oder gegen einen Einzelnen wegen seiner Zugehörigkeit zu einer in Absatz 1 Nummer 1 bezeichneten Gruppe oder zu einem Teil der Bevölkerung aufstachelt,

   b) zu Gewalt- oder Willkürmaßnahmen gegen in Buchstabe a genannte Personen oder Personenmehrheiten auffordert oder

   c) die Menschenwürde von in Buchstabe a genannten Personen oder Personenmehrheiten dadurch angreift, dass diese beschimpft, böswillig verächtlich gemacht oder verleumdet werden,

2. einen in Nummer 1 Buchstabe a bis c bezeichneten Inhalt mittels Rundfunk oder Telemedien einer Person unter achtzehn Jahren oder der Öffentlichkeit zugänglich macht oder

3. eine Schrift (§ 11 Absatz 3) des in Nummer 1 Buchstabe a bis c bezeichneten Inhalts herstellt, bezieht, liefert, vorrätig hält, anbietet, bewirbt oder es unternimmt, diese Schrift ein- oder auszuführen, um sie oder aus ihr gewonnene Stücke im Sinne der Nummer 1 oder Nummer 2 zu verwenden oder einer anderen Person eine solche Verwendung zu ermöglichen.

§ 166 Strafgesetzbuch

(1) Wer öffentlich oder durch Verbreiten von Schriften (§ 11 Abs. 3) den Inhalt des religiösen oder weltanschaulichen Bekenntnisses anderer in einer Weise beschimpft, die geeignet ist, den öffentlichen Frieden zu stören, wird mit Freiheitsstrafe bis zu drei Jahren oder mit Geldstrafe bestraft.

(2) Ebenso wird bestraft, wer öffentlich oder durch Verbreiten von Schriften (§ 11 Abs. 3) eine im Inland bestehende Kirche oder andere Religionsgesellschaft oder Weltanschauungsvereinigung, ihre Einrichtungen oder Gebräuche in einer Weise beschimpft, die geeignet ist, den öffentlichen Frieden zu stören.

§ 185 Strafgesetzbuch

Die Beleidigung wird mit Freiheitsstrafe bis zu einem Jahr oder mit Geldstrafe und, wenn die Beleidigung mittels einer Tätlichkeit begangen wird, mit Freiheitsstrafe bis zu zwei Jahren oder mit Geldstrafe bestraft.

§ 192 Strafgesetzbuch

Der Beweis der Wahrheit der behaupteten oder verbreiteten Tatsache schließt die Bestrafung nach § 185 nicht aus, wenn das Vorhandensein einer Beleidigung aus der Form der Behauptung oder Verbreitung oder aus den Umständen, unter welchen sie geschah, hervorgeht.

Estland

Verfassung, Artikel 12(2)

Die Aufwiegelung zu nationalem, rassischem, religiösem oder politischem Hass, zur Bedrohung mit Gewalt oder Diskriminierung sind gesetzlich verboten und strafbar. Ebenso wie die Aufwiegelung zum Hass, zur Gewalt und Diskriminierung zwischen gesellschaftlichen Schichten gesetzlich verboten und strafbar ist.

§ 151 Strafgesetzbuch Aufstachelung zum Hass

(1) Handlungen, die öffentlich zu Hass, Gewalt oder Diskriminierung aufgrund von Nationalität, Rasse, Hautfarbe, Geschlecht, Sprache, Herkunft, Religion, sexueller Ausrichtung, politischer Überzeugung, sozialer Stellung oder finanzieller Verhältnisse anregen und wodurch eine Bedrohung gegen Leben, Gesundheit oder Eigentum entsteht – werden mit einer Geldbuße bis zu dreihundert Bußgeldsätzen oder einer Haftstrafe geahndet.

Finnland

Das finnische Strafgesetzbuch stammt aus dem Jahr 1889, die zitierten Paragraphen enthalten jeweils Datum und Gesetzesnummer der entsprechenden Formulierung.

Kapitel 11 (11.4.2008/212), § 10 (13.5.2011/511) Strafgesetzbuch, Hetze gegen eine Bevölkerungsgruppe

Wer Informationen, Meinungen oder sonstige Nachrichten der Öffentlichkeit zugänglich macht beziehungsweise in der Öffentlichkeit verbreitet oder bereithält, in denen eine Gruppe aufgrund von Rasse, Hautfarbe, Abstammung, nationaler oder ethnischer Herkunft, Religion oder Überzeugung, sexueller Orientierung oder Behinderung beziehungsweise auf einer sonstigen vergleichbaren Grundlage bedroht, verleumdet oder beleidigt wird, ist *wegen Hetze gegen eine Bevölkerungsgruppe* zu einer Geldstrafe oder zu einer Freiheitsstrafe von maximal zwei Jahren zu verurteilen.

Kapitel 17 (24.7.1998/563), § 10 (24.7.1998/563) Strafgesetzbuch, Vergehen gegen die Religionsausübung

Wer

1) öffentlich Gotteslästerung betreibt beziehungsweise in beleidigender Absicht öffentlich verleumdet oder verspottet, was für eine Kirche oder Religionsgemeinschaft im Sinne des Gesetzes über die Religionsfreiheit (267/1922) heilig ist, oder
2) durch Lärmen, sein bedrohliches Verhalten oder auf andere Weise einen Gottesdienst, eine kirchliche oder sonstige religiöse Handlung oder eine Bestattung stört,

ist *wegen* Vergehens *gegen die Religionsausübung* zu einer Geldstrafe oder zu einer Freiheitsstrafe von maximal sechs Monaten zu verurteilen.

Kapitel 24 (9.6.2000/531), § 9 (13.12.2013/879) Strafgesetzbuch, Beleidigung

Wer

1) bezüglich einer anderen Person falsche Informationen gibt oder falsche Anspielungen macht, so dass der beleidigten Person dadurch Schaden oder Leid zugefügt wird oder Geringschätzung entgegengebracht wird, oder
2) eine andere Person auf andere als unter 1) genannte Weise diffamiert,

ist *wegen Beleidigung* zu einer Geldstrafe zu verurteilen.

Frankreich

Strafgesetzbuch Art. R624–3[472]

Die nichtöffentliche Verleumdung einer Person oder einer Personengruppe aufgrund ihrer Herkunft oder ihrer tatsächlichen oder vermeintlichen Zugehörigkeit oder Nichtzugehörigkeit zu einer bestimmten Volksgruppe, Nation, Rasse oder Religion wird mit der für Übertretungen der vierten Gruppe vorgesehenen Geldstrafe bestraft.

Strafgesetzbuch Art. 624–4:

selber Wortlaut für «nichtöffentliche Beleidigung»

Strafgesetzbuch Art. R625–7:

selber Wortlaut für «nichtöffentliche Anstiftung zu Diskriminierung, Hass oder Gewalt gegen eine Person oder eine Personengruppe»

Gesetz über die Pressefreiheit, 29. Juli 1881

Artikel 23 (Geändert durch Gesetz Nr. 2004–575 vom 21. Juni 2004, art. 2 JORF 22 juin 2004)

Als Komplizen einer Handlung, die als Verbrechen oder Delikt qualifiziert wird, werden jene bestraft, die durch ihre Rede, Rufe oder Drohungen, an öffentlichen Orten oder bei öffentlichen Versammlungen von sich gegeben, sei es durch Schriften oder Druckschriften, Zeichnungen, Gravuren, Gemälde, Embleme, Bilder oder irgendeinen anderen Datenträger von Schrift, Wort oder Bild, die an öffentlichen Orten oder bei öffentlichen Versammlungen verkauft oder verbreitet, zum Verkauf angeboten oder ausgestellt werden, durch Plakate oder Schilder, die der Öffentlichkeit sichtbar sind, sei es durch jegliches Kommunikationsmittel für die Öffentlichkeit auf elektronischem Wege, den Verursacher oder die Verursacher direkt dazu provozieren, die genannte Handlung zu vollziehen, wenn die Provokation eine Folgewirkung hatte.

Diese Verfügung findet ebenfalls Anwendung, wenn der Provokation lediglich der Versuch, ein Verbrechen zu begehen, folgte, gemäß Art. 2 Strafgesetzbuch.

Artikel 24 (Geändert durch Gesetz Nr. 2017–86 vom 27. Januar 2017 – art. 170; Geändert durch Gesetz Nr. 2017–86 vom 27. Januar 2017 – art. 173)

Jene, die durch eines der in Artikel 23 genannten Mittel Diskriminierung, Hass oder Gewalt provozieren, im Hinblick auf eine Person oder eine Gruppe von Personen aufgrund ihrer Herkunft oder ihrer Zugehörigkeit oder Nicht-Zugehörigkeit zu einer bestimmten Ethnie, einer Nation, einer Rasse oder Religion, werden mit Gefängnis und Geldstrafe von 45.000 Euro bestraft, oder lediglich mit einer der beiden Strafen.

Mit der im vorigen Absatz genannten Strafe werden diejenigen bestraft, die durch dieselben Mittel zu Hass oder Gewalt provozieren, im Hinblick auf eine Person oder Gruppe von Personen, aufgrund von deren

Geschlecht, sexueller Orientierung oder Genderidentität oder ihrer Behinderung, oder die im Hinblick auf dieselben Personen zu Diskriminierungen provozieren, die in den Artikeln 225–2 und 432–7 des Strafgesetzbuches genannt werden.

Artikel 29 (Geändert durch Erlass vom 06. Mai 1944 – art. 4)

Jegliche kränkende Äußerung, geringschätzende Begriffe oder Beschimpfungen, die nicht auf irgendeine Tatsache zurückzuführen sind, stellen eine Beleidigung dar.

Artikel 32 (Geändert durch Gesetz Nr. 2017–86 vom 27. Januar 2017 – art. 170)

Die begangene Diffamierung gegenüber Privatpersonen durch eines der in Artikel 23 genannten Mittel wird mit Geldstrafe von 12.000 Euro bestraft.

Die durch dieselben Mittel begangene Diffamierung gegenüber einer Person oder einer Gruppe von Personen aufgrund ihrer Herkunft oder Zugehörigkeit oder Nichtzugehörigkeit zu einer bestimmten Ethnie, Nation, Rasse oder Religion wird mit einem Jahr Gefängnis und 45.000 Euro Geldstrafe oder mit nur einer der beiden Strafen bestraft.

Griechenland

Auszüge aus dem Strafgesetzbuch

Artikel 192, Aufstachelung zu Gewalt

Wer öffentlich auf irgendeine Weise die Bevölkerung zu Gewalttaten auffordert oder sie zum Hass aufstachelt und somit den öffentlichen Frieden stört, wird mit Freiheitsstrafe bis zu zwei Jahren bestraft, wenn diese Straftat gemäß einer anderen Rechtsvorschrift nicht mit einer höheren Strafe geahndet wird.

Artikel 196, Missbrauch eines religiösen Amtes

Der Religionsamtsträger, der bei der Ausübung seines Amtes oder öffentlich und mit seiner Funktion die Bevölkerung zu Feindseligkeit gegenüber der staatlichen Gewalt oder anderen Bürgern auffordert oder dazu aufstachelt, wird mit Freiheitsstrafe bis zu drei Jahren bestraft.

Artikel 198, Böswillige Gotteslästerung

1. Mit Freiheitsstrafe bis zu zwei Jahren wird bestraft, wer in irgendeiner Weise öffentlich und böswillig gegen Gott lästert.
2. Wer sich außer im § 1 beschriebenen Fall durch Lästerung bzw. Respektlosigkeit gegenüber religiösen Bekenntnissen äußert, wird mit Freiheitsstrafe bis zu drei Monaten bestraft.

Artikel 199, Verunglimpfung von Religionsbekenntnissen

Wer auf irgendeine Weise öffentlich und böswillig die östlich-orthodoxe Kirche oder eine andere in Griechenland zulässige Religion verunglimpft, wird mit Freiheitsstrafe bis zu zwei Jahren bestraft.

DER PRÄSIDENT DER HELLENISCHEN REPUBLIK

Wir verkünden das folgende vom Parlament verabschiedete Gesetz: Artikel 1 Der Artikel 1 des Gesetzes 927/1979 wird wie folgt ersetzt:

Artikel 1 Öffentliche Aufstachelung zu Gewalt und Hass

1. Wer absichtlich, öffentlich, mündlich oder durch Verbreiten von Schriften, mittels Internet oder durch jegliches andere Mittel oder in irgendeiner Weise zu Taten oder Handlungen, welche Diskriminierungen, Hass oder Gewalt gegen eine Person oder eine Personengruppe, die sich aufgrund ihrer Rasse, Hautfarbe, ihres Religionsbekenntnisses, ihrer Erbanlagen, ethnischen oder nationalen Herkunft, sexuellen Orientierung, geschlechtlicher Identität oder Behinderung bezeichnen oder hervorrufen können, dazu anstiftet, auffordert, aufstachelt oder ermuntert, in einer Weise, die geeignet ist, eine Gefahr für die öffentliche Ordnung, das Leben, die Freiheit oder die körperliche Integrität der obigen Personen darzustellen, wird mit Freiheitsstrafe von drei (3) Monaten bis zu drei (3) Jahren oder mit Geldstrafe von fünf- bis zu zwanzigtausend (5.000–20.000) Euro bestraft.

GESETZ NR. 3304/2005 – AMTSBLATT DER REGIERUNG: 16/A (27/01/2005)

Anwendung des Gleichbehandlungsgrundsatzes unabhängig von der rassischen oder der ethnischen Herkunft, den religiösen oder anderen

Bekenntnissen, einer Behinderung, dem Alter oder der sexuellen Orientierung.

Artikel 16 Strafen

1. Wer beim Verkauf von Gütern oder bei der öffentlichen Dienstleistung gegen das gemäß dem vorliegenden Gesetz formulierte Diskriminierungsverbot wegen der ethnischen oder rassischen Herkunft oder der religiösen oder anderen Bekenntnisse, einer Behinderung, des Alters oder der sexuellen Orientierung verstößt, wird mit Freiheitsstraße von sechs (6) Monaten bis zu drei (3) Jahren sowie Geldstrafe von eintausend (1.000) bis zu fünftausend (5.000) Euro bestraft.

Irland

Paragraf 2 Gesetz zum Verbot von Aufstachelung zum Hass 1989

(1) Es stellt die Kränkung einer Person dar,

    (a) schriftliches Material zu veröffentlichen oder zu verteilen,

    (b) Worte zu verwenden, sich entsprechend zu verhalten oder schriftliches Material zu zeigen

        (i) An irgendeinem Ort außer einer privaten Wohnung oder

        (ii) Innerhalb einer Privatwohnung, so dass die Worte, das Verhalten oder Material von Personen außerhalb der Privatwohnung gehört oder gesehen werden können, oder

    (c) Aufnahmen von visuellen Bildern oder Tönen zu verbreiten, zu zeigen oder abzuspielen,

wenn das schriftliche Material, die Worte, das Verhalten, visuelle Bilder oder Töne entsprechend drohend, beleidigend oder beschimpfend sind und die Absicht haben, unter Berücksichtigung aller Umstände, zu Hass aufzustacheln, oder wahrscheinlich zu Hass aufstacheln.

(2)

    (a) Wenn der in einem Verfahren gemäß Paragraf (1) angeklagten Person nicht nachgewiesen wird, dass sie das Aufstacheln zum Hass beabsichtigt hat, kann sie zur Verteidigung den Beweis erbringen, dass sie sich des Inhalts des betreffenden Materials oder der betreffenden Aufnahme nicht bewusst war und nicht vermutete und keinen Grund für die Vermutung hatte, dass das Material oder die Aufnahme drohend, beleidigend oder beschimpfend war.

(b) In Verfahren gemäß Paragraf 1 (b) kann die Person zur Verteidigung

(i) beweisen, dass sie sich zur fraglichen Zeit in einer Privatwohnung befand und keinen Grund hatte zu glauben, dass die betreffenden Worte, das betreffende Verhalten oder Material von einer Person außerhalb der Wohnung gehört oder gesehen werden konnte, oder,

(ii) wenn ihr nicht nachgewiesen wird, dass sie beabsichtigt hat, zum Hass aufzustacheln, beweisen, dass sie es nicht beabsichtigt hat und sich dessen nicht bewusst war, dass die betreffenden Worte, das betreffende Verhalten oder Material drohend, beleidigend oder beschimpfend waren.

Absatz 36, Gesetz über Diffamierung 2009

(1) Eine Person, die blasphemische Inhalte veröffentlicht oder äußert, macht sich der Verunglimpfung schuldig und muss bei Verurteilung eine Geldstrafe nicht über 25.000 Euro zahlen.

(2) Im Sinne dieses Absatzes veröffentlicht oder äußert eine Person blasphemische Inhalte, wenn

(a) er oder sie Inhalte veröffentlicht oder äußert, die in Bezug auf Inhalte, die von irgendeiner Religion für heilig gehalten werden, grob beleidigend oder beschimpfend sind, wodurch bei einer substantiellen Anzahl von Anhängern dieser Religion Empörung verursacht wird, und

(b) er oder sie durch die Veröffentlichung oder Äußerung der betreffenden Inhalte eine solche Empörung beabsichtigt.

(3) In den Verfahren bezüglich einer Straftat gemäß diesem Absatz kann der Angeklagte beweisen, dass eine vernunftgemäße Person einen authentischen literarischen, künstlerischen, politischen, wissenschaftlichen oder akademischen Sachverhalt bezüglich der Angelegenheit findet, auf die sich die Straftat bezieht.

(4) In diesem Absatz beinhaltet «Religion» keine Organisation und keinen Kultus,

(a) deren/dessen Hauptziel die Gewinnerzielung ist, oder

(b) der/die repressive psychologische Manipulation verwendet, und zwar

(i) in Bezug auf die Anhänger oder

(ii) in Bezug auf die Gewinnung neuer Anhänger.

Italien

Strafgesetzbuch Art. 595 Verleumdung

Wer [...] in der Kommunikation mit mehreren Personen den Ruf einer anderen Person schädigt, wird mit Freiheitsentzug von bis zu einem Jahr oder einem Bußgeld von bis zu 1.032 Euro bestraft.

Besteht die Rufschädigung in der Zuschreibung einer bestimmten Tatsache, beträgt die Strafe bis zu 2 Jahre Freiheitsentzug oder ein Bußgeld von bis zu 2.065 Euro.

Erfolgt die Rufschädigung mittels der Presse oder einem anderen Mittel der Bekanntmachung oder in einer öffentlichen Urkunde, besteht die Strafe in einem Freiheitsentzug von 6 Monaten bis zu 3 Jahren oder in einem Bußgeld von nicht weniger als 516 Euro.

Erfolgt die Rufschädigung gegenüber einem politischen, administrativen oder gerichtlichen Organ, einer Vertretung desselben oder einer als Kollegium versammelten Autorität, erhöhen sich die Strafen.

Strafgesetzbuch Art. 604 bis (ehem. Art. 3 des Gesetzes L. 654/75)

1. Vorbehaltlich den Fall, dass der Sachverhalt eine schwerere Straftat darstellt, wird auch für die Zwecke der Umsetzung der Bestimmung von Art. 4 der Konvention bestraft:

   a) mit Freiheitsentzug bis zu einem Jahr und sechs Monaten oder einem Bußgeld von bis zu 6.000 Euro, wer Ideen propagiert, die auf Überlegenheit oder ethnischem oder Rassenhass beruhen, wer mithin zu Diskriminierungshandlungen aus rassischen, ethnischen, nationalen oder religiösen Gründen aufruft oder diese selbst begeht,

   b) mit Freiheitsentzug von 6 Monaten bis zu 4 Jahren, wer auf jegliche Weise aus rassischen, ethnischen, nationalen oder religiösen Gründen zu Gewalt oder zu Handlungen der Provokation von Gewalt aufruft oder diese selbst begeht.

2. Verboten sind alle Organisationen, Vereinigungen, Bewegungen oder Gruppierungen, zu deren Zielen die Aufhetzung zu Diskriminierung oder Gewalt aus rassischen, ethnischen, nationalen oder religiösen Gründen zählt. Wer sich an derartigen Organisationen, Vereinigungen, Bewegungen oder Gruppierungen beteiligt oder deren Tätigkeit unterstützt, wird allein aufgrund des Sachverhalts der Beteiligung oder Unterstützung mit Freiheitszug von 6 Monaten bis zu 4 Jahren bestraft. Wer diese Organisationen, Vereinigungen, Bewegungen oder Gruppierungen fördert oder leitet, wird allein wegen dieser Umstände mit Freiheitsentzug von 1 bis zu 6 Jahren bestraft.

Kroatien

Art. 39 Verfassung

Verboten und strafbar ist jede Anstiftung und Aufwiegelung zum Krieg oder zur Gewaltanwendung sowie zu National-, Rassen- oder Religionshass oder jede andere Form von Intoleranz.

Artikel 147 Strafgesetzbuch, Beleidigung

(1) Wer einen anderen beleidigt, wird mit einer Geldstrafe von bis zu 90 Tagessätzen bestraft.

(2) Wer eine Handlung des in Absatz 1. dieses Artikels bezeichneten Inhalts mittels Schrift, Rundfunk, Fernsehen, Computersystemen oder -netz, bei einer öffentlichen Versammlung oder auf eine andere Weise begeht, wodurch die Beleidigung einer größeren Anzahl von Personen zugänglich gemacht wird, wird mit Geldstrafe von bis zu 180 Tagessätzen bestraft.

Artikel 148 Strafgesetzbuch, Schwere Verunglimpfung

(1) Wer in Anwesenheit eines anderen eine Tatsachenbehauptung, die seiner Ehre und seinem Ruf schaden kann, kundtut und verbreitet, wird mit Geldstrafe von bis zu 180 Tagessätzen bestraft.

(2) Wer eine Handlung des in Absatz 1. dieses Artikels bezeichneten Inhalts mittels Schrift, Rundfunk, Fernsehen, Computersystemen oder -netz, bei einer öffentlichen Versammlung oder auf eine andere Weise begeht, wodurch dies einer größeren Anzahl von Personen zu-

gänglich gemacht wird, wird mit Geldstrafe von bis zu 360 Tagessätzen bestraft.

Artikel 325 Strafgesetzbuch, Öffentliche Anstachelung zu Gewalt und Hass

(1) Wer mittels Schrift, Rundfunk, Fernsehen, Computersystemen oder -netz, bei einer öffentlichen Versammlung oder auf eine andere Weise, durch Flugblätter, Fotografien oder andere Materialien, die zur Gewalt oder zum Hass gegen eine Gruppe oder einen Angehörigen einer Gruppe wegen seiner Rasse, seines Glaubens, der nationalen oder ethnischen Zugehörigkeit, der Herkunft, der Hautfarbe, des Geschlechts, der Geschlechtsselbstbestimmung, der Geschlechtsidentität, Invalidität oder wegen anderer Eigenschaften auffordern, öffentlich verbreitet oder der Öffentlichkeit zugänglich macht, wird mit Freiheitsstrafe bis zu drei Jahren bestraft.

(2) Wer eine Gruppe von drei und mehr Personen zum Zwecke des Begehens von Handlungen des in Absatz 1. dieses Artikels bezeichneten Inhalts gründet oder führt, wird mit Freiheitsstrafe von sechs Monaten bis zu fünf Jahren bestraft.

(3) Wer einer Vereinigung des in Absatz 2 dieses Artikels bezeichneten Inhalts angehört, wird mit Freiheitsstrafe bis zu einem Jahr bestraft.

Lettland

Auszüge aus dem Strafgesetzbuch:

Artikel 78. Anstiftung zu nationalem, ethnischem und rassistischem Hass

(1) Aktivitäten, die darauf abzielen, nationalen, ethnischen, rassistischen oder religiösen Hass oder Zwietracht hervorrufen, werden mit einer Freiheitsstrafe von bis zu drei Jahren oder einer kurzen Freiheitsstrafe oder Zwangsarbeit oder Geldstrafe geahndet.

Artikel 150. Anstiftung zu sozialem Hass und Zwietracht

(1) Aktivitäten, die darauf abzielen, aufgrund von Geschlecht, Alter, Behinderung oder jeglichen anderen Merkmalen, die erheblichen Schaden verursachen, Hass oder Zwietracht hervorzurufen, wer-

den mit einer Freiheitsstrafe bis zu einem Jahr, mit einer kurzen Freiheitsstrafe, mit Zwangsarbeit oder mit einer Geldstrafe geahndet.

(2) Eine Straftat nach Absatz eins dieses Artikels wird, wenn sie von einem Beamten oder einer verantwortlichen Person oder einer Personengruppe eines Unternehmens (Unternehmensgesellschaft) begangen wurde oder wenn sie mittels eines automatisierten Datenverarbeitungssystems begangen wurde, mit einer Freiheitsstrafe von bis zu drei Jahren oder einer kurzen Freiheitsstrafe oder Zwangsarbeit oder Geldstrafe geahndet.

(3) Aktivitäten nach Absatz eins dieses Artikels, wenn sie mit Gewalt oder Drohungen verbunden sind, oder eine Straftat nach Absatz eins dieses Artikels, wenn sie von einer organisierten Gruppe begangen wurde, werden mit einer Freiheitsstrafe von bis zu vier Jahren oder einer kurzen Freiheitsstrafe oder Zwangsarbeit oder Geldstrafe geahndet.

Artikel 157. Verleumdung

(1) Absichtliche Verbreitung absichtlich falscher, anderweitig beschämender Fiktion in gedruckter oder auf andere Weise vervielfältigter Form sowie mündlich, wenn dies öffentlich geschieht (Verleumdung), wird mit Zwangsarbeit oder einer Geldstrafe geahndet.

(2) Verleumdung in den Medien wird mit einer kurzen Freiheitsstrafe oder Zwangsarbeit oder Geldstrafe geahndet.

Litauen

Artikel 169 Strafgesetzbuch, Diskriminierung aus Gründen der Staatsangehörigkeit, der Rasse, des Geschlechts, der Herkunft, der Religion oder einer anderen Gruppenzugehörigkeit

Wer Handlungen unternommen hat mit dem Ziel, einer Gruppe oder einer ihr angehörenden Person aufgrund ihres Alters, Geschlechts, ihrer sexuellen Ausrichtung, Behinderung, Rasse, Nationalität, Sprache, Herkunft, sozialen Stellung, ihres Glaubens, ihrer Weltanschauung oder Ansichten die gleichberechtigte Teilnahme mit anderen an politischen, wirtschaftlichen, sozialen, kulturellen, beruflichen oder anderen Aktivitäten zu verweigern oder die Rechte und Freiheiten einer solchen Menschengruppe oder einer ihr angehörenden Person einzuschränken, wird mit gemeinnütziger Arbeit oder Geldbuße oder Freiheitsbeschränkung oder Gewahrsam oder einer Freiheitsstrafe von bis zu drei Jahren bestraft.

Artikel 170 Strafgesetzbuch, Aufstachelung gegen eine Gruppe von Menschen beliebiger Nation, Rasse, ethnischer Zugehörigkeit, Religion oder eine anderweitige Menschengruppe

1. Wer zum Zweck der Verbreitung Dinge hergestellt, erworben, versendet, befördert, aufbewahrt hat, in denen eine Menschengruppe oder eine ihr angehörende Person aufgrund ihres Alters, Geschlechts, ihrer sexuellen Ausrichtung, Behinderung, Rasse, Nationalität, Sprache, Herkunft, ihres sozialen Status, Glaubens, ihrer Überzeugungen oder Ansichten verhöhnt, diskreditiert werden soll oder mit denen die Diskriminierung dieser Menschengruppe angestachelt oder zur Gewalt gegen, körperlichen Auseinandersetzung mit einer solchen Menschengruppe oder den ihr angehörenden Personen aufgerufen wird, oder wer derartige Dinge verbreitet hat,

wird mit Bußgeld oder Freiheitsbeschränkung oder Gewahrsam oder Freiheitsentzug von bis zu einem Jahr bestraft.

2. Wer eine Menschengruppe oder eine ihr angehörende Person öffentlich verspottet, verachtet, zu Hass oder Diskriminierung dieser Menschengruppe aufgrund von Alter, Geschlecht, sexueller Ausrichtung, Behinderung, Rasse, Nationalität, Sprache, Herkunft, sozialem Status, Glauben, Überzeugungen oder Ansichten angeregt hat,

wird mit Bußgeld oder Freiheitsbeschränkung oder Gewahrsam oder Freiheitsentzug von bis zu zwei Jahren bestraft.

3. Wer öffentlich zu Gewalt gegen, körperlicher Auseinandersetzung mit einer Menschengruppe oder einer ihr angehörenden Person aufgrund von Alter, Geschlecht, sexueller Ausrichtung, Behinderung, Rasse, Nationalität, Sprache, Herkunft, sozialem Status, Glauben, Weltanschauung oder Ansichten angestachelt oder diese Handlungen finanziert oder anderweitig materiell unterstützt hat,

wird mit Bußgeld oder Freiheitsbeschränkung oder Gewahrsam oder Freiheitsentzug von bis zu drei Jahren bestraft.

4. Für die in diesem Artikel vorgesehene Tat haftet auch eine juristische Person.

Luxemburg

Art. 443 Strafgesetzbuch

Wer [...] einer Person böswillig eine konkrete Tatsache zugeschrieben hat, die geeignet ist, die Ehre dieser Person zu schädigen oder sie der öffentlichen Verachtung auszusetzen, ist der Verleumdung schuldig, wenn der Beweis dafür nicht erbracht wird, in den Fällen, in denen das Gesetz einen legalen Beweis der Tatsache zulässt. Er ist der Diffamierung schuldig, wenn das Gesetz diesen Beweis nicht zulässt.[473]

Art. 457-Strafgesetzbuch

(Gesetz vom 19. Juli 1997) Mit acht Tagen bis zu zwei Jahren Gefängnis und einer Geldstrafe von 251 bis 25.000 Euro oder nur einer der beiden Strafen wird bestraft:

1) Wer, sei es durch Rede, Rufe oder Drohungen, an öffentlichen Orten oder bei öffentlichen Versammlungen von sich gegeben, sei es durch Schriften oder Druckschriften, Zeichnungen, Gravuren, Gemälde, Embleme, Bilder oder irgendeine andere schriftliche, mündliche oder bildliche Unterstützung, die an öffentlichen Orten oder bei öffentlichen Versammlungen verkauft oder verbreitet, zum Verkauf angeboten oder ausgestellt werden, durch Plakate oder Anschläge, die der Öffentlichkeit sichtbar sind, sei es durch jegliches audiovisuelles Kommunikationsmittel, zu Handlungen, die in Artikel 455[474] genannt sind, zu Hass oder Gewalt im Hinblick auf eine natürliche oder juristische Person, eine Gruppe oder Gemeinschaft aufstachelt [...];

2) Wer einer Organisation angehört, deren Ziele oder Aktivitäten darin bestehen, eine der in Paragraf 1) vorgesehenen Handlungen zu begehen;

3) wer Schriftstücke, Druckwerke, Zeichnungen, Gravuren, Malereien, Plakate, Fotografien, Kinofilme, Embleme, Bilder oder jegliche andere Datenträger für Schrift, Wort oder Bild, die von der Art sind, zu Handlungen aufzustacheln, die in Artikel 455 genannt sind, zu Hass oder Gewalt im Hinblick auf eine natürliche oder juristische Person, eine Gruppe oder Gemeinschaft aufstachelt, auf luxemburgischem Territorium druckt oder drucken lässt, herstellt, besitzt, transportiert,

importiert, exportiert, herstellen, importieren, exportieren oder transportieren lässt, in Umlauf bringt, von luxemburgischem Territorium aus versendet, auf luxemburgischem Territorium zur Post oder einem anderen professionellen Postvertrieb gibt oder durch das luxemburgische Territorium transportieren lässt. [...]

Die Konfiszierung der aufgezählten Objekte wird in jedem Fall vorgenommen.

Malta

Paragraf 82 A Strafgesetzbuch

(1) Wer irgendwelche drohenden, beleidigenden oder beschimpfenden Wörter verwendet oder solches Benehmen zeigt, oder irgendein schriftliches oder gedrucktes Material zeigt, welches drohend, beleidigend oder beschimpfend ist, oder sich anderweitig in dieser Form verhält, mit der Absicht, damit zu Gewalt oder Rassenhass aufzustacheln gegen eine andere Person oder Gruppe auf Grundlage von Gender, Genderidentität, sexueller Orientierung, Rasse, Hautfarbe, Sprache, ethnischer Herkunft, Religion oder Glaube oder politischer oder anderer Meinung, oder wodurch unter Berücksichtigung aller Umstände wahrscheinlich zu Gewalt oder Rassenhass aufgestachelt wird, wird bei Verurteilung mit einer Gefängnisstrafe von sechs bis achtzehn Monaten bestraft.

(2) Gemäß dem vorangegangenen Paragrafen bedeutet «Gewalt oder Rassenhass» Gewalt oder Hass gegen eine Gruppe von Personen in Malta, die definiert wird mit Bezug auf Gender, Genderidentität, sexuelle Orientierung, Rasse, Hautfarbe, Sprache, nationale oder ethnische Herkunft, Staatsangehörigkeit, Religion oder Glaube oder politische oder andere Meinung.

Niederlande

Strafgesetzbuch, Straftaten gegen die öffentliche Ordnung

Artikel 137c

1. Wer öffentlich, mündlich oder schriftlich oder bildlich eine Gruppe von Menschen vorsätzlich aufgrund ihrer Rasse, ihrer Religion oder ihrer Weltanschauung, ihrer heterosexuellen oder homosexuellen

Orientierung oder ihrer körperlichen, psychischen oder geistigen Behinderung beleidigt, wird mit einer Freiheitsstrafe von höchstens einem Jahr oder einer Geldstrafe der dritten Kategorie bestraft.

2. Wird die Straftat von einer Person, die daraus einen Beruf oder eine Angewohnheit macht, oder von einer Gruppe von zwei oder mehr Personen begangen, wird eine Freiheitsstrafe von höchstens zwei Jahren oder eine Geldstrafe der vierten Kategorie verhängt.

Artikel 137d

1. Wer in der Öffentlichkeit, mündlich oder schriftlich oder durch Darstellung zu Hass, Diskriminierung von Menschen anstachelt oder Gewaltakte gegen Personen oder Eigentum von Menschen aufgrund ihrer Rasse, ihrer Religion oder ihrer Weltanschauung, ihres Geschlechts, ihrer heterosexuellen oder homosexuellen Orientierung oder ihrer körperlichen, psychischen oder geistigen Behinderung verübt, wird mit einer Freiheitsstrafe von höchstens einem Jahr oder einer Geldstrafe der dritten Kategorie bestraft.

2. Wird die Straftat von einer Person, die daraus einen Beruf oder eine Angewohnheit macht, oder von einer Gruppe von zwei oder mehr Personen begangen, wird eine Freiheitsstrafe von höchstens zwei Jahren oder eine Geldstrafe der vierten Kategorie verhängt.

Artikel 137e

1. Wer außer für die Geschäftsberichterstattung:

   1°. eine Erklärung veröffentlicht, von der er weiß oder vermuten könnte, dass sie eine Gruppe von Menschen aufgrund ihrer Rasse, ihrer Religion oder ihrer Weltanschauung, ihrer heterosexuellen oder homosexuellen Orientierung oder ihrer körperlichen, psychischen oder geistigen Behinderung beleidigt, oder zu Hass oder Diskriminierung von Personen oder zu gewaltsamem Vorgehen gegen Personen oder Eigentum von Menschen aufgrund ihrer Rasse, ihrer Religion oder ihrer Weltanschauung, ihres Geschlechts, ihrer heterosexuellen oder homosexuellen Orientierung oder ihrer körperlichen, psychischen oder geistigen Behinderung anstachelt;

   2°. einen Gegenstand besitzt, in dem nach seinem Wissen oder seiner Vermutung nach eine solche Erklärung enthalten ist und er diesen Gegenstand jemandem ohne dessen Ersuchen zukommen lässt oder weiterleitet oder zwecks Veröffentlichung dieser Erklärung oder deren Verbreitung vorrätig hat;

wird mit einer Freiheitsstrafe von höchstens sechs Monaten oder einer Geldstrafe der dritten Kategorie bestraft.

2. Wird die Straftat von einer Person, die daraus einen Beruf oder eine Angewohnheit macht, oder von einer Gruppe von zwei oder mehr Personen begangen, wird eine Freiheitsstrafe von höchstens zwei Jahren oder eine Geldstrafe der vierten Kategorie verhängt.

Nordirland

Paragraf 9 Gesetz für Öffentliche Ordnung 1987 (Nr. 463 (N.I. 7))

(1) Eine Person, die drohende, beleidigende oder beschimpfende Worte verwendet oder solches Verhalten zeigt oder irgendwelches schriftliches Material zeigt, welches drohend, beleidigend oder beschimpfend ist, macht sich strafbar, wenn

(a) sie damit beabsichtigt, zu Hass aufzustacheln oder Furcht zu erregen, oder

(b) unter Berücksichtigung aller Umstände dadurch wahrscheinlich zu Hass aufgestachelt oder Furcht erregt wird.

Österreich

§ 115 Strafgesetzbuch

(1) Wer öffentlich oder vor mehreren Leuten einen anderen beschimpft, verspottet, am Körper misshandelt oder mit einer körperlichen Misshandlung bedroht, ist, wenn er deswegen nicht nach einer anderen Bestimmung mit strengerer Strafe bedroht ist, mit Freiheitsstrafe bis zu drei Monaten oder mit Geldstrafe bis zu 180 Tagessätzen zu bestrafen.

§ 117 Strafgesetzbuch

(3) Der Täter ist wegen einer im § 115 mit Strafe bedrohten Handlung mit Ermächtigung des Verletzten von der Staatsanwaltschaft zu verfolgen, wenn sich die Tat gegen den Verletzten wegen seiner Zugehörigkeit zu einer der im § 283 Abs. 1 bezeichneten Gruppen richtet und entweder in einer Misshandlung oder Bedrohung mit einer Miss-

handlung oder in einer Beschimpfung oder Verspottung besteht, die geeignet ist, den Verletzten in der öffentlichen Meinung verächtlich zu machen oder herabzusetzen.

§ 188 Strafgesetzbuch

Wer öffentlich eine Person oder eine Sache, die den Gegenstand der Verehrung einer im Inland bestehenden Kirche oder Religionsgesellschaft bildet, oder eine Glaubenslehre, einen gesetzlich zulässigen Brauch oder eine gesetzlich zulässige Einrichtung einer solchen Kirche oder Religionsgesellschaft unter Umständen herabwürdigt oder verspottet, unter denen sein Verhalten geeignet ist, berechtigtes Ärgernis zu erregen, ist mit Freiheitsstrafe bis zu sechs Monaten oder mit Geldstrafe bis zu 360 Tagessätzen zu bestrafen.

§ 283 Strafgesetzbuch

(1) Wer öffentlich auf eine Weise, dass es vielen Menschen zugänglich wird,

1. zu Gewalt gegen eine Kirche oder Religionsgesellschaft oder eine andere nach den vorhandenen oder fehlenden Kriterien der Rasse, der Hautfarbe, der Sprache, der Religion oder Weltanschauung, der Staatsangehörigkeit, der Abstammung oder nationalen oder ethnischen Herkunft, des Geschlechts, einer körperlichen oder geistigen Behinderung, des Alters oder der sexuellen Ausrichtung definierte Gruppe von Personen oder gegen ein Mitglied einer solchen Gruppe ausdrücklich wegen der Zugehörigkeit zu dieser Gruppe auffordert oder zu Hass gegen sie aufstachelt,

2. in der Absicht, die Menschenwürde anderer zu verletzen, eine der in Z 1 bezeichneten Gruppen in einer Weise beschimpft, die geeignet ist, diese Gruppe in der öffentlichen Meinung verächtlich zu machen oder herabzusetzen, oder

3. Verbrechen im Sinne der §§ 321 bis 321f sowie § 321k, die von einem inländischen oder einem internationalen Gericht rechtskräftig festgestellt wurden, billigt, leugnet, gröblich verharmlost oder rechtfertigt, wobei die Handlung gegen eine der in Z 1 bezeichneten Gruppen oder gegen ein Mitglied einer solchen Gruppe ausdrücklich wegen der Zugehörigkeit zu dieser Gruppe gerichtet ist und in einer Weise begangen wird, die geeignet ist, zu Gewalt

oder Hass gegen solch eine Gruppe oder gegen ein Mitglied einer solchen Gruppe aufzustacheln, ist mit Freiheitsstrafe bis zu zwei Jahren zu bestrafen.

(2) Wer die Tat nach Abs. 1 in einem Druckwerk, im Rundfunk oder sonst auf eine Weise begeht, wodurch die in Abs. 1 bezeichneten Handlungen einer breiten Öffentlichkeit zugänglich werden, ist mit Freiheitsstrafe bis zu drei Jahren zu bestrafen.

(3) Wer durch eine Tat nach Abs. 1 oder 2 bewirkt, dass andere Personen gegen eine in Abs. 1 Z 1 bezeichnete Gruppe oder gegen ein Mitglied einer solchen Gruppe wegen dessen Zugehörigkeit zu dieser Gruppe Gewalt ausüben, ist mit Freiheitsstrafe von sechs Monaten bis zu fünf Jahren zu bestrafen.

(4) Wer, wenn er nicht als an einer Handlung nach den Abs. 1 bis 3 Beteiligter (§ 12) mit strengerer Strafe bedroht ist, schriftliches Material, Bilder oder andere Darstellungen von Ideen oder Theorien, die Hass oder Gewalt gegen eine in Abs. 1 Z 1 bezeichnete Gruppe oder gegen ein Mitglied einer solchen Gruppe wegen dessen Zugehörigkeit zu dieser Gruppe befürworten, fördern oder dazu aufstacheln, in einem Druckwerk, im Rundfunk oder sonst auf eine Weise, wodurch diese einer breiten Öffentlichkeit zugänglich werden, in gutheißender oder rechtfertigender Weise verbreitet oder anderweitig öffentlich verfügbar macht, ist mit Freiheitsstrafe bis zu einem Jahr oder mit Geldstrafe bis zu 720 Tagessätzen zu bestrafen.

Polen

Artikel 196, Strafgesetzbuch

Wer die religiösen Gefühle anderer Personen verletzt, indem er einen Gegenstand religiöser Verehrung oder einen für die öffentliche Ausübung religiöser Riten bestimmten Ort öffentlich beschimpft, wird mit Geldstrafe, Freiheitsbeschränkung oder Freiheitsstrafe bis zu zwei Jahren bestraft.

Artikel 212, Strafgesetzbuch

§ 1. Wer einer anderen Person, einer Personengruppe, Institution, juristischen Person oder Organisationseinheit ohne Rechtspersönlichkeit ein Verhalten oder Eigenschaften nachsagt, die sie in der öffentlichen Meinung diskreditieren oder der Gefahr aussetzen können, das Vertrauen zu verlieren, das für ihre Position, ihren Beruf oder eine bestimmte Art von Tätigkeit erforderlich ist, wird mit Geldstrafe oder Freiheitsbeschränkung bestraft.

§ 2. Begeht der Täter die in § 1 genannte Handlung mittels Massenkommunikationsmitteln, wird er mit Geldstrafe, Freiheitsbeschränkung oder Freiheitsstrafe bis zu einem Jahr bestraft.

§ 3. Im Falle der Verurteilung wegen einer in § 1 oder § 2 genannten Straftat kann das Gericht eine Buße zugunsten des Geschädigten, des Polnischen Roten Kreuzes oder eines anderen vom Geschädigten bestimmten sozialen Zwecks anordnen.

§ 4. Die Verfolgung der in § 1 oder § 2 genannten Straftat erfolgt im Wege der Privatklage.

Artikel 216, Strafgesetzbuch

§ 1. Wer eine andere Person in deren Gegenwart oder auch in deren Abwesenheit öffentlich beleidigt oder in der Absicht, dass diese Person die Beleidigung wahrnimmt, wird mit Geldstrafe oder Freiheitsbeschränkung bestraft.

§ 2. Wer eine andere Person mittels Massenkommunikationsmitteln beleidigt, wird mit Geldstrafe, Freiheitsbeschränkung oder Freiheitsstrafe bis zu einem Jahr bestraft.

§ 3. Wurde die Beleidigung durch provokatives Verhalten des Geschädigten verursacht oder hat der Geschädigte die Beleidigung mit einer Beeinträchtigung der körperlichen Unversehrtheit oder einer Beleidigung erwidert, so kann das Gericht von der Verhängung einer Strafe absehen.

§ 4. Im Falle der Verurteilung wegen einer in § 2 genannten Straftat kann das Gericht eine Buße zugunsten des Geschädigten, des Polnischen Roten Kreuzes oder eines anderen vom Geschädigten bestimmten sozialen Zwecks anordnen.

§ 5. Die Verfolgung erfolgt im Wege der Privatklage.

Artikel 256, Strafgesetzbuch

§ 1. Wer öffentlich ein faschistisches oder ein anderes totalitäres Staatssystem propagiert oder aufgrund von nationalen, ethnischen, rassischen oder religiösen Unterschieden bzw. aufgrund von Konfessionslosigkeit zu Hass aufruft, wird mit Geldstrafe, Freiheitsbeschränkung oder Freiheitsstrafe bis zu zwei Jahren bestraft.

Artikel 257, Strafgesetzbuch

Wer eine Gruppe von Personen oder eine einzelne Person wegen ihrer nationalen, ethnischen, rassischen oder religiösen Zugehörigkeit bzw. wegen ihrer Konfessionslosigkeit öffentlich beleidigt oder aus solchen Gründen die körperliche Unversehrtheit einer anderen Person beeinträchtigt, wird mit Freiheitsstrafe bis zu drei Jahren bestraft.

Portugal

Auszüge aus dem Strafgesetzbuch

§ 240 Diskriminierung und Aufstachelung zu Hass und Gewalt

(1) Wer

a) eine Organisation gründet oder bildet oder organisierte propagandistische Aktivitäten durchführt, die gegen Personen oder Personengruppen aufgrund ihrer Rasse, Hautfarbe, ethnischen oder nationalen Herkunft, Abstammung, Religion, ihres Geschlechts, ihrer sexuellen Ausrichtung, ihrer Geschlechtsidentität oder aufgrund einer physischen oder psychischen Behinderung zu Diskriminierung, Hass oder Gewalt aufstacheln oder ermutigen; oder

b) an der im vorstehenden Absatz genannten Organisation oder an den vorgenannten Aktivitäten beteiligt ist,

wird mit Freiheitsstrafe von bis zu acht Jahren bestraft.

(2) Wer in der Öffentlichkeit über ein der Verbreitung dienendes Mittel, insbesondere durch die Rechtfertigung, Leugnung oder grobe Verharmlosung von Völkermord, Krieg oder Verbrechen gegen den Frieden und die Menschlichkeit,

a) Gewaltakte gegen Personen oder Personengruppen aufgrund ihrer Rasse, Hautfarbe, ethnischen oder nationalen Herkunft, Abstammung, Religion, ihres Geschlechts, ihrer sexuellen Ausrichtung, ihrer Geschlechtsidentität oder aufgrund einer physischen oder psychischen Behinderung provoziert;

b) Personen oder Personengruppen aufgrund ihrer Rasse, Hautfarbe, ethnischen oder nationalen Herkunft, Abstammung, Religion, ihres Geschlechts, ihrer sexuellen Ausrichtung, ihrer Geschlechtsidentität oder aufgrund einer physischen oder psychischen Behinderung diffamiert oder verleumdet;

c) Personen oder Personengruppen aufgrund ihrer Rasse, Hautfarbe, ethnischen oder nationalen Herkunft, Abstammung, Religion, ihres Geschlechts, ihrer sexuellen Ausrichtung, ihrer Geschlechtsidentität oder aufgrund einer physischen oder psychischen Behinderung bedroht;

[...]

wird mit einer Freiheitsstrafe von 6 Monaten bis zu 5 Jahren bestraft.

§ 251 Beschimpfung aufgrund des religiösen Glaubens

(1) Wer öffentlich andere Personen aufgrund ihres religiösen Glaubens oder ihrer religiösen Tätigkeit in einer Weise, die geeignet ist, den öffentlichen Frieden zu stören, beleidigt oder beschimpft, wird mit einer Freiheitsstrafe von bis zu einem Jahr oder mit einer Geldstrafe von bis zu 120 Tagessätzen bestraft.

(2) Ebenso wird bestraft, wer einen dem religiösen Kult oder der religiösen Verehrung dienenden Ort oder Gegenstand in einer Weise, die geeignet ist, den öffentlichen Frieden zu stören, schändet.

§ 252 Behinderung und Störung der Religionsausübung und Beleidigung der Religion

Wer

a) mithilfe von Gewalt oder Androhung von Gewalt die gesetzliche Religionsausübung behindert oder stört; oder

b) einen Akt der Religionsausübung öffentlich verunglimpft oder verhöhnt,

wird mit einer Freiheitsstrafe von bis zu einem Jahr oder einer Geldstrafe von bis zu 120 Tagessätzen bestraft.

Rumänien

Strafgesetzbuch § 369, S. 1

Mit Freiheitsstrafe zwischen 6 Monaten und 3 Jahren oder mit Geldstrafe wird jede Form der Aufhetzung der Öffentlichkeit zu Hass oder Diskriminierung gegen eine Kategorie von Personen bestraft.

Schottland

Paragraf 38 Strafgesetzbuch 2010

(1) Eine Person («A») macht sich strafbar, wenn

    (a) A sich in bedrohlicher oder beleidigender Weise verhält,

    (b) dieses Verhalten bei einer vernünftigen Person wahrscheinlich verursacht, dass sie Furcht oder Beunruhigung erleidet, und

    (c) A durch das Verhalten beabsichtigt, Furcht oder Beunruhigung zu verursachen, oder fahrlässig handelt, was die mögliche Verursachung von Furcht oder Beunruhigung angeht.

(2) Die Person, die wegen einer Straftat gemäß Absatz (1) angeklagt ist, kann zu ihrer Verteidigung beweisen, dass ihr Verhalten unter den besonderen Umständen angemessen war.

(3) Paragraf 1 wird angewandt auf

    (a) Verhalten jeglicher Art, inklusive insbesondere ausgesprochene oder anders kommunizierte Dinge, ebenso wie begangene Handlungen und

    (b) Verhalten, das aus

        (i) einer einzelnen Handlung oder

        (ii) einer fortdauernden Verhaltensweise besteht.

Schweden

Strafgesetzbuch Kap. 5 Artikel 5

Eine Straftat, auf die in §§ 1–33 Bezug genommen wird, darf ausschließlich von der geschädigten Partei zur Anklage gebracht werden. Wurde die Straftat gegen eine minderjährige Person unter 18 Jahren begangen oder bringt die geschädigte Partei die Straftat in einem anderen Fall zur Anklage, darf die Staatsanwaltschaft jedoch dann Anklage erheben, wenn dies wegen des öffentlichen Interesses für erforderlich erachtet wird und sich die Anklage auf Folgendes bezieht:

1. Verleumdung und Verleumdung in einem besonders schweren Fall,
2. Beleidigung einer anderen Person während oder wegen ihrer Amtsausübung, oder
3. Beleidigung mit Anspielung auf Rasse, Hautfarbe, nationale oder ethnische Herkunft, Glaubensbekenntnis, sexuelle Ausrichtung oder Transgenderidentität oder -ausdruck.

Wurde die Verleumdung gegen einen Verstorbenen begangen, darf die Anklage von dem hinterbliebenen Ehegatten, den Erben, Eltern oder Geschwistern des Verstorbenen und – wenn die Anklage wegen des besonderen öffentlichen Interesses für erforderlich erachtet wird – von der Staatsanwaltschaft erhoben werden.

Kapitel 16 Art. 8

(Der Straftatbestand der Volksverhetzung geht aus 16 Kap. 8 § 1 Abs. des schwedischen Strafgesetzbuches hervor. Dort heißt es:)

Wer in einer Äußerung oder in einer sonstigen, verbreiteten Aussage eine Volksgruppe oder eine andere derartige Personengruppe mit Anspielung auf deren Rasse, Hautfarbe, nationale oder ethnische Herkunft, Glaubensbekenntnis oder sexuelle Ausrichtung bedroht oder diesen gegenüber seine Missachtung zum Ausdruck bringt, wird wegen Volksverhetzung zu einer Freiheitsstrafe von höchstens zwei Jahren oder, wenn die Straftat geringfügig ist, zu einer Geldstrafe verurteilt.

Handelt es sich um eine schwere Straftat, wird wegen Volksverhetzung in einem besonders schweren Fall auf eine Freiheitsstrafe von mindestens sechs Monaten und höchstens vier Jahren erkannt. Bei der Beurteilung, ob es sich um eine schwere Straftat handelt, ist insbesondere zu berücksichtigen, ob die fragliche Aussage einen besonders bedrohlichen oder verletzenden Inhalt hatte und einem größeren Personenkreis auf eine Weise zugänglich gemacht wurde, die dazu geeignet war, erhebliche Aufmerksamkeit zu erregen.

Slowakei

§ 423 Strafgesetzbuch

(1) Wer öffentlich über

a) ein Volk, seine Sprache, eine Rasse oder ethnische Gruppe, oder

b) ein Individuum oder eine Gruppe von Personen wegen ihrer Zugehörigkeit zu einer Rasse, einem Volk, einer Nationalität, einer Hautfarbe, einer ethnischen Gruppe, der Abstammung, der Religion oder deshalb, weil diese(r) konfessionslos sind(ist),

lästert, wird mit einer Freiheitsstrafe von einem Jahr bis zu drei Jahren bestraft.

(2) Mit einer Freiheitsstrafe von zwei bis zu fünf Jahren wird ein Täter bestraft, wenn er eine im Absatz 1 genannte Tat

a) mit mindestens zwei Personen,

b) in Verbindung mit einer Fremdgewalt oder einem Fremdträger,

c) als Amtsträger,

d) unter einer Krisensituation oder

e) aus einem besonderen Motiv

begeht.

§ 424 Strafgesetzbuch

(1) Wer einem Individuum oder einer Gruppe von Personen wegen ihrer Zugehörigkeit zu einer Rasse, einem Volk, einer Nationalität, einer Hautfarbe, einer ethnischen Gruppe, wegen der Abstammung oder wegen des religiösen Bekenntnisses – wenn der Vorwand der Drohung einer der vorgenannten Gründe ist – mit dem Begehen eines Verbrechens, mit der Beschränkung der Rechte und Freiheiten droht, oder wer eine solche Beschränkung ausübt oder wer zur Beschränkung der Rechte und Freiheiten eines Volkes, einer Nationalität, einer Rasse oder einer ethnischen Gruppe anstiftet, wird mit einer Freiheitsstrafe bis zu drei Jahren bestraft.

(2) Gleichermaßen wie in Absatz 1 wird bestraft, wer sich zusammenschließt oder versammelt, um eine der in Absatz 1 genannten Taten zu begehen.

(3) Mit einer Freiheitsstrafe von zwei bis zu sechs Jahren wird der Täter bestraft, wenn er die in Absatz 1 oder 2 genannte Tat

   a) in Verbindung mit einer Fremdgewalt oder einem Fremdträger,
   b) öffentlich,
   c) aus einem besonderen Motiv,
   d) als Amtsträger,
   e) als Mitglied einer extremistischen Gruppe oder
   f) unter einer Krisensituation

begangen hat.

§ 424a Apartheid und Diskriminierung einer Gruppe von Personen

(1) Wer Apartheid oder Rassen-, ethnische, Volks-, Religions- oder Klassensegregation

oder eine andere weitgehende oder systematische Diskriminierung einer Gruppe von Personen ausübt, wird mit einer Freiheitsstrafe von vier bis zu zehn Jahren bestraft.

(2) Mit einer Freiheitsstrafe von acht bis zu fünfzehn Jahren wird ein Täter bestraft, der die im Absatz 1 genannte Tat

   a) als Mitglied einer extremistischen Gruppe begeht,
   b) und dadurch diese Gruppe von Personen einer unmenschlichen oder erniedrigenden Behandlung aussetzt,
   c) und dadurch eine solche Gruppe von Personen der Gefahr von schweren Gesundheitsschädigungen oder der Todesgefahr ausliefert oder
   d) aus einem besonderen Motiv begeht.

Slowenien

Verfassung der Republik Slowenien, Art. 63

Verbot der Anstiftung zu Diskriminierung und Unduldsamkeit, Verbot der Anstiftung zu Gewalt und Krieg. Jede Anstiftung zu nationaler, Rassen-, Glaubens- oder anderer Diskriminierung sowie jedes Schüren nationaler, Rassen-, Glaubens- oder anderer Feindschaft und Unduldsamkeit ist verfassungswidrig.

Jede Anstiftung zu Gewalt und Krieg ist verfassungswidrig.

Strafgesetzbuch Art. 297 Öffentliche Aufmunterung zur Feindschaft, Gewalt oder Intoleranz (nichtamtlicher bereinigter Wortlaut)

(1) Wer öffentlich Feindschaft, Gewalt oder Intoleranz anregt oder schürt, die auf nationaler, rassischer, religiöser oder ethnischer Zugehörigkeit, Geschlecht, Hautfarbe, Herkunft, Vermögen, Ausbildung, gesellschaftlicher Stellung, politischer oder sonstiger Überzeugung, Invalidität, geschlechtlicher Orientierung oder irgendeiner anderen persönlichen Eigenschaft fußen, und die Tat in einer Art und Weise vollbracht ist, die öffentliche Ordnung und öffentlichen Frieden gefährden könnte, oder unter Anwendung einer Drohung, einer Beschimpfung oder einer Beleidigung, wird mit einer Freiheitsstrafe bis zu zwei Jahren bestraft.

(2) Genauso wird bestraft, wer nach der Art aus dem vorhergehenden Absatz öffentlich Ideen über Höherwertigkeit einer Rasse gegenüber einer anderen verbreitet oder irgendeine Hilfe bei einer rassistischen Tätigkeit leistet oder aber Genozid, Holocaust, Verbrechen gegen die Menschlichkeit, Kriegsverbrechen, Aggression oder andere strafbare Taten gegen die Menschlichkeit, wie sie in der Rechtsordnung der Republik Slowenien verankert sind, leugnet, verharmlost, billigt, entschuldigt, verspottet oder rechtfertigt.

(3) Wenn die Tat aus den vorhergehenden Absätzen mit einer Veröffentlichung in öffentlichen Medien oder auf Internetseiten erfolgte, wird mit der Bestrafung aus dem ersten oder dem zweiten Absatz auch der verantwortliche Redakteur oder jener, der ihn vertreten hatte, bestraft, ausgenommen, wenn die Sendung «live» erfolgte und nicht verhindert werden konnte oder bei einer Veröffentlichung auf Internetseiten, die dem Benutzer Veröffentlichung von Inhalten in Echtzeit beziehungsweise ohne vorherige Aufsicht ermöglichen.

(4) Wenn die Tat aus dem ersten oder dem zweiten Absatz unter Zwang, durch übles Verhalten, Gefährdung der Sicherheit, Verächtlichmachung von ethnischen, nationalen, völkischen oder religiösen Symbolen, Beschädigung von fremden Gegenständen, Schändung von Denkmälern, Erinnerungszeichen oder Gräbern erfolgte, wird der Täter mit einer Freiheitsstrafe von bis zu drei Jahren bestraft.

(5) Wenn eine Amtsperson unter Missbrauch der Amtsstellung oder ihrer Rechte die Taten aus dem ersten oder dem zweiten Absatz verübt, wird sie mit einer Freiheitsstrafe bis zu fünf Jahren bestraft.

(6) Mittel und Mitteilungsgenstände aus dem ersten und dem zweiten Absatz dieses Artikels, aber auch Hilfsmittel, die zu deren Erzeugung, Vervielfältigung und Verbreitung geeignet sind, werden beschlagnahmt oder deren Verwendung wird auf geeignete Art und Weise verunmöglicht.

Spanien

Artikel 510 Strafgesetzbuch

(1) Mit einer Gefängnisstrafe von einem bis zu vier Jahren und einem Bußgeld von sechs bis zwölf Monaten wird bestraft:

   (a) Wer öffentlich, direkt oder indirekt, Hass, Feindseligkeit, Diskriminierung oder Gewalt gegen eine Gruppe, einen Teil dieser Gruppe oder eine bestimmte Person aufgrund ihrer Zugehörigkeit zu dieser Gruppe unterstützt, fördert oder dazu anstachelt, aufgrund von rassistischen, antisemitischen oder anderen Bezügen zu Weltanschauung, Religion oder Glaubensüberzeugung, familiärer Situation, Zugehörigkeit der Mitglieder zu einer Ethnie, Rasse oder Nation, nationaler Herkunft, Geschlecht, sexueller Orientierung oder Identität, aufgrund von Gender, Krankheit oder Behinderung.

   (b) Wer Schriftstücke oder irgendeine andere Form von Materialien oder Datenträgern produziert, herstellt oder mit der Absicht besitzt, sie zu verbreiten, dritten Personen den Zugang dazu erleichtert, sie verteilt, verbreitet oder verkauft, die aufgrund ihres Inhalts dazu geeignet sind, Hass, Feindseligkeit, Diskriminierung oder Gewalt gegen eine Gruppe, einen Teil dieser Gruppe oder eine Person aufgrund ihrer Zugehörigkeit zu dieser Gruppe zu fördern, zu unterstützen oder dazu anzustacheln, aufgrund von rassistischen, antisemitischen oder anderen Bezügen zu Weltanschauung, Religion oder Glaubensüberzeugung, familiärer Situation, Zugehörigkeit der Mitglieder zu einer Ethnie, Rasse oder Nation, nationaler Herkunft, Geschlecht, sexueller Orientierung oder Identität, aufgrund von Gender, Krankheit oder Behinderung.

   (c) Wer öffentlich die Verbrechen des Genozids, gegen die Menschlichkeit und gegen im Fall eines bewaffneten Konflikts geschützte Personen und Güter leugnet, grob verharmlost oder verherrlicht oder deren Verursacher verherrlicht, wenn die Verbrechen gegenüber einer Gruppe oder einem Teil derselben oder einer bestimmten Person aufgrund ihrer Zugehörigkeit zu dieser Gruppe begangen wurden, aufgrund von rassistischen, antisemitischen oder anderen Bezügen zu Weltanschauung, Religion oder Glaubensüberzeugung, familiärer Situation, Zugehörigkeit der Mitglieder zu einer Ethnie, Rasse oder Nation, nationaler Herkunft, Geschlecht, sexueller Orientierung oder Identität, aufgrund von Gender, Krankheit oder Behinderung, wenn auf diese Weise ein Klima der Gewalt, der Feindseligkeit, des Hasses oder der Diskriminierung gegenüber diesen erzeugt oder begünstigt wird.

(2) Mit Gefängnisstrafe von sechs Monaten bis zu zwei Jahren und Geldstrafe von sechs bis zwölf Monaten wird bestraft:

(a) Wer die Würde von Personen verletzt, mittels Handlungen, die Erniedrigung, Geringschätzung oder Verachtung gegenüber irgendeiner Gruppe, auf die sich der vorige Absatz bezieht, oder einem Teil davon oder irgendeiner bestimmten Person aufgrund ihrer Zugehörigkeit zu dieser Gruppe beinhalten, aufgrund von rassistischen, antisemitischen oder anderen Bezügen zu Weltanschauung, Religion oder Glaubensüberzeugung, familiärer Situation, Zugehörigkeit der Mitglieder zu einer Ethnie, Rasse oder Nation, nationaler Herkunft, Geschlecht, sexueller Orientierung oder Identität, aufgrund von Gender, Krankheit oder Behinderung, oder Schriftstücke oder irgendeine andere Form von Materialien oder Datenträgern produziert, herstellt oder mit der Absicht besitzt, sie zu verbreiten, dritten Personen den Zugang dazu erleichtert, sie verteilt, verbreitet oder verkauft, die aufgrund ihres Inhalts dazu geeignet sind, die Würde der Personen zu verletzen, weil sie eine schwerwiegende Erniedrigung, Geringschätzung oder Verachtung einer der genannten Gruppen, eines Teils davon oder einer bestimmten Person aufgrund ihrer Zugehörigkeit dazu darstellen.

(b) Wer durch irgendein Medium der öffentlichen Äußerung oder der Verbreitung Delikte, die gegen eine Gruppe, einen Teil davon oder eine bestimmte Person aufgrund der Zugehörigkeit zu dieser Gruppe verherrlicht oder rechtfertigt, aufgrund von rassistischen, antisemitischen Motiven oder Motiven in Bezug auf Weltanschauung, Religion oder Glaubensüberzeugung, familiärer Situation, Zugehörigkeit der Mitglieder zu einer Ethnie, Rasse oder Nation, nationaler Herkunft, Geschlecht, sexueller Orientierung oder Identität, aufgrund von Gender, Krankheit oder Behinderung, oder sich an der Durchführung beteiligt haben.

Die Handlungen werden mit einer Strafe von einem bis zu vier Jahren Gefängnis und Geldstrafe von sechs bis zwölf Monaten bestraft[475], wenn auf diese Weise ein Klima der Gewalt, der Feindseligkeit, des Hasses oder der Diskriminierung gegen die genannten Gruppen unterstützt oder gefördert wird.

Artikel 525 Strafgesetzbuch

1. Der Geldstrafe von acht bis zwölf Monaten unterliegt, wer, um die Gefühle der Mitglieder eines religiösen Bekenntnisses zu verletzen, öffentlich mündlich, schriftlich oder durch jegliche Art von Dokumenten ihre Dogmen, Glaubensüberzeugungen, Riten oder Zeremonien verhöhnt oder, ebenfalls öffentlich, diejenigen schikaniert, die sich zu diesen bekennen oder sie praktizieren.
2. Derselben Strafe unterliegt, wer öffentlich, mündlich oder schriftlich, diejenigen verhöhnt, die sich zu keiner Religion und keinem Glauben bekennen.

Tschechien

§ 355 Strafgesetzbuch Volks-, Rassenlästerung, ethnische Lästerung oder Lästerung einer anderen Gruppe von Personen

(1) Wer öffentlich über

a) ein Volk, eine Sprache, eine Rasse oder eine ethnische Gruppe, oder

b) eine Gruppe von Personen wegen ihrer tatsächlichen oder vermuteten Rasse, ihrer Zugehörigkeit zu einer ethnischen Gruppe, ihrer Nationalität, ihrer politischen Überzeugung, ihres Glaubens oder deshalb, weil diese tatsächlich oder vermutet keinen Glauben haben, lästert, wird mit einer Freiheitsstrafe bis zu zwei Jahren verurteilt.

(2) Mit einer Freiheitsstrafe bis zu drei Jahren wird ein Täter bestraft, wenn er die im Absatz 1 aufgeführte Tat

a) mit mindestens zwei Personen oder

b) durch Presse, Film, Rundfunk, Fernsehen, mittels öffentlich zugänglichem Computernetz oder auf eine andere, ähnlich wirksame Art begeht.

§ 356 Strafgesetzbuch Anstiftung zum Hass auf eine Gruppe von Personen oder zur Beschränkung ihrer Rechte und Freiheiten

(1) Wer öffentlich zum Hass auf ein Volk, eine Rasse, eine ethnische Gruppe, eine Konfession, eine Klasse oder eine andere Gruppe von Personen oder zur Beschränkung der Rechte und Freiheiten ihrer Mitglieder anstiftet, wird mit einer Freiheitsstrafe bis zu zwei Jahren bestraft.

(2) Gleichermaßen werden diejenigen bestraft, die sich zum Begehen der im Absatz 1 genannten Tat zusammenschließen oder zusammenrotten.

(3) Mit einer Freiheitsstrafe von sechs Monaten bis zu drei Jahren wird der Täter bestraft,

a) wenn er die im Absatz 1 genannte Tat durch Presse, Film, Rundfunk, Fernsehen, mittels öffentlich zugänglichem Computernetz oder auf eine andere ähnlich wirksame Art begeht, oder

b) wenn er sich aktiv durch eine solche Tat an der Tätigkeit einer Gruppe, Organisation oder Vereinigung, welche Diskriminierung, Gewalt oder Hass gegen Rassen, ethnische Gruppen, Klassen, Religionen oder anderen Hass predigt, beteiligt.

§ 404 Bekundung von Sympathie zu einer Bewegung, welche auf die Unterdrückung von Menschenrechten und Freiheiten ausgerichtet ist

Wer mit einer der im § 403 Abs. 1 genannten Bewegung öffentlich sympathisiert, wird mit einer Freiheitsstrafe von sechs Monaten bis zu drei Jahren bestraft.

Ungarn

§ 332 Strafgesetzbuch

Mit Freiheitsstrafe bis zu drei Jahren wird bestraft, wer in der breiten Öffentlichkeit Aufhetzung zum Hass gegen

a) die ungarische Nation,

b) eine nationale, ethnische, rassische oder religiöse Gruppe, oder

c) bestimmte Gruppen der Bevölkerung – insbesondere aufgrund von Behinderung, Geschlechtsidentität, sexueller Orientierung –

kundgibt.

Grundgesetz, Art. IX, Absatz 5

Die Ausübung des Rechts auf freie Meinungsäußerung kann sich nicht auf die Verletzung der Würde der ungarischen Nation, von nationalen, ethnischen, rassischen oder religiösen Gemeinschaften richten. Mitglieder solcher Gemeinschaften – aufgrund von gesetzlichen Bestimmungen – haben das Recht, gegen die ihre Gemeinschaft verletzende Meinungsäußerung rechtlich vorzugehen und wegen der Verletzung ihrer Menschenwürde ihre Rechte vor Gericht einzuklagen.

Vereinigtes Königreich (England und Wales)

Paragraf 4a Gesetz der Öffentlichen Ordnung *(Public Order Act)* 1986

(1) Eine Person macht sich einer Straftat schuldig, wenn sie mit der Absicht, bei einer Person Belästigung, Ängstigung oder Beunruhigung zu verursachen,

(a) drohende, beleidigende oder beschimpfende Worte verwendet oder solches Benehmen zeigt oder ungebührliches Verhalten, oder

(b) irgendeine Schrift oder ein Zeichen oder eine andere sichtbare Darstellung zeigt, die drohend, beleidigend oder beschimpfend ist, und damit bei dieser oder einer anderen Person Belästigung, Ängstigung oder Beunruhigung verursacht.

(2) Ein Vergehen gemäß diesem Artikel kann an öffentlichem oder privatem Ort begangen werden, mit der Ausnahme, dass kein Vergehen begangen wird, wo durch eine Person innerhalb einer Wohnung

Worte verwendet werden oder Verhalten gezeigt wird oder eine Schrift oder ein Zeichen oder eine andere sichtbare Darstellung gezeigt wird, wenn die andere Person, die belästigt, verängstigt oder beunruhigt wird, sich ebenfalls in dieser oder einer anderen Wohnung befindet.

(3) Zur Verteidigung kann der Angeklagte beweisen, dass

(a) er sich innerhalb einer Wohnung befand und keinen Grund hatte zu glauben, dass die verwendeten Worte oder das Verhalten oder das Schriftstück, Zeichen oder die andere gezeigte Darstellung von einer Person außerhalb dieser oder irgendeiner anderen Wohnung gehört oder gesehen würde, oder

(b) sein Verhalten angemessen war.

Paragraf 18 Gesetz der Öffentlichen Ordnung 1986

(1) Eine Person, die drohende, beleidigende oder beschimpfende Worte verwendet oder solches Verhalten zeigt, oder irgendwelches schriftliches Material zeigt, das drohend, beleidigend oder beschimpfend ist, macht sich einer Straftat schuldig, wenn

(a) sie damit beabsichtigt, zu rassischem Hass aufzustacheln, oder

(b) unter Berücksichtigung aller Umstände hierdurch wahrscheinlich zu rassischem Hass aufgestachelt wird.

(2) Ein Vergehen gemäß diesem Artikel kann an öffentlichem oder privatem Ort begangen werden, mit der Ausnahme, dass kein Vergehen begangen wird, wo Worte verwendet oder Verhalten gezeigt wird oder eine Schrift oder ein Zeichen oder eine andere sichtbare Darstellung gezeigt wird, nämlich, wenn sich die Person innerhalb einer Wohnung befindet und dies nicht gehört oder gesehen werden kann, außer durch andere Personen in dieser oder einer anderen Wohnung.

Paragraf 29B(1), Teil IIIA Gesetz der Öffentlichen Ordnung 1986

Eine Person, die drohende Worte verwendet oder solches Verhalten zeigt, oder irgendwelches schriftliches Material zeigt, das drohend ist, macht sich einer Straftat schuldig, wenn sie damit beabsichtigt, zu religiösem Hass oder Hass aufgrund sexueller Orientierung anzustacheln.

Paragraf 29J, Teil IIIA Gesetz der Öffentlichen Ordnung 1986

Keine Verfügung in diesem Teil soll so gelesen oder ausgeführt werden, dass sie die Diskussion, Kritik oder die Äußerung von Antipathie, Missfallen, Spott, Beschimpfung oder Beleidigung bestimmter Religionen oder der Glaubenspraktiken ihrer Anhänger oder irgendeines anderen Glaubenssystems oder von Glaubensüberzeugungen oder Praktiken von deren Anhängern, oder die Bekehrung oder Drängung von Anhängern einer anderen Religion oder eines anderen Glaubenssystems mit dem Ziel, deren Religion oder Glaubenssystem nicht mehr zu praktizieren, verbietet oder einschränkt.

Paragraf 29JA Teil IIIA Gesetz der Öffentlichen Ordnung 1986

(1) Zur Vermeidung von Zweifeln soll die Diskussion über oder Kritik an sexuellem Verhalten oder sexuellen Praktiken oder das Drängen von Personen, solches Verhalten oder solche Praktiken zu unterlassen oder zu verändern, nicht als Drohung oder Absicht aufgefasst werden, zu Hass anzustacheln.

(2) Zur Vermeidung von Zweifeln soll die Diskussion über oder Kritik an der Ehe, die das Geschlecht der Parteien betrifft, die heiraten, nicht als Drohung oder Absicht aufgefasst werden, zu Hass aufzustacheln.

Paragraf 127 Kommunikationsgesetz 200316

(1) Eine Person macht sich strafbar, wenn sie

(a) mittels öffentlicher elektronischer Kommunikationsnetzwerke eine Nachricht oder einen anderen Inhalt versendet, der grob kränkend oder von anstößigem, obszönem oder bedrohlichem Charakter ist, oder

(b) verursacht, dass eine solche Nachricht oder ein solcher Inhalt versendet wird.

(2) Eine Person macht sich strafbar, wenn sie zum Zwecke des Verursachens von Schikane, Belästigung oder unnötiger Angst

(a) mittels öffentlicher elektronischer Kommunikationsnetzwerke eine Nachricht oder einen anderen Inhalt versendet, von der/dem sie weiß, dass er/sie falsch ist,

(b) verursacht, dass eine solche Nachricht oder ein solcher Inhalt versendet wird, oder

(c) dauerhaft ein öffentliches elektronisches Kommunikationsnetzwerk nutzt.

(3) Eine gemäß diesem Paragrafen strafbare Person wird bei Verurteilung mit Gefängnis nicht über sechs Monate oder mit einer Geldstrafe nicht über Stufe fünf bestraft, oder mit beidem.

Zypern

Auszüge aus dem Strafgesetzbuch

47.

(1) Wer öffentlich eine Handlung mit der Absicht unternimmt:

(a) das Bestehen der Demokratie zu ändern oder

(b) zu Feindschaft innerhalb der Gemeinden, der Religionsgruppen, wegen der Rasse, der Religion, der Hautfarbe oder des Geschlechts, aufzustacheln, macht sich einer Straftat schuldig und wird im Falle einer Verurteilung mit Freiheitsstrafe bis zu fünf Jahren bestraft.

50D.

(1) Wer böswillig das Militär öffentlich verunglimpft, macht sich eines Vergehens schuldig und wird mit Freiheitsstrafe nicht höher als zwei Jahre oder mit Geldstrafe nicht höher als eintausendfünfhundert Pfund oder mit beiden vorerwähnten Strafen bestraft.

(2) Für die Zwecke des vorliegenden Artikels sind unter «Militär» auch die Armee der Demokratie, die Nationale Garde sowie jede andere Streitkraft, welche per Gesetz gegründet wird, zu verstehen.

51A.

(1) Wer öffentlich in irgendeiner Art und Weise die Bevölkerung zu Gewalttaten auffordert oder sie zu gegenseitigem Hass aufstachelt oder die Bildung eines Geistes der Intoleranz fördert, macht sich eines Vergehens schuldig und wird mit Freiheitsstrafe von zwölf Monaten oder mit Geldstrafe von eintausend Pfund oder mit beiden vorerwähnten Strafen bestraft.

99.

Wer in einem öffentlichen Raum oder auch in nicht-öffentlichem Raum, in einer Weise oder unter Bedingungen, welche die akustische Wahrnehmung jeglicher Person, die sich in öffentlichem Raum befindet, ermöglichen, eine andere Person in irgendeiner Weise beschimpft, so dass diese Handlung einen Angriff auf einen Anwesenden hervorrufen könnte, macht sich eines Vergehens schuldig und wird mit Freiheitsstrafe von einem Monat oder mit Geldstrafe nicht höher als fünfundsiebzig Pfund oder auch mit beiden vorerwähnten Strafen bestraft.

99A.

(1) Eine Person, welche absichtlich, öffentlich und in einer Weise, die einen bedrohlichen, beschimpfenden oder beleidigenden Charakter hat, mündlich oder durch die Presse oder mit Schriftstücken und Illustrationen oder auf andere Art gegen eine Personengruppe oder ein Mitglied einer Personengruppe, welche sich aufgrund ihrer sexuellen Orientierung oder ihrer geschlechtlichen Identität bestimmt, zu Gewalt oder Hass ermuntert oder anstiftet, macht sich einer Straftat schuldig und wird im Falle einer Verurteilung mit Freiheitsstrafe nicht höher als drei (3) Jahre oder mit Geldstrafe nicht höher als fünftausend Euro (5.000 €) oder auch mit beiden vorerwähnten Strafen bestraft.

141.

Wer sich mit Worten oder Geräuschen, die von jeglicher Person wahrnehmbar sind, oder mit einer Geste oder mit irgendeinem Gegenstand vor diese stellt, mit der böswilligen Absicht, die religiösen Gefühle einer solchen Person zu verletzen, macht sich eines Vergehens schuldig und wird mit Freiheitsstrafe von einem Jahr bestraft.

142.

(1) Wer ein Buch, Heft, einen Artikel oder Brief in einer Zeitung oder einem Magazin, welches von einer Personenklasse als öffentliche Beschimpfung ihrer Religion aufgefasst wird, veröffentlicht mit der Absicht, diese Religion herabzusetzen oder die Personen, die daran

glauben, zu reizen oder zu beschimpfen, macht sich eines Vergehens schuldig.

(2) Die Strafverfolgung einer Straftat wird Kraft der Vorschriften dieses Artikels nur vom Generalstaatsanwalt der Republik oder nach seiner Genehmigung veranlasst.

Gesetz über die Bekämpfung von bestimmten Formen und Ausdrucksweisen von Rassismus und Fremdenfeindlichkeit mittels des Strafrechtes vom 2011 (134(I)/2011)

3.

(1) Eine Person, die absichtlich öffentlich oder durch öffentliche Verbreitung zu Hass oder Gewalttaten, die einen bedrohlichen, beschimpfenden oder beleidigenden Charakter haben, gegen eine Personengruppe oder ein Mitglied einer Personengruppe, welche sich aufgrund ihrer Rasse, Hautfarbe, ihres Religionsbekenntnisses, ihrer Erbanlagen, ethnischen oder nationalen Herkunft bestimmt, anstiftet und somit den öffentlichen Frieden stört, macht sich einer Straftat schuldig und wird im Falle einer Verurteilung mit Freiheitsstrafe nicht höher als fünf (5) Jahre oder mit Geldstrafe nicht höher als zehntausend Euro (10.000 €) oder mit beiden vorerwähnten Strafen bestraft.

4.

(1) Eine Person, die einer anderen Person zur Verübung der Straftaten, die im Absatz (2) des Artikels 3 genannt sind, rät, sie dazu ermuntert oder anstiftet, macht sich in der gleichen Weise einer Straftat schuldig, als ob sie selbst eine solche Tat begangen hätte, und kann demnach gleichwertig strafrechtlich verfolgt werden.

Ausgewählte Bibliografie

Artikel etc.

Alexander, Gerard; Illiberal Europe, in: American Enterprise Institute for Public Policy Research, 2006

Allgemeine Politikempfehlung Nr. 15 der ECRI über die Bekämpfung von Hassrede, 21. März 2016

Ausschuss für die Beseitigung der Rassendiskriminierung, Mitteilung Nr. 48/2010. Meinung des Ausschusses, angenommen bei seiner 82. Tagung (11. Februar bis 08. März 2013)

Bickel, Alexander; Domesticated Civil Disobedience: The First Amendment, from Sullivan to the Pentagon Papers, in: The Morality of Consent, (1975), S. 72–73

Blasi, Vincent; Free Speech and Good Character, in: 46 UCLA L. Rev., 1567, 1999

Brugger, Winfried; The Treatment of hate speech in German constitutional law (Part I), in: German Law Journal, Vol. 04 No. 1, 2003

Cannie, Hannes und Voorhoof, Dirk; The abuse clause and freedom of expression in the European Human Rights Convention: An added value for democracy and human rights protection?, in: Netherlands Quarterly of Human Rights, 29(1), 2011, S. 54–83

Chalmers, James und Leverick, Fiona; Fair Labelling in Criminal Law, in: The Modern Law Review, Vol. 71, Is. 2, S. 217–246, 2008

Gagliardone, Gal, Alves, Martinez: Countering Online Hate Speech, UNESCO 2015, S. 8.

Decision of the Human Rights Committee under the Optional Protocol to the International Covenant on Civil and Political Rights (UN Human Rights Committee, 18. April 2008)

ECRI; Annual Report on ECRI's Activities, 2013

ECRI Conclusions on the Implementation of the Recommendations in Respect of Hungary Subject to Interim Follow-Up, European Commission against Racism and Intolerance, 08. Dezember 2011

ECRI Report on Hungary (fourth monitoring cycle), 24. Februar 2009

ECRI Report on Lithuania (fourth monitoring cycle), 13. September 2011

Entschließung des Europäischen Parlamentes zu der Lage der Grundrechte in der Europäischen Union 2004–2008 (2007/2145(INI))

Europäische Grundrechteagentur; Homophobie, Transphobie und Diskriminierung aufgrund der sexuellen Ausrichtung und der Geschlechtsidentität, Aktualisierung 2010, Vergleichende rechtliche Analyse

Europäische Grundrechteagentur; Informationsblatt Hassreden und Hassverbrechen gegen LGBT, FRA 2009

Europäische Grundrechteagentur; Factsheet Rechte von Lesben, Schwulen, Bisexuellen und Transgender-Personen (LGBT) in der Europäischen Union, 2010

Europäische Kommission gegen Rassismus und Intoleranz; General Policy Recommendation No. 7 on National Legislation to Combat Racism and Racial Discrimination, 13. Dezember 2002

Europarat; Allgemeine Politik-Empfehlung (Nr. 7) über nationale Gesetzgebung zur Bekämpfung von Rassismus und Rassendiskriminierung, angenommen am 13. Dezember 2002

Europarat Ministerkomitee; Empfehlung Nr. R (97) des Ministerkomitees an die Mitgliedstaaten über die «Hassrede» (angenommen vom Ministerkomitee am 30. Oktober 1997, anlässlich der 607. Sitzung der Ministerdelegierten)

Europarat; Rahmenbeschluss 2008/913/JI des Rates vom 28. November 2008 zur strafrechtlichen Bekämpfung bestimmter Formen und Ausdrucksweisen von Rassismus und Fremdenfeindlichkeit; englisch: Framework Decision 2008/913 / JHA of 28 November 2008 on combating certain forms and expressions of racism and xenophobia by means of criminal law

Factsheet – Hate speech, Europäischer Gerichtshof für Menschenrechte, November 2008

Factsheet – Hate speech, Europäischer Gerichtshof für Menschenrechte, Februar 2012

Farrior, Stephanie; Molding the matrix: The historical and theoretical foundations of international law concerning hate speech, in: 14 Berkeley J. Int'l L., 1, 1996

Frank, Elllis; From Communism's «Enemy of the People» to PC's «Hate Criminal», in: The Journal of Social, Political, and Economic Studies, Vol. 30, No. 1, 2005

Gellman, Susan; Sticks and stones can put you in jail, but can words increase your sentence? Constitutional and Policy Dilemmas of Ethnic Intimidation Laws, in: 39 UCLA L. Rev., 333, 1991, S. 392–393

Haigh, Ryan; South Africa's criminalization of «hurtful» comments: When the protection of human dignity and equality transforms into the destruction of freedom of expression, in: 5 Wash. U. Global Stud. L. Rev., 187, 2006

Halpin, Stanley; Racial hate speech: A comparative analysis of the impact of international human rights law upon the law of the United Kingdom and the United States, in: 94 Marq. L. Rev., 2010, S. 463–497

Hedl, Drago; Croatia, a law threatens journalists, in: Osservatorio Balcani e Caucaso, 18. April 2014

Horder, Jeremy; Criminal Attempts, Rule of Law, and Accountability, in: Zedner, Lucia und Roberts, Julian (Hrsg.); Principles and Values in Criminal Law and Criminal Justice: Essays in Honour of Andrew Ashworth, Oxford University Press 2014

Human Rights Committee Report of Iceland, Büro der UN in Genf, 10. Juli 2012

Keane, David; Attacking hate speech under article 17 of the European Convention on Human Rights, in: Netherlands Quarterly of Human Rights, 25(4), 2007, S. 641–663

Kern, Soeren; A Black day for Austria, in: Gatestone Institute, 26. Dezember 2011

Kiska, Roger und Coleman, Paul; Freedom of speech and «hate speech»: Unravelling the jurisprudence of the European Court of Human Rights, in: I.J.R.F., Vol. 5, No. 1, 2012, S. 129–142

Kolig, Erich; Muslim Sensitivities and the West, in: Kolig, Erich (Hrsg.); Freedom of Speech and Islam, Ashgate, 2014

Komitee zur Beseitigung rassistischer Diskriminierung; CERD/C/AUT/CO/17, 21. August 2008

Lamond, Grant; What is a Crime?, in: Oxford Journal of Legal Studies, Vol. 27, No. 4, 2012, S. 609–632

Law Commission of England and Wales; Inchoate Liability for Assisting and Encouraging Crime; Law Com. 300, 2006

Leigh, Ian; Damned if they do, damned if they don't: the European Court of Human Rights and the protection of religion from attack, in: Res Publica, 17(1), 2011, S. 55–73

Marcuse, Herbert; Repressive Tolerance (1965), in: Bachrach, Peter, Hg., Political Elites in a Democracy, 2010

McCrudden, Christopher; Human Dignity in Human Rights Interpretation, in: European Journal of Internal Law 19 (2008), 665

Mchangama, Jacob; The sordid origin of hate-speech laws, in: Hoover Institution, Policy Review No. 170, 01. Dezember 2011

Mengistu, Yared; Shielding marginalized groups from verbal assaults without abusing hate speech laws, in: Herz, Michael und Molnar, Peter (Hrsg.); The Content and Context of Hate Speech: Rethinking Regulation and Responses, Cambridge University Press 2012

Meron, Theodor; The meaning and reach of the International Convention on the Elimination of All Forms of Racial Discrimination, in: 79 American Journal of International Law 283, 1985

Mirfield, Peter; Intention and Criminal Attempt, in: Criminal Law Review 140, 2015

Molnar, Peter; Responding to «Hate Speech» with art, education, and the imminent danger test in: Herz, Michael/Molnar, Peter (Hrsg.); The Content and Context of Hate Speech: Rethinking Regulation and Responses, Cambridge 2012

Molnar, Peter; Towards improved law and policy on «hate speech» – The «clear and present danger» test in Hungary, in: Hare, Ivan/Weinstein, James (Hrsg.); Extreme Speech and Democracy, 2011

Ó Fathaigh, Rónán; Anti-Abortion Protest and Freedom of Expression in Europe, in: 17 Colum J. Eur. L. F. 47, 2011

Oetheimer, Mario; Protecting freedom of expression: The challenge of hate speech in the European Court of Human Rights case law, in: Cardozo Journal of International & Comparative Law, Vol. 17, No. 3, 2009, 427

Parekh, Bhikhu; Is There a Case for Banning Hate Speech?, in: Herz, Michael/Molnar, Peter (Hrsg.); The Content and Context of Hate Speech: Rethinking Regulation and Responses, Cambridge, 2012

Rabat Plan of Action, OHCHR, 2012 (UN-Hochkommissar für Menschenrechte)

Report of the Special Rapporteur on freedom of religion or belief, Asma Jahangir, and the Special Rapporteur on contemporary forms of racism, racial discrimination, xenophobia and related intolerance, Dou-dou Diène, further to Human Rights Council decision 1/107 on incitement to racial and religious hatred and the promotion of tolerance, A/HRC/2/3, 20. September 2006

Robinson, Paul H.; The Criminal-Civil Distinction and The Utility of Desert, in: Faculty Scholarship 1996

Rorive, Isabelle; What can be done against cyber hate? Freedom of speech versus hate speech in the Council of Europe, in: Cardozo Journal of International & Comparative Law, Vol. 17, No 3, 2009

Showalter, Dennis E.; Jews, Nazis, and the Law: The case of Julius Streicher, in: 6. Simon Wiesenthal Center Annual 133, 1989

Temperman, Jeroen; Blasphemy, defamation of religions and human rights law, in: Netherlands Quarterly of Human Rights, 26(4), 2008, S. 517–545

UN General comment No. 34, 12. September 2011 (CCPR/C/ GC/34)

UN-Menschenrechtsrat; «Austria», A/HRC/17/8, 18. März 2011

Verordnung des Reichspräsidenten zum Schutz von Volk und Staat, 28. Februar 1933

Bücher

Ashworth, Andrew und Horder, Jeremy; Principles of Criminal Law, 6th ed., 2009

Bingham, Tom; The Rule of Law, London 2010

Borovoy, Alan Alfred; When Freedoms Collide: The Case for our Civil Liberties, 1988

Bossuyt, Marc; Guide to the «Travaux Préparatoires» of the International Covenant on Civil and Political Rights, 1987

Carroll, Lewis; Through the Looking-Glass (1872); dt. Übersetzung: Karau, Jörg (2008), S. 122 ((https://www.joergkarau-texte.de/PDF/Ali ces%20Abenteuer%20im%20Wunderland.pdf

Gower Davies, Jon; A New Inquisition: Religious persecution in Britain today, Civitas 2010

Hare, Ivan und Weinstein, James (Hrsg.); Extreme Speech and Democracy, 2011

Herz, Michael und Molnar, Peter (Hrsg.); The Content and Context of Hate Speech: Rethinking Regulation and Responses, 2012

Hume, Mick; Trigger Warning: Is the Fear of Being Offensive Killing Free Speech?, William Collins 2015

Kolig, Erich (Hrsg.); Freedom of Speech and Islam, Ashgate 2014

Lawrence, Charles R. III und Matsuda, Mari J.; Words That Wound: Critical Race Theory, Assaultive Speech, And The First Amendment, 1993

Lérner, Natán; The UN Convention on the Elimination of All Forms of Racial Discrimination, 1980

Maitra, Ishani, und McGowen, Mary Kate (Hrsg.); Speech & Harm: Controversies Over Free Speech, Oxford University Press 2012

Marcuse, Herbert; Repressive Toleranz, Frankfurt 1970

Marshall, Paul und Shea, Nina; Silenced: How Apostasy and Blasphemy Codes Are Choking Freedom Worldwide, Oxford University Press 2011

Mill, John Stuart; Über die Freiheit, Stuttgart 1988

Morsink, Johannes; The Universal Declaration of Human Rights: Origins, Drafting, and Intent, University of Pennsylvania Press, 1999

Noorloos, Van; Hate Speech Revisited: A Comparative and Historical Perspective on Hate Speech Law in the Netherlands and England & Wales, Intersentia 2012

Orwell, George; 1984

Rise, Eirik et al.; Online Hate Speech, 2013

Robinson, Paul H.; Structure and Function in Criminal Law, Clarendon Press 1997

Stone, Geoffrey; Perilous Times: Free Speech in Wartime from the Sedition Act of 1798 to the War on Terrorism, W. W. Norton & Company 2004

Venice Commission, Blasphemy, insult and hatred – Finding answers in a democratic society, Science and Technique of democracy No. 47, 2010

Waldron, Jeremy; The Harm in Hate Speech, Harvard University Press, 2012

Weber, Anne; Manual on hate speech, Council of Europe/Strasbourg, 2009

Internet-Links:

www.akegreen.org

http://archief.ntr.nl/nova/page/detail/nieuws/39/Het%20interview%20met%20imam%20El-Moumni.html (Fall El-Moumni)

www.bijus.eu

www.christianconcern.com

https://defendfreespeech.org.uk

www.echr.coe.int/Documents/Convention_DEU.pdf

www.geertwilders.nl/images/images/letter-denying-geert-wilders-entry-into-uk.pdf

http://hatecrime. osce.org/infocus/frequently-asked-questions-2014-hate-crime-data

www.jusline.at

www.legal-project.org/issues/european-hate-speech-laws (Europäische «Hassrede»-Gesetze)

http://legifrance. gouv.fr/ (Fall Christian Vanneste)

www.menschenrechtserklaerung.de/die-allgemeine-erklaerung-der-menschenrechte-3157/.

http://merlin.obs.coe.int/iris/2014/10/article4.de.html (Belgisches Sexismusbekämpfungsgesetz)

http://www.nohatespeechmovement.org

www.rechtslexikon.net/d/beleidigung/beleidigung.htm

http://reformsection5.org.uk

http://report-it.org.uk/home

www.rklambda.at

https://sverigesradio.se/diverse/appdata/isidor/files/105/14289.pdf (Fall Michael Hess)

https://verwaltungshandbuch.bayerische-landesbibliothek-online.de/streicher-julius

Verordnung des Reichspräsidenten zum Schutz von Volk und Staat, 28. Februar 1933, § 1; http://www.verfassungen.de/de33-45/reichstagsbrand33.htm

http://www.youtube.com/watch?v=12LtOKQ8U7c&feature=player_embedded (Der Fall «Dale McAlpine»)

Danksagung

Ich bin allen Mitgliedern des «ADF International»-Netzwerks sehr dankbar, die mir halfen, indem sie mir englische Übersetzungen der jeweils nationalen «Hassrede»-Gesetze zur Verfügung stellten und über relevante «Hassrede»-Fälle aus ihren Ländern berichteten. Ein besonderer Dank geht auch an all diejenigen, die mir nützliche Kommentare, Anmerkungen, Kritik und Verbesserungsvorschläge zukommen ließen, darunter insbesondere an: Benjamin Bull, Torsten Cheong, Robert Clarke, Meghan Grizzle Fischer, Paul Harold, Daniel Kim, Roger Kiska, Gudrun Kugler, Daniel Lipsic, Ruben Navarro, Brendan O'Neill, Peter Smith und Prof. James Weinstein.

Endnoten

Vorwort

[1] Die «Wall of Shame»-Dokumentation von Nutzer-Sperren in sozialen Medien; Link: https://facebook-sperre.steinhoefel.de/

Für die deutsche Auflage zum Geleit

[2] Schweizer Strafgesetzbuch, Art. 261bis, Diskriminierung und Aufruf zu Hass:
Wer öffentlich gegen eine Person oder eine Gruppe von Personen wegen ihrer Rasse, Ethnie oder Religion oder sexuellen Orientierung zu Hass oder Diskriminierung aufruft, wer öffentlich Ideologien verbreitet, die auf die systematische Herabsetzung oder Verleumdung dieser Personen oder Personengruppen gerichtet sind, wer mit dem gleichen Ziel Propagandaaktionen organisiert, fördert oder daran teilnimmt, wer öffentlich durch Wort, Schrift, Bild, Gebärden, Tätlichkeiten oder in anderer Weise eine Person oder eine Gruppe von Personen wegen ihrer Rasse, Ethnie, Religion oder sexuellen Orientierung in einer gegen die Menschenwürde verstoßenden Weise herabsetzt oder diskriminiert oder aus einem dieser Gründe Völkermord oder andere Verbrechen gegen die Menschlichkeit leugnet, gröblich verharmlost oder zu rechtfertigen sucht, wer eine von ihm angebotene Leistung, die für die Allgemeinheit bestimmt ist, einer Person oder einer Gruppe von Personen wegen ihrer Rasse, Ethnie, Religion oder sexuellen Orientierung verweigert, wird mit Freiheitsstrafe bis zu drei Jahren oder Geldstrafe bestraft; Link: https://www.admin.ch/opc/de/classified-compilation/19370083/index.html#a261bis

[3] Gesetze und Dokumente des schottischen Parlamentes, Link:

https://beta.parliament.scot/bills/hate-crime-and-public-order-scot
land-bill

4 Warum J. K. Rowling als «transfeindlich» beschimpft wird; in *Die Welt*
20.12.2019; Link: https://www.welt.de/vermischtes/article204473026/
Fall-Forstater-J-K-Rowling-als-transfeindlich-beschimpft.html

5 Der Begriff «Chilling Effect» bedeutet übersetzt «abkühlende, entmu-
tigende Wirkung». Gemeint ist damit (u. a.) eine Selbstzensur, bei der
die eigene Meinung nicht geäußert wird, weil man sich überwacht
fühlt

6 YouTube censores epidemiologist Knut Wittkowski für opposing lock-
down, *New York Post* vom 16.05.2020; Link: https://nypost.com/2020/
05/16/youtube-censors-epidemiologist-knut-wittkowski-for-oppo
sing-lockdown/

7 YouTube bans John Piper's audiobook «Coronavirus and Christ»,
Cristian Post, 16.05.2020; Link: https://www.christianpost.com/news/
youtube-bans-john-pipers-audiobook-coronavirus-and-christ.html

8 Christian magazine banned from Google's app store for covering
Covid-19 («Christliches Magazin aus Google App Store verbannt, da es
Covid-19 thematisiert»), *InPublishing* vom 06.04.2020; Link:
https://www.inpublishing.co.uk/articles/christian-magazine-barred
-from-googles-app-store-for-covering-covid-19–15498

9 Twitter löscht zwei Nachrichten des brasilianischen Präsidenten,
Der Spiegel vom 30.03.2020; Link: https://www.spiegel.de/netzwelt/
netzpolitik/jair-bolsonaro-twitter-loescht-zwei-nachrichten-des-
brasilianischen-praesidenten-a-60fbb870-f6dc-4585-a671–1dc3ccb
4364e

10 Freedom of speech upheld at Glasgow University following legal
Challenge («Meinungsfreiheit nach juristischer Intervention an der
Universität von Glasgow erhalten»), *ADF International*, 21. März 2019,
Link: https://adfinternational.org/news/freedom-of-speech-upheld
-at-glasgow-university-following-legal-challenge/

11 Student ban on pro-life groups at Strathclyde University dropped
(«Ausschluss studentischer ‹Pro Life›-Gruppe an der Strathclyde Universität abgewiesen»), *The Herald Tribune*, 31.10.2018; Link:
https://www.heraldscotland.com/news/17191395.student-ban-on
-pro-life-groups-at-strathclyde-university-is-dropped/

12 Anti-Abortion group wins University of Aberdeen campus presence
(«Anti-Abtreibungsgruppe erringt Präsenzrecht an der Universität von

Aberdeen»), *BBC News*, 20. Mai 2019; Link: https://www.bbc.com/news/uk-scotland-north-east-orkney-shetland-48334562

[13] Freedom of Speech protected after legal intervention at Nottingham University («Meinungsfreiheit an der Universität Nottingham durch juristische Intervention bewahrt»), *ADF International*, 22.07.2019; Link: https://adfinternational.org/news/freedom-of-speech-protected-after-legal-intervention-at-nottingham-university/

[14] Freedom of Speech in Universities, Fourth Report of Session 2017–2019; Download des Reports unter Link: https://publications.parliament.uk/pa/jt201719/jtselect/jtrights/589/589.pdf

[15] David Isaac, Chair of the Equalities and Human Rights Commission said universities should be «bastions of debate and defenders of expression»; in *The Telegraph*, 04.07.2019; Link: https://www.telegraph.co.uk/news/2019/07/04/pro-life-christian-societies-must-not-blocked-campus-due-hypersensitivity/

[16] Academics are being harassed over their research into transgender issues ((«Akademiker werden wegen ihrer Forschung an Transgender-Themen belästigt», *The Guardian*, 16.10.2018; Link: https://www.theguardian.com/society/2018/oct/16/academics-are-being-harassed-over-their-research-into-transgender-issues

[17] Hessen will Schwangerenberatungen vor Abtreibungsgegnern schützen, *Ärzteblatt* vom 22.08.2019; Link: https://www.aerzteblatt.de/nachrichten/105465/Hessen-will-Schwangerenberatungen-vor-Abtreibungsgegnern-schuetzen

[18] Schutzzonen statt Abtreibungsgegner; Pressemitteilung der Partei *Die Linke* vom 22.03.2019; Link: https://www.linksfraktion-hessen.de/presse/mitteilungen/detail-pressemitteilungen/news/schutzzonen-statt-abtreibungsgegner-linke-bringt-gesetzentwurf-ein/

[19] Abortion clinic wins the right to ban protesters and will introduce a «safe zone»; *Daily Mail*, 11.04.2018; Link: https://www.dailymail.co.uk/news/article-5601533/Abortion-clinic-wins-right-ban-protesters.html

[20] Gesetz zur Verbesserung der Rechtsdurchsetzung in sozialen Netzwerken (Netzwerkdurchsetzungsgesetz – NetzDG) vom 01. September 2017; Link: https://www.bmjv.de/SharedDocs/Gesetzgebungsverfahren/Dokumente/BGBl_NetzDG.pdf

[21] NetzDG §4, Abs. 2 Die Ordnungswidrigkeit kann in den Fällen des Absatzes 1 Nummer 7 und 8 mit einer Geldbuße bis zu fünfhundert-

tausend Euro, in den übrigen Fällen des Absatzes 1 mit einer Geldbuße bis zu fünf Millionen Euro geahndet werden. § 30 Absatz 2 Satz 3
des Gesetzes über Ordnungswidrigkeiten ist anzuwenden

[22] Stellungnahme der Google Ireland Ltd. an das Bundesministerium der
Justiz und für Verbraucherschutz zum vorgeschlagenen Gesetz zur
Bekämpfung des Rechtsextremismus und der Hasskriminalität; Link:
https://www.bmjv.de/SharedDocs/Gesetzgebungsverfahren/Stellung
nahmen/2020/Downloads/011720_Stellungnahme_google_RefE__Be
kaempfung-Rechtsextremismus-Hasskriminalitaet.pdf

[23] Code of Conduct vom Mai 2016; Wortlaut abrufbar unter:
https://ec.europa.eu/germany/news/2019–02–04-illegale-hetze-im
-internet-eu-verhaltenskodex-zeigt-wirkung_de

[24] Verhaltenskodex zur Bekämpfung illegaler Hetze im Internet: Fragen
und Antworten zur vierten Bewertung, Februar 2019; Link:
https://ec.europa.eu/commission/presscorner/detail/de/ME
MO_19_806

[25] Ermittlungen wegen Bibelzitat: Einschränkung der Redefreiheit, *Die
Tagespost* vom 12.04.2020; Link: https://www.die-tagespost.de/poli
tik/aktuell/Ermittlungen-wegen-Bibelzitat-Einschraenkung-der-Rede
freiheit;art315,207131

Einleitung

[26] Lewis Carroll, Alice hinter den Spiegeln (auch: *Alice im Spiegelland,* im
Original: *Through the Looking-Glass, and What Alice Found There),
1971*

[27] Ein zentraler Aspekt der Meinungsäußerungsfreiheit ist die Redefreiheit. Anders als in anderen Rechtsordnungen ist die Freiheit der Rede
im deutschen Recht primär dann geschützt, wenn es sich um den
Ausdruck einer Meinung handelt, die eine subjektive Einschätzung
enthält und der Klassifizierung als objektiv «wahr oder falsch» nicht
zugänglich ist. Die Redefreiheit, wie sie zum Beispiel nach dem ersten
Zusatzartikel der amerikanischen Verfassung geschützt ist, umfasst
demgegenüber unter Umständen auch dezidiert unwahre Aussagen

[28] «Dismay after Indonesian Atheist Charged with Blasphemy» (Entsetzen, nachdem ein indonesischer Atheist wegen Blasphemie angeklagt
wurde, *Jakarta Globe,* 20. Januar 2012)

[29] «Indonesia's Atheists Face Battle for Religious Freedom» (Indonesiens
Atheisten kämpfen für Religionsfreiheit, *The Guardian,* 03. Mai 2012)

[30] «Atheist Alexander Aan gets out of prison» (Atheist A. A. kommt aus dem Gefängnis frei, *Jakarta Globe*, 31. Januar 2014)

[31] Pakistanisches Strafgesetzbuch 1860, § 298

[32] Siehe zum Beispiel die Anmerkungen im Auftrag der hohen EU-Vertreterin/Vizepräsidentin Catherine Ashton mit dem Titel «Death Penalty in Pakistan and the case of Asia Bibi» («Todesstrafe in Pakistan und der Fall Asia Bibi»; Plenumssitzung des Europäischen Parlamentes, Straßburg, 22. Oktober 2014)

[33] «Die Rede sollte nicht kriminalisiert werden», sagte die Beauftragte für die Freiheit der Medien der OSZE nach der Verurteilung eines litauischen Journalisten (OSZE, 02. Juli 2012)

[34] «Russland sollte es ablehnen, Verleumdung wieder zu kriminalisieren», sagte die Beauftragte für die Freiheit der Medien der OSZE (OSZE, 12. Juli 2012)

[35] «Neue Urteile gegen Journalisten begrenzen die Freiheit der Meinungsäußerung in der Türkei weiter», sagte die Beauftragte für die Freiheit der Medien der OSZE (OSZE, 06. Juli 2012)

[36] «Beauftragte für die Freiheit der Medien der OSZE bedauert Urteil gegen Journalisten in Kirgistan» (OSZE, 04. Juli 2012)

[37] UN General comment No. 34, 12. September 2011 (CCPR/C/ GC/34) § 47 (referencing Concluding observations on Italy [CCPR/C/ ITA/ CO/5] and concluding observations on the Former Yugoslav Republic of Macedonia [CCPR/C/MKD/CO/2])

[38] Verfahren Adonis gegen Die Philippinen, 26. Oktober 2011, CCPR/ C/103/D/1815/2008

[39] «Bishop accused of incitement to hatred in homily» (Bischof wegen Aufstachelung zum Hass in Predigt angeklagt, *Irish Independent*, 29. Januar 2012)

[40] Menschenrechtsleitlinien der EU in Bezug auf die Freiheit der Meinungsäußerung – online und offline; Angenommen vom Rat der Europäischen Union am 12.05.2014; Link: http://data.consilium.euro pa.eu/doc/document/ST-9647–2014-INIT/de/pdf

[41] Vgl. General Policy Recommendation No. 7 on National Legislation to Combat Racism and Racial Discrimination (13. Dezember 2002), § 18

[42] Rahmenbeschluss 2008/913/JI des Rates vom 28. November 2008 zur strafrechtlichen Bekämpfung bestimmter Formen und Ausdrucksweisen von Rassismus und Fremdenfeindlichkeit, Artikel 1(2)

[43] Europarat Ministerkomitee; Empfehlung Nr. R (97) des Minister-komitees an die Mitgliedstaaten über die «Hassrede» (angenommen vom Ministerkomitee am 30. Oktober 1997, anlässlich der 607. Sitzung der Ministerdelegierten), 4. Grundsatz (nicht-amtliche Über-setzung)

[44] Molnar, Peter; Towards improved law and policy on «hate speech» – The «clear and present danger» test in Hungary, in: Hare, Ivan/Wein-stein, James (Hrsg.); Extreme Speech and Democracy, 2011, S. 237. Link: https://www.oxfordscholarship.com/view/10.1093/acprof:oso/9780199548781.001.0001/acprof-9780199548781-chapter-14

[45] Factsheet – Hate speech, Europäischer Gerichtshof für Menschen-rechte, Februar 2012, S. 1

[46] Countering Online Hate Speech, UNESCO 2015, S. 8

[47] Factsheet – Hate speech, Europäischer Gerichtshof für Menschen-rechte, November 2008, S. 2

[48] Allgemeine Politikempfehlung Nr. 15 der ECRI über die Bekämpfung von Hassrede, 21. März 2016, S. 3

[49] Ebenda, S. 5

[50] Englische Abkürzung für *European Union Agency for Fundamental Rights.*

[51] Informationsblatt Hassreden und Hassverbrechen gegen LGBT, FRA 2009, S. 1

[52] Homophobie, Transphobie und Diskriminierung aufgrund der sexu-ellen Ausrichtung und der Geschlechtsidentität, Aktualisierung 2010, Vergleichende rechtliche Analyse, FRA, S. 8

[53] Vgl. Alexander, Gerard; Illiberal Europe, in: American Enterprise Insti-tute for Public Policy Research, 2006, S. 1

[54] Zitiert aus Rechtslexikon.net; Link: http://www.rechtslexikon.net/d/beleidigung/beleidigung.htm

[55] ACPO and Home Office Police Standards Unit, Hate Crime: Delivering a Quality Service, 2005, in: Gower Davies, Jon; A New Inquisition: Religious persecution in Britain today, 2010, S. 9

[56] Molschky, Rachel; Swedish Politician Fined for «Hate Speech» Against Islam (Schwedischer Politiker wegen «Hassrede» gegen den Islam verurteilt, Cherson and Molschky 2014); Link: https://www.reddit.com/r/europe/comments/25yo2g/swedish_politician_fined_for_hate_speech_against/

[57] § 192 StGB Beleidigung trotz Wahrheitsbeweises: «Der Beweis der

Wahrheit der behaupteten oder verbreiteten Tatsache schließt die Bestrafung nach §185 (Beleidigung) nicht aus, wenn das Vorhandensein einer Beleidigung aus der Form der Behauptung oder Verbreitung oder aus den Umständen, unter welchen sie geschah, hervorgeht.» Siehe auch: https://dejure.org/gesetze/StGB/192.html

[58] § 332, ungarisches Strafgesetzbuch, siehe Anhang C «Ungarn»

[59] Grundgesetz Ungarn, Artikel IX (5), siehe Anhang C «Ungarn»

[60] UN General Comment No. 34, 12. September 2011 (CCPR/C/GC/34), § 2. Link: https://www.humanrights.ch/cms/upload/pdf/111201_CCPR-C-GC-34.pdf

[61] Mchangama, Jacob; The sordid origin of hate-speech laws, in: Hoover Institution, Policy Review, No. 170, 01. Dezember 2011, S. 1

[62] Verordnung des Reichspräsidenten zum Schutz von Volk und Staat, 28. Februar 1933, § 1; http://www.verfassungen.de/de33–45/reichstagsbrand33.htm

[63] Lord Justice Sedley im Verfahren Redmond-Bate v. DPP 163 JP [1999].

1: Die Allgemeine Erklärung der Menschenrechte

[64] Mchangama, Jacob; The sordid origin of hate-speech laws, in: Hoover Institution, Policy Review, No. 170, 01. Dezember 2011, S. 1

[65] Morsink, Johannes; The Universal Declaration of Human Rights: Origins, Drafting, and Intent, 1999, S. 66

[66] Ebenda, S. 67

[67] E/800, 28. Juni 1948, S. 28

[68] E/800, 28. Juni 1948, S. 42

[69] So der belgische Vertreter Fernand Dehouse, A/C. 3/SR. 128, 09. November 1948, S. 414

[70] A/C. 3/SR. 129, 10. November 1948, S. 421

[71] Morsink, 1999, S. 68

[72] A/PV. 182, 10. Dezember 1948, S. 57

[73] A/PV. 180, 09. Dezember 1948, S. 54

[74] Ebenda

[75] Morsink, 1999, S. 93

[76] E/CN. 4/SR. 34, 12. Dezember 1947, S. 9

[77] Quelle: https://www.1000dokumente.de/pdf/dok_0021_ver_de.pdf

[78] Quelle: http://www.verfassungen.net/yu/verf46-i.htm

[79] E/CN. 4/52, 6. Dezember 1947, S. 6

[80] Morsink, 1999, S. 70

[81] E/CN. 4/AC. 2/SR/9, 10. Dezember 1947, S. 6–7

[82] Morsink, 1999, S. 72

[83] Mchangama, 2011, S. 4.

2: Nachfolgende Menschenrechtsabkommen

[84] Im Folgenden verwendete englische Abkürzung für *International Covenant on Civil and Political Rights.*

[85] Vgl. Bossuyt, Marc; Guide to the «Travaux Préparatoires» of the International Covenant on Civil and Political Rights, 1987, S. 403–411

[86] Report of the Commission on Human Rights, Second Session, E/600, 17. Dezember 1947, S. 35

[87] E/CN. 4/AC. 1/SR. 28. Vgl. Bossuyt, 1987, S. 403

[88] E/CN. 4/SR. 377, 16. Oktober 1953, S. 4. Vgl. Farrior, Stephanie; Molding The Matrix: The historical and theoretical foundations of international law concerning hate speech, in: 14 Berkeley Journal of International Law, 1, 1996, § 25

[89] A/C. 3/SR. 1079, 20. Oktober 1961, §9; E/CN. 4/SR. 377, 16. Oktober 1953, § 26

[90] Eleanor Roosevelt, Commission on Human Rights, Second Session, E/CN. 4/SR. 174, 06. Mai 1950, S. 6

[91] Sixteenth Session of the General Assembly, A/5000, 05. Dezember 1961, S. 13

[92] Ebenda

[93] Ebenda, S. 14

[94] Farrior, 1996, § 31

[95] Mchangama, 2011, S. 5

[96] ICERD ist die im Folgenden verwendete englische Abkürzung für *International Convention on the Elimination of all Forms of Racial Discrimination.*

[97] Der Artikel fordert ein gesetzliches Verbot; das Kontrollorgan des Abkommens geht davon aus, dass damit das Strafrecht gemeint sei, vgl. Farrior, 1953, § 51

[98] Mendel, Tony; Does International Law Provide for Consistent Rules on Hate Speech?, in: Herz, Michael/Molnar, Peter (Hrsg.); The Content and Context of Hate Speech: Rethinking Regulation and Responses, 2012, S. 47

[99] Lérner, Natán; The UN Convention on the Elimination of All Forms of Racial Discrimination, 1980, S. 43

[100] Morris, Abram; E/CN. 4/Sub.2/SR. 418; Lérner, 1980, S. 51

[101] E/CN. 4/Sub.2/L. 308, Add.1/Rev.1/Corr.1

[102] Ebenda, L. 314

[103] Amendments A/C. 3/L/1220, A/C. 3/L/1210, A/C. 3/T/1208. Vgl. auch Lérner, 1980, S. 45

[104] Third Committee, A/C. 3/SR. 1315, 22. Oktober 1965, § 1

[105] Ebenda

[106] Ebenda

[107] Ebenda

[108] Third Committee, 1965, § 2

[109] Ebenda, §§ 4–17, 20

[110] Frau Sekaninova, Third Committee, 1965, § 6

[111] Herr Ospina, A/PV. 1406, 21. Dezember 1965, §§ 70–72

[112] Mchangama, 2011, S. 6–7

[113] Herr Ospina, 1965, § 112

[114] Ebenda, §§ 112–122.

3: Umsetzung in nationales Recht

[115] Diese Vorgehensweise ist immer noch üblich, zum Beispiel im zypriotischen «Hassrede»-Gesetz (134(I)/2011; Auszüge siehe Anhang C «Zypern»), wo es in der Präambel heißt, dass es zum Zwecke der Harmonisierung mit einer Richtlinie erlassen werde, welche den Titel trägt: «Framework Decision 2008/913 / JHA of 28 November 2008 on combating certain forms and expressions of racism and xenophobia by means of criminal law.»

[116] Art. 654 Strafgesetzbuch, siehe Anhang C «Italien»

[117] Artikel 2 des Gesetzes vom 30. Juli 1981 zur Ahndung bestimmter Taten, denen Rassismus oder Xenophobie zugrunde liegen

[118] Vgl. «Blasphemy, insult and hatred – Finding answers in a democratic society», Venedig-Kommission 2010, S. 163

[119] So heißt es in einer Resolution des Europäischen Parlamentes 2009: «[Das Parlament] begrüßt die Annahme des Rahmenbeschlusses 2008/913/JI des Rates vom 28. November 2008 zur strafrechtlichen Bekämpfung bestimmter Formen und Ausdrucksweisen von Rassismus und Fremdenfeindlichkeit nach der politischen Einigung vom Dezember 2007; verweist auf seinen Standpunkt vom 29. November 2007(11), in dem es den Vorschlag befürwortet hat; fordert die Kommission auf, nach Konsultation der Agentur einen entsprechenden

Rechtsakt zur Bekämpfung von Homophobie vorzuschlagen; [...]»
Entschließung des Europäischen Parlamentes zu der Lage der Grundrechte in der Europäischen Union 2004–2008 (2007/2145(INI))

[120] Englische, allgemein verwendete Abkürzung (*Non-governmental organization*)

[121] Englische, allgemein verwendete Abkürzung (*European Commission against Racism and Intolerance*)

[122] ECRI ist damit beauftragt, den Mitgliedsstaaten konkrete und prakti-sche Ratschläge zu geben, wie man auf nationaler Ebene Rassismus- und Intoleranz-Probleme angehen kann

[123] Allgemeine Politik-Empfehlung (Nr. 7) «Über nationale Gesetzgebung zur Bekämpfung von Rassismus und Rassendiskriminierung», Eu-roparat, angenommen am 13. Dezember 2002

[124] Englische, allgemein verwendete Abkürzung: *Lesbian, Gay, Bisexual, Transgender* (lesbische, schwule, bisexuelle und Transgender-Per-sonen)

[125] Annual Report on ECRI's Activities, 2013, S. 13

[126] ECRI Report on Lithuania (fourth monitoring cycle), 13. September 2011, S. 14

[127] Ebenda, S. 24. Siehe auch OSZE-Pressemitteilung vom 02. Juli 2012: «‹Die Rede sollte nicht kriminalisiert werden›, sagte die Beauftragte für die Freiheit der Medien der OSZE nach der Verurteilung eines litauischen Journalisten»

[128] ECRI Report on Hungary (fourth monitoring cycle), 24. Februar 2009, S. 6

[129] Molnar, 2011

[130] Annual Report on ECRI's Activities 2013, S. 12

[131] Molnar, 2011, S. 247

[132] Ebenda

[133] ECRI Report on Hungary, 2009, S. 6

[134] ECRI merkt an: «Die Ergänzung scheint tatsächlich einigen wegwei-senden Urteilen des Verfassungsgerichts zur Redefreiheit zu wider-sprechen, welches verfügt, dass der Rückgriff auf das Strafrecht, um die Meinungsfreiheit zu beschränken, nur in extremen Fällen zulässig ist, die eine eindeutige und gegenwärtige Gefahr öffentlicher Ruhe-störung darstellen. Daher hofft ECRI, dass die Ergänzung den Weg für eine weniger restriktive Vorgehensweise bei der Verfolgung von Hass-rede bahnt. Gleichzeitig wird die von der Venedig-Kommission geäu-

ßerte Besorgnis wiederholt, insbesondere, dass die in der Ergänzung verwendeten Begriffe das Potenzial eines großen Anwendungsbereichs haben und auch angewandt werden können, um die Kritik an ungarischen Institutionen und Amtsträgern zu beschneiden.» ECRI Report on Hungary, 2015, S. 11

[135] Ebenda, S. 19

[136] Ebenda

[137] Ebenda

[138] So zum Beispiel das EU-Parlament (siehe Resolution vom 14. Januar 2009) und die Europäische Grundrechteagentur FAR (zum Beispiel Factsheet «Rechte von Lesben, Schwulen, Bisexuellen und Transgender-Personen (LGBT) in der Europäischen Union» 2010)

[139] Allgemein verwendete englische Abkürzung (*Committee on the Elimination of Racial Discrimination*)

[140] CERD/C/AUT/CO/17, 21. August 2008, § 15 (Zitat aus nicht-amtlicher Übersetzung, S. 4)

[141] In diese Gruppen gehören «Kriterien der Rasse, der Hautfarbe, der Sprache, der Religion oder Weltanschauung, der Staatsangehörigkeit, der Abstammung oder nationalen oder ethnischen Herkunft, des Geschlechts, einer körperlichen oder geistigen Behinderung, des Alters oder der sexuellen Ausrichtung», siehe Anhang C «Österreich». Auch der UN-Menschenrechtsrat setzte das Land unter Druck; in dessen *Universal Periodic Review* sind die «restriktiven» Hassrede-Gesetze in Österreich erneut thematisiert, vgl. «Austria», A/HRC/17/8, 18. März 2011

[142] «Nach Erhebung einer vom RKL unterstützten Beschwerde an den Europäischen Gerichtshof für Menschenrechte hat der Nationalrat im Oktober 2011 die Erweiterung des gesetzlichen Schutzes gegen Verhetzung (§ 283 Strafgesetzbuch) auf sexuelle Orientierung beschlossen.» Vgl. *Rechtskomitee Lambda*, «Größte Erfolge» (www.rklambda.at)

[143] Gesetz vollständig unter Link: https://www.jusline.at/gesetz/stgb/paragraf/283

[144] Morsink, 1999, S. 93.

TEIL ZWEI: Die Auswirkungen der europäischen «Hassrede»-Gesetze

[145] Sharon Vogelenzang, nachdem die Anklage gegen sie und ihren Mann zwar fallen gelassen wurde, sie aber in Folge der öffentlichen Ruf-

schädigung ihre Hauptkunden verloren hatten und ihr Hotel in Liverpool verkaufen mussten, *Daily Mail*, 27. März 2010; Link: https://www.dailymail.co.uk/news/article-1261199/Were-selling -hotel-say-Christian-couple-row-Muslim-guest.html

4: Polizeiliche Ermittlungen

[146] «Belgian Cardinal says most gays are perverts» (Belgischer Kardinal sagt, die meisten Schwulen seien pervers, *The Irish Times*, 22. Januar 2004); «Interview mit Kardinal Joos sorgt für Aufsehen» (Die Tagespost, https://www.die-tagespost.de/kirche-aktuell/Interview-mit -Kardinal-Joos-sorgt-fuer-Aufsehen;art312,112246, aktualisiert am 21.08.2019)

[147] «Maverick Cardinal faces Court Action» (Querdenker-Kardinal muss mit Gerichtsverfahren rechnen, *The Catholic Herald*, 30. Januar 2004)

[148] «Bishop accused of incitement to hatred in homily» (Bischof wegen Aufstachelung zu Hass in Predigt angeklagt, *Irish Independent*, 29. Januar 2012)

[149] Papst Benedikt XVI., Spe salvi, 2007

[150] Gesetz über das Verbot der Aufstachelung zum Hass

[151] Vgl. Anhang C «Irland»

[152] «Irish Bishop may be prosecuted for hate speech» (*Irish Central*, 30. Januar 2012)

[153] «Liberal outrage in Spain: Homosexual groups seek prosecution of bishop over sermon on homosexuality» (Liberale Empörung in Spanien: Homosexuelle Gruppen wollen Bischof wegen Predigt über Homosexualität strafrechtlich verfolgen, *Life Site News*, 18. April 2012)

[154] «Obispo Reig Plà: No quiero ofender a nadie, pero no renuncio a anunciar la verdad en la caridad» (Bischof Reig Plà: Ich möchte niemanden beleidigen, aber ich verzichte nicht darauf, die Wahrheit in Liebe zu sagen, *Religión en Libertad*, 16. April 2012)

[155] «Monsignor ‹dog with a bone›» (Monsignore «Harter Hund», *El País*, 17. Juni 2012)

[156] «Spanish prosecutor to investigate Cardinal-elect for calling homosexuality ‹defective›» (Spanischer Staatsanwalt soll gegen designierten Kardinal ermitteln, weil er Homosexualität als «fehlerhaft» bezeichnet hat, *Life Site News*, 07. Februar 2014)

[157] «Swiss Gay Group Files Criminal Complaint Against Catholic Bishop for Old Testament Speech» (Schweizer Schwulengruppierung stellt

Strafanzeige gegen katholischen Bischof wegen Rede aus dem Alten Testament), *Newsweek*, 10. August 2015

[158] «Strafanzeige gegen Bischof Huonder» (*Pink Cross* Pressemitteilung, 2015). «Bischof Huonder: Aussagen zur Homosexualität nicht so gemeint» (*Aargauer Zeitung*, 02. August 2015)

[159] Am 7. Oktober 2015 stellte die Staatsanwaltschaft Graubünden das Strafverfahren ein

[160] Zitiert nach: Ausschuss für die Beseitigung der Rassendiskriminierung, Mitteilung Nr. 48/2010. Meinung des Ausschusses, angenommen bei seiner 82. Tagung (11. Februar bis 08. März 2013), S. 4

[161] Verfahren des «Türkischen Bundes Berlin-Brandenburg» gegen die Bundesrepublik Deutschland (CERD/C/82/D/48/2010), 4. April 2013, § 12.6 und 12.7. Die Empfehlung des CERD an Deutschland lautete: «Der Ausschuss empfiehlt dem Vertragsstaat, seine Grundsätze und Verfahren bezüglich der Strafverfolgung in Fällen, in denen Rassendiskriminierung in Form der Verbreitung von Ideen der Überlegenheit gegenüber anderen ethnischen Gruppen im Sinne von Artikel 4 Buchstabe a des Übereinkommens und in Form des Aufreizens zur Diskriminierung aus solchen Gründen geltend gemacht wird, im Lichte seiner Verpflichtungen aus Artikel 4 des Übereinkommens zu überprüfen.»; siehe auch: «UN rügen Deutschland wegen Sarrazin», *Die Zeit*, 18. April 2013

[162] «Novinarka EPH Slavica Lukić prva osuđena zbog javnog sramoćenja», *Narod*, 07. April 2014

[163] «Ukinuta presuda novinarki Slavici Lukić za sramoćenje Medikola», *Novilist*, 26. Juli 2014

[164] «Vuksić: Defamation conviction of journalist Slavica Lukić is a disgrace» (Vuksić: Urteil wegen Diffamierung gegen die Journalistin Slavica Lukić ist eine Schande, *Dalje*, 09. April 2014)

[165] Die Beauftragte für die Freiheit der Medien der OSZE, Dunja Mijatović, schrieb: «Dieses Urteil sendet eine Art Drohung aus, die die Informationsfreiheit begrenzen und Informationen über Themen von öffentlichem Interesse einschränken könnte. Ich fordere die kroatische Regierung auf, diesen Straftatbestand aus dem Strafgesetzbuch zu entfernen und Diffamierung insgesamt zu entkriminalisieren.» Vgl. Hedl, Drago; Croatia, a law threatens journalists, in: *Osservatorio Balcani e Caucaso*, 18. April 2014

166 «Marine Le Pen verliert Abgeordneten-Immunität», *Der Spiegel*, 02. Juli 2013

167 «Payout for anti-gay preacher over arrest: Landmark ruling in Christian's battle for free speech» (Zahlung an anti-schwulen Prediger wegen Festnahme: wegweisende Entscheidung im Kampf der Christen für Redefreiheit, *The Daily Mail*, 10. Dezember 2010)

168 «Street preacher awarded £4000 for wrongful arrest over gay remarks» (Straßenprediger wurden 4.000 brit. Pfund zugestanden, weil er wegen Bemerkungen über Schwule unrechtmäßig festgenommen worden war, *Life Site News*, 14. Dezember 2010)

169 «Christian preacher on hooligan charge after saying he believes that homosexuality is a sin» (Christlicher Prediger unter Hooligan-Anklage, nachdem er gesagt hatte, er glaube, dass Homosexualität eine Sünde sei, *The Daily Mail*, 01. Mai 2010)

170 «Christian preacher arrested for saying homosexuality is a sin» (Christlicher Prediger festgenommen, weil er sagte, Homosexualität sei eine Sünde, *The Telegraph*, 02. Mai 2010)

171 «Charge against ‹gay sin› preacher dropped» (Klage gegen «Schwulsein ist Sünde»-Prediger fallengelassen, *BBC News*, 17. Mai 2010)

172 Vgl. http://www.youtube.com/watch?v=12LtOKQ8U7c&feature=player_embedded

173 «US street preacher Tony Miano may sue police after Dundee arrest» (US-Straßenprediger Tony Miano kann nach Festnahme in Dundee die Polizei verklagen, *The Courier*, 16. Juni 2014)

174 «Christian arrested for calling homosexuality a ‹sin› warns of a ‹real-life thought police›» (Christ, der festgenommen wurde, weil er Homosexualität eine «Sünde» nannte, warnt vor einer «realen Gedankenpolizei», *The Telegraph*, 04. Juli 2013); vgl. auch *Kirche in Not*; Religionsfreiheit weltweit, Bericht 2014, S. 3

175 «Street preacher held by Police for 19 hours gets £13,000» (Straßenprediger erhält 13.000 brit. Pfund, weil er 19 Stunden von der Polizei festgehalten wurde, *The Christian Institute*, 31. März 2014)

176 «Street preachers cleared of all charges» (Straßenprediger von allen Anklagepunkten freigesprochen, *Christian Concern*, 27. Mai 2015)

177 «Cartoon Body Count: Death by Drawing» (Tod durch Zeichnen; Cartoon Body Count, 11 April 2006); Dänemark – Mordanschlag auf Mohammed-Karikaturisten *Süddeutsche Zeitung*, 17. Mai 2010. Am 07. Januar 2016 wurden zwölf Menschen bei der Erstürmung der

Redaktion von *Charlie Hebdo* durch muslimische Täter erschossen. Die französische Satirezeitschrift mit Sitz in Paris hatte mehrfach Mohammed-Karikaturen veröffentlicht

[178] Director of Public Prosecutions, «Decision on Possible criminal proceedings in the case of Jyllands-Posten's Article ‹The Face of Muhammed›», Aktenz. RA-2006–41–0151, 15. März 2006

[179] Decision of the Human Rights Committee under the Optional Protocol to the International Covenant on Civil and Political Rights (UN Human Rights Committee, 18. April 2008)

[180] «Danish paper apologizes for printing Mohammed cartoon» (Dänisches Blatt entschuldigt sich für den Abdruck einer Mohammed-Karikatur, *BBC News*, 26. Februar 2010)

[181] «Police say sorry for interrogating Christian couple about moral beliefs» (Polizei entschuldigt sich für Verhör eines christlichen Paares über deren moralische Überzeugungen, *The Christian Institute*, 22. Dezember 2006)

[182] «Grandmother who objected to gay march is accused of hate crime» (Großmutter, die Schwulenparade ablehnte, wird wegen Hassverbrechens angeklagt, *Daily Telegraph*, 26. Oktober 2009)

[183] «Police ‹sorry› for moral quizzing» (Polizei tut moralisches Ausfragen «leid», *BBC News*, 23. Dezember 2006); «Police say sorry for interrogating Christian couple about moral beliefs» (Polizei entschuldigt sich für Verhör eines christlichen Paares über deren moralische Überzeugungen, *The Christian Institute*, 22. Dezember 2006)

[184] «Defending faith against the thought police» (Den Glauben gegen die Gedankenpolizei verteidigen, *Catholic Herald*, 16. April 2010)

[185] «Marginalising Christians: Instances of Christians being sidelined in modern Britain» (Die Marginalisierung von Christen: Christliche Instanzen werden im modernen Großbritannien an den Rand gedrängt, *The Christian Institute*, 2009, S. 37–38)

[186] «Teenager faces prosecution for calling Scientology ‹cult›» (Teenager droht strafrechtliche Verfolgung, weil er Scientology «Sekte» nennt, *The Guardian*, 20. Mai 2008); vgl. auch: «Teenager, 15, facing prosecution for holding a sign labeling Scientology ‹cult›», *Daily Mail*, 21. Mai 2008

[187] «No charges over Scientology demo» (Keine Anklagen wegen Scientology-Demo, *BBC News*, 23. Mai 2008)

[188] «All the rage in Denmark: Yahya Hassan and the Danish Integration

Debate» (In Dänemark ganz aktuell: Y. H. und die dänische Integrationsdebatte, *Los Angeles Review of Books*, 23. März 2014); vgl. auch Yahya Hassan: Er ist einer von denen, *Die Zeit*, 16. April 2014

[189] Harrod, Andrew E.; Danish Muslim Apostate Faces Hate Speech Charges (Dänischer glaubensabtrünniger Moslem vor Anklage wegen Hassrede, *Front Page Magazine*, 02. Januar 2014)

[190] «Star poet Yahya Hassan assaulted in Copenhagen» (Stardichter Y. H. in Kopenhagen angegriffen, *The Local dk*, 20. April 2015). 2016 wurde Hassan wegen Fahrens unter Drogeneinfluss aus der Partei ausgeschlossen, siehe auch: «Konflikte in dänischen Einwanderervierteln – Lyriker mit Pistole», *Süddeutsche Zeitung*, 22. März 2016. Im September 2016 wurde er zu einer Haft- und einer Geldstrafe verurteilt, weil er einen Siebzehnjährigen angeschossen hatte, siehe auch: Stardichter muss ins Gefängnis, *Frankfurter Rundschau*, 16. September 2016

[191] «Charges filed for threats against Yahya Hassan» (Anklage erhoben wegen Drohungen gegen Yahya Hassan, *Online Post*, 29. November 2013)

[192] «Yahya Hassan not worried about racism charge» (Yahya Hassan macht sich um Anklage wegen Rassismus keine Sorgen, *Online Post*, 02. Dezember 2013)

[193] «Police launch probe into church sign that suggested non-Christians will burn in hell after one person complained» (Polizei leitet Untersuchung wegen Kirchenschild ein, das behauptete, Nicht-Christen würden in der Hölle brennen, nachdem sich jemand beschwerte, *Daily Mail*, 23. Mai 2014)

[194] «Skurriler Prozess: Fröhlicher Jodler stört Muslime – Geldstrafe», *Express*, 27. Oktober 2010. Link: https://www.express.de/news/skurri ler-prozess-froehlicher-jodler-stoert-muslime—geldstrafe-18059982

[195] Alexander, Gerard; Illiberal Europe, in: American Enterprise Institute for Public Policy Research, 2006; S. 3.

5: Gerichtsverfahren

[196] Seine Bemerkungen erschienen in einem Artikel in La Voix du Nord, 26. Januar 2005

[197] «Wird EU zu einem unterdrückerischen Regime?», *kath.net*, 05. Februar 2007, Link: http://www.kath.net/news/15898

198 Gesetz über die Pressefreiheit, 29. Juli 1881, siehe Anhang C «Frankreich». Vanneste wurde zur Zahlung von insgesamt 12.000 € verurteilt

199 Das Urteil des Kassationshofes findet sich unter http://legifrance.gouv.fr/

200 «Wilders Dutch Hate speech case should be dropped» (Wilders' niederländische Hassrede-Anklagen sollten fallengelassen werden, *BBC News*, 15. Oktober 2010)

201 Siehe Anhang C «Niederlande»

202 Die Filmvorführung wurde später nachgeholt, siehe auch: «Briten protestieren gegen Wilders-Film im Parlament», *Die Welt*, 06. März 2010

203 «Heathrow: Rechtspopulist Wilders durfte nicht einreisen», *Die Presse*, 12. Februar 2009. Das Einreiseverbot dauerte vom 12. Februar bis zum 13. Oktober 2009 und wurde erst aufgehoben, als Wilders Berufung einlegte; vgl. «Rechtspopulist gewinnt Klage gegen Einreiseverbot», *Die Welt*, 14. Oktober 2009

204 *Regulation 19 of the Immigration (European Economic Area) Regulations 2006*. Vgl. auch «UK's ban of Dutch MP criticised» (Einreiseverbot für niederländischen Parlamentarier in das Vereinigte Königreich kritisiert, *BBC News*, 13. Februar 2009)

205 Quelle: www.geertwilders.nl/images/images/letter-denying-geert -wilders-entry-into-uk.pdf

206 «Rechtspopulist freigesprochen – Geert Wilders, der Islam und die Demokratie», *Der Tagesspiegel*, 24. Juni 2011

207 «Swedish Politician Fined for Hate Speech Against Islam» (Schwedischer Politiker wegen Hassrede gegen Islam zu Geldstrafe verurteilt, *Cherson and Molschky*, 11. Mai 2014)

208 Das Urteil findet sich unter https://sverigesradio.se/diverse/appdata/ isidor/files/105/14289.pdf

209 «Justice has triumphed!» (Die Gerechtigkeit hat gesiegt! *Sverigedemokraterna Karlskrona*, 02. Juni 2015). Siehe auch: Islam-Beleidigung keine Volksverhetzung, *Sverigesradio*, 02. Juni 2015, Link: https://sverigesradio.se/sida/artikel.aspx?programid=2108&artikel=6180123)

210 «It's All About Opinions» (Es geht um Meinungen, *International Free Press Society*, 10. Februar 2009)

211 «The Netherlands: van Dijke» (Article 19, 09. Januar 2001)

[212] «Euro Letter» (The European Region of the International Lesbian and Gay Association, November 1998). Siehe auch Anhang C «Niederlande»

[213] Moy, Abigail; Hype and Stereotype: The Role of the Media in Shaping Public Discourse on Minorities, 2001; Dutch Supreme Court: HR 09. Januar 2001, LJN: AA9367, Hoge Raad, 00945/99

[214] Het interview met imam El-Moumni, *Nova*, 23. Januar 2003; Link: http://archief.ntr.nl/nova/page/detail/nieuws/39/Het%20inter view%20met%20imam%20El-Moumni.html

[215] «Dutch Court acquits Muslim cleric of discrimination charges after anti-gay statement» (Niederländisches Gericht spricht muslimischen Geistlichen nach anti-schwuler Äußerung von Diskriminierungs-An-klage frei, *Worldwide Religious News*, 08. April 2002)

[216] The Hague Court of Appeal: Hof 18. November 2002, LJN: AF0667, Gerechtshof's-Gravenhage, 2200359302

[217] «Dutch court clears anti-gay imam» (Niederländisches Gericht spricht anti-schwulen Imam frei *BBC News*, 09. April 2002)

[218] «Dans quelques années, je risquerai la prison» (In einigen Jahren werde ich dafür eine Gefängnisstrafe riskieren, *Télé Moustique*, 04. April 2007)

[219] Auszüge aus der aktuellen Fassung dieser Gesetze siehe Anhang C «Belgien»

[220] «Bishop Cleared of Anti-Homosexual ‹Crime›» (Bischof von anti-homosexuellem «Verbrechen» freigesprochen, *Life Site News*, 06. Juni 2008)

[221] «Erzbischof empört mit Aussage über ‹Gerechtigkeit› von Aids», *Der Spiegel*, 15. Oktober 2010; «New Belgian archbishop faces legal threats over AIDS remarks» (Neuem belgischen Erzbischof drohen rechtliche Schritte wegen AIDS-Bemerkungen; Life Site News, 10. Dezember 2010)

[222] «Muslime klagen gegen Houellebecq», *Der Spiegel*, 22. August 2002

[223] «Houellebecq darf Islam als ‹dümmste Religion› bezeichnen», *Frankfurter Allgemeine Zeitung*, 22. Oktober 2002

[224] Europäische «Hassrede»-Gesetze; Link: http://www.legal-project.org/issues/european-hate-speech-laws

[225] «Houellebecq acquitted of insulting Islam» (Houellebecq von Beleidigung des Islam freigesprochen, *The Guardian*, 22. Oktober 2002)

[226] «Lars Hedegaard Acquitted» (L. H. freigesprochen, *Gates of Vienna*,

20. April 2012). Einige Jahre später wurde ein Attentat auf ihn verübt, vgl. «Anschlag auf dänischen Islamkritiker», *Die Welt*, 06. Februar 2013

[227] Siehe Anhang C «Dänemark»

[228] «Lars Hedegaard Acquitted», 2012

[229] «Denmark: Prosecution of Free Speech Advocate may prompt Changes to Racism Laws» (Dänemark: Klage gegen einen Verfechter der Redefreiheit könnte zu Änderungen bei Rassismus-Gesetzen führen, *The Legal Project*, 06. August 2010)

[230] «Bob Dylan charged in France for quote about Croatians» (Bob Dylan in Frankreich wegen Zitat über Kroaten angeklagt, *CBC News*, 03. Dezember 2013); «Bob Dylan wegen Äußerungen über Kroaten angezeigt», *Kurier*, 03. Dezember 2013

[231] «Klage gegen Bob Dylan in Frankreich abgewiesen», *Der Spiegel*, 16. April 2014

[232] «Du gehst in den Knast, du Homophober!». *Kath.net*, 22. Juli 2014; «Pastor Green before the Swedish Supreme Court», verfügbar unter: http://www.akegreen.org/

[233] «Åke Green cleared over gay sermon» (Åke Green mit Schwulenpredigt freigesprochen, *The Local*, 29. November 2005)

[234] Michael Overd erhielt juristischen Beistand des Christian Legal Centre; Informationen zu seinem Verfahren finden sich unter: www.christianconcern.com

[235] «Pastor James McConnell's Islamic remarks investigated by police» (Pastor J.M.s Bemerkungen über den Islam polizeilich untersucht, *BBC News*, 21. Mai 2014)

[236] «Police question Pastor James McConnell over Islam Remarks» (Polizei verhört Pastor James McConnell über Islambemerkungen, *BBC News*, 06. Juni 2014)

[237] Verwarnung, die zwölf Monate in den Polizeiakten registriert bleibt

[238] «Nordirischer Pastor wegen islamkritischer Predigt angeklagt», *idea*, 19. Juni 2015. Nachtrag: Im Januar 2016 wurde der Pastor von einem Belfaster Gericht freigesprochen

[239] «Knebelung des Abendlandes», *Der Spiegel*, 19. April 2004; «Orianna Fallaci to stand trial for defamation of Islam» (O. F. erwartet Gerichtsverfahren wegen Diffamierung des Islam, *Media Law Prof Blog*, 26. Mai 2005)

[240] «Was Allah sich alles anhören muß [sic!]», *Frankfurter Allgemeine Zeitung*, 13. Juni 2006

[241] «Die Rebellin: Zum Tod von Oriana Fallaci», *Frankfurter Allgemeine Zeitung*, 15. September 2006

[242] «Satirikerin muss wegen Verbal-Attacke auf Papst vor Gericht», *Der Standard*, 12. September 2008; «Dangerously Funny» (Gefährlich witzig, *The Guardian*, 29. September 2008)

[243] Owen, Richard; Comedienne Sabina Guzzanti «insulted Pope» in «poofter devils» gag, in: *Frost's Meditations*, 12. September 2008

[244] «Winchester: Churchill Quote gets Liberty GB Leader Paul Weston Arrested» (Winchester: Zitat Churchills bringt den Führer der *Liberty GB* in Haft, *Liberty GB*, 26. April 2014)

[245] «Arrested for quoting Winston Churchill: European election candidate accused of religious and racial harassment after he repeats wartime prime minister's words on Islam during campaign speech» (Festgenommen, weil er Churchill zitierte: Europäischer Parlamentskandidat wegen religiöser und rassistischer Schikane angeklagt, nachdem er in Wahlkampfrede Worte des Premierministers aus dem Krieg über den Islam wiedergab, *Daily Mail*, 28. April 2014)

[246] «Britain has just witnessed a political arrest. Where is the liberal outrage?» (Großbritannien wird Zeuge einer politischen Inhaftierung. Wo bleibt der liberale Aufschrei?, *The Telegraph*, 29. April 2014)

[247] «Charges against Liberty GB Leader Paul Weston are Dropped» (Anklagen gegen Liberty GB-Führer P.W. wurden fallengelassen, *Liberty GB*, 11. Juni 2014)

[248] Siehe Anhang C «Polen»

[249] «Ein Sieg für die Wahrheit und das Leben», *Die Tagespost*, 14. September 2011. «Pro-life activist acquitted in a criminal lawsuit launched by abortion advocate» (Lebensrechtlerin in Strafverfahren, das von Abtreibungsaktivistin angestrengt worden war, freigesprochen, *Freepl. info*, 13. September 2011)

[250] «Let's delete Article 212 of the Criminal Code» (Lassen Sie uns Artikel 212 des Strafgesetzbuches abschaffen, *Human Rights House*, 07. September 2011)

[251] Verfahren Galus v. Polen, Application no. 61673/10, 15. November 2011; Verfahren Szczerbiak v. Polen, Application no. 23665/09, 15. November 2011

[252] Vgl. die Entscheidungen des EGMR bezüglich der in der vorigen Fußnote genannten Fälle

[253] «Christian hotel owners hauled before court after defending their

beliefs in discussion with Muslim guest» (Christliche Hotelbesitzer vor Gericht gezerrt, nachdem sie in einer Diskussion mit muslimischem Gast ihren Glauben verteidigt hatten, *The Daily Mail*, 20. September 2009)

[254] «Common sense triumphs in Liverpool» (Gesunder Menschenverstand triumphiert in Liverpool; The Guardian, 09. December 2009)

[255] «Christian hoteliers cleared in Muslim abuse row» (Christliche Hoteliers in Streit mit Muslimin um Beleidigung freigesprochen, *BBC News*, 09. Dezember 2009)

[256] Gower Davies, 2010, S. 51

[257] «We're selling our hotel, says Christian couple in row with Muslim guest» (Wir verkaufen gerade unser Hotel, sagt das christliche Paar, das mit muslimischem Gast in Streit geraten war, *Daily Mail*, 27. März 2010)

[258] So enthält die Wikipedia-Seite von Bischof André-Mutien Léonard einen ganzen Absatz zu seinem «Hassrede»-Fall. Ähnlich ist es bei Gustaaf Joos, der 81 Jahre alt wurde und höchste Kirchenpositionen erreichte. Zwei Drittel seines Eintrags widmen sich jedoch seinem Interview mit dem *P-Magazine*.

6: Verurteilungen

[259] «Finnish MP loses committee post after racist remarks» (Finnisches Parlamentsmitglied verliert Ausschussposten nach rassistischen Bemerkungen, *The Tribune*, 13. Juni 2012)

[260] «Finns Party u-turn on MP's hate speech conviction» (Finns Party macht Kehrtwendung nach Hassredeurteil eines Parlamentsmitglieds, *Ice News*, 18. Juni 2012)

[261] «The Trial of Jussi Halla-aho» (Das Gerichtsverfahren gegen J.H., *Gates of Vienna*, 27. August 2009)

[262] «Winter verurteilt: ‹Muss Religion beleidigen dürfen›», *Die Presse*, 23. Januar 2009

[263] Siehe Anhang C «Österreich»

[264] Ebenda

[265] Kern, Soeren; A Black day for Austria, in: *Gatestone Institute*, 26. Dezember 2011

[266] «A Scandalous Judgment» (Ein Skandalurteil, *Gates of Vienna*, 15. Februar 2011); «Urteil zur Geldstrafe bestätigt, Sabaditsch-Wolff

will ‹kämpfen›», *Der Standard*, 20. Dezember 2011. Siehe Anhang C «Österreich»

[267] *Nachtrag:* Der Europäische Gerichtshof für Menschenrechte bestätigte das Urteil im Mai 2019

[268] Verfahren Hoffer und Annen v. Germany, Antragsnr. 397/07 und 2322/07, 13. Januar 2011

[269] § 185 StGB, Siehe Anhang C «Deutschland»

[270] «Gerichtsurteil: Abtreibung darf ‹Kindermord› genannt werden», *kath.net,* 16. November 2006; siehe auch: Ó Fathaigh, Rónán; Anti-Abortion Protest and Freedom of Expression in Europe, in: 17 Colum J. Eur. L. F. 47 (2011)

[271] «European Human Rights Court: Germany is allowed to prohibit comparison between abortion and the Holocaust» (EGMR: Deutschland darf Vergleich zwischen Abtreibung und Holocaust verbieten *Turtle Bay and Beyond*, 16. Januar 2011; ein Urteil von 2015 ist nachzulesen auf der Internetseite von Annen: https://www.babykaust.de/01/2015/europaeischer_gerichtshof_menschenrechte/urteil/egmr_26_11_2015_deutsch.pdf

[272] «Nordirische Lebensschützerin wegen ‹Belästigung› verurteilt», *kath.net*, 21. November 2014; «Bernadette Smyth: Anti-abortion protester wins appeal» (B.S.: Antiabtreibungs-Demonstrantin gewinnt Berufungsprozess, *BBC News*, 29. Juni 2015

[273] «Street preacher convicted by magistrates for displaying a sign saying homosexuality is immoral» (Straßenprediger von Richter verurteilt, weil er ein Schild hielt, auf dem stand, dass Homosexualität unmoralisch sei *The Christian Institute*, 7. Juli 2006

[274] «It shouldn't be a crime to insult someone» (Es sollte kein Verbrechen sein, jemanden zu beleidigen; The Guardian, 18. Januar 2012)

[275] «Danube Blues» (Donau-Blues, *The Guardian*, 26. April 2004; einige Zeit später wurden die ungarischen Gesetze geändert, siehe auch: «Ungarn: Hakenkreuz und Roter Stern wieder erlaubt», *Der Standard*, 20. Februar 2013

[276] «EU-Gericht: Roter Stern in Ungarn nicht strafbar», *Balaton-Zeitung*, 21. März 2012); siehe auch: «Red Star Judgment» (Roter-Stern-Urteil; ECHR Blog, 09. Juli 2008

[277] «Strasbourg court orders Hungary to pay compensation in ‹red star› ban case» (Straßburger Gericht weist Ungarn an, im «roter Stern»-Verbotsfall Entschädigung zu zahlen, *Politics.hu*, 04. November 2011

278 «Hungary refuses to pay red star offender» (Ungarn weigert sich, an «roter Stern»-Straftäter zu zahlen, *Free Hungarian Voice*, 04. Juni 2012)

279 Siehe Anhang C «Schweden»

280 Verfahren Vejdeland u. a. gegen Schweden, Aktenzeichen. 1813/07 Urteil vom 09. Februar 2012;

281 Ebenda, § 54

282 Siehe Anhang C «Deutschland»

283 «Islamkritikerin vor Gericht – Hetze ohne Reue», *Süddeutsche Zeitung*, 06. Februar 2013

284 «Brigitte Bardot: Heroïne of Free Speech» (B.B.: Heldin der Redefreiheit, *The Brussels Journal*, 15. April 2008

285 «Brigitte Bardot risks prison for hate speech» (B.B. riskiert für Hassrede Gefängnisstrafe, *France 24*, 16. April 2008)

286 «Brigitte Bardot wegen Volksverhetzung verurteilt», *Die Welt*, 03. Juni 2008

287 Die Liste enthielt den moldawischen Bürgerbeauftragten, sechs Mitglieder des nationalen Rates der Radio- und Fernsehinstitution und einen Juradozenten einer Rechtswissenschafts-Universität in Moldau

288 «Bloggerul Marian Vitalie a fost învinuit oficial de incitare la discriminare față de persoane LGBT» (Blogger M.V. wegen Aufstachelung zur Diskriminierung von LGBT-Personen angeklagt; www.facebook.com/ ortodox.md/posts/339889842795632/, 15. Februar 2013)

289 «The case of Marian Vitalie: a violation of the rights to freedom of expression and conscience in Moldova» (Der Fall M.V.: eine Verletzung der Rechte auf Meinungs- und Gewissensfreiheit in Moldawien, *ECLJ*, 14. August 2014)

290 «Bigot who spouted vile sectarian abuse on anti-Neil Lennon Facebook page warned he faces jail» (Fanatiker, der bösartige, sektiererische Beleidigungen auf Anti-N.L.-Facebookseite ausstieß, erhielt Warnung vor Gefängnisstrafe, *The Daily Record*, 28. September 2011)

291 «Internet bigot Stephen Birrell jailed for eight months» (Internetfanatiker S.B. geht für acht Monate ins Gefängnis, *BBC News*, 17. Oktober 2011)

292 Ebenda

293 «Stephen Birrell's Conviction Shames Scotland» (Verurteilung von S.M. stellt Schottland Armutszeugnis aus, *The Spectator*, 18. Oktober 2011)

294 «Azhar Ahmed, a tasteless Facebook update, and more evidence of

Britain's terrifying new censorship» (A.A., ein geschmackloses Update auf Facebook und ein weiterer Beweis für Britanniens erschreckende neue Zensur, *The Independent*, 09. Oktober 2012)

[295] «Azhar Ahmed sentenced over Facebook soldier deaths slur» (A.A. wegen Verunglimpfung des Todes von Soldaten verurteilt *BBC News*, 09. Oktober 2012)

[296] Verfahren Sunday Times gegen Großbritannien (1979–80) 2 E.H.R.R. 245, § 49.

«Hassrede» und Gewalt

[297] «Hate crimes – the ugly face of racism, anti-Semitism, anti-Gypsyism, Islamophobia and homophobia»; Europarat, 21. Juli 2008

[298] Concurring Opinion of Judge Yudkivska, Joined by Judge Villiger (zustimmende Stellungnahme von Richter Y., Richter V. schloss sich dem an), Application no. 1813/07, judgement of 09. Februar 2012, § 11

[299] Vgl. Molnar, Peter; Responding to «Hate Speech» with art, education, and the imminent danger test, in: Herz/Molnar (Hrsg.), 2012, S. 195

[300] Vgl. Mengistu, Yared; Shielding marginalized groups from verbal assaults without abusing hate speech laws, in: Herz/Molnar (Hrsg.), 2012, S. 372

[301] So gibt es viele Studien über den Zusammenhang zwischen Hitze und Aggressionen, siehe zum Beispiel «Iowa State researchers present study on how global climate change affects violence» (Bundesstaat Iowa legt Studie vor, wie der globale Klimawandel die Gewalt beeinflusst; 26. März 2010)

[302] ECRI Conclusions on the Implementation of the Recommendations in Respect of Hungary Subject to Interim Follow-Up, European Commission against Racism and Intolerance, 08. Dezember 2011, S. 5 (Hervorhebung P. Coleman)

[303] Bickel, Alexander; Domesticated Civil Disobedience: The First Amendment, from Sullivan to the Pentagon Papers, in: The Morality of Consent, (1975), S. 72–73, zitiert durch Richter Yudkivska und Richter Villiger, Verfahren Vejdeland gegen Sweden, 2012

[304] Antragsnr. 1813/07, 2012, § 8

[305] The Law Commission, Inchoate Liability for Assisting and Encouraging Crime (Einleitende Strafbarkeit bei der Mitwirkung und Ermutigung von Straftaten; Law Com. 300, 2006), § 4.5

[306] Horder, Jeremy; Criminal Attempts, the Rule of Law, and Accountabi-

lity, in: Zedner, L./Roberts, J. (Hrsg.); Principles and Values in Criminal Law and Criminal Justice: Essays in Honour of Andrew Ashworth, 2014, S. 38

[307] Vgl. Mirfield, Peter; Intention and Criminal Attempt, in: Criminal Law Review 140, 2015, S. 1

[308] Criminal Attempts Act 1981, § 1(1)

[309] Siehe zum Beispiel der erwähnte ECRI-Bericht über Ungarn (fifth monitoring cycle), 09. Juni 2015, § 17

[310] Ashworth, Andrew/Horder, Jeremy; Principles of Criminal Law (Prinzipien des Strafrechts), 6th edn, 2009, S. 65–66

[311] Es handelt sich um § 130 und § 166 Strafgesetzbuch, siehe Anhang C «Deutschland»

[312] Borovoy, Alan Alfred; When Freedoms Collide: The Case for our Civil Liberties, 1988, S. 50, zitiert nach: Verfahren R. gegen Keegstra (1990), 3 S.C.R. 697, 854 (abweichende Meinung Richter McLachlin)

[313] Biografie Julius Streicher: https://verwaltungshandbuch.bayerische-landesbibliothek-online.de/streicher-julius; vgl. Showalter, Dennis E.; Jews, Nazis, and the Law: The case of Julius Streicher, in: 6. Simon Wiesenthal Center Annual 133 (1989)

[314] Borovoy, 1988, S. 50

[315] Verordnung des Reichspräsidenten zum Schutz von Volk und Staat, 28. Februar 1933, § 1

[316] Mchangama, 2011, S. 7

[317] Borovoy, 1988, S. 50

[318] Gellman, Susan; Sticks and stones can put you in jail, but can words increase your sentence? Constitutional and Policy Dilemmas of Ethnic Intimidation Laws, in: 39 UCLA L. Rev., 333 (1991), S. 392–93

[319] Third Committee, 22. Oktober 1965, § 1, siehe Kapitel 2.

8: Schutz vor Kränkung und Wahrung der Würde

[320] § R624–4 Strafgesetzbuch, siehe Anhang C «Frankreich»

[321] Empfehlung Nr. R (97) 20 des Ministerkomitees an die Mitgliedstaaten über die «Hassrede» (1997), 4. Grundsatz

[322] Verfahren Gündüz gegen die Türkei, AZ. 35071/97 (ECHR, 04. Dezember 2003), § 37

[323] Verfahren Vejdeland gegen Sweden, 2012, §§ 54–55 des Urteils

[324] NJA 2005, S. 826

[325] A/C. 3/SR. 1079, 20. Oktober 1961, § 9

326 Macaulay (1898b, S. 123), zitiert nach: Asad, Ali Ahmed; Specters of Macaulay: Blasphemy, The Indian Penal Code, and Pakistan's Post-colonial Predicament, in: Kaur, Raminder/Mazzarella, William (Hrsg.); Censorship in South Asia, 2009

327 Lawrence, Charles R. III/Matsuda, Mari J.; Words That Wound: Critical Race Theory, Assaultive Speech, And The First Amendment, 1993

328 Gower Davies, 2010, S. 8

329 Ebenda

330 Verfahren R. gegen Irland (1997), 3 WLR 534

331 Zum Beispiel im Verfahren Handyside gegen Großbritannien (1976), 1 E.H.R.R. 737 § 49

332 EGMR, Factsheet – Hate speech, 2012, S. 1

333 Verfahren Féret gegen Belgien, Application no. 15615/07, judgement of 16th July 2009

334 Leigh, Ian; Damned if they do, damned if they don't: the European Court of Human Rights and the protection of religion from attack, in: *Res Publica*, 17(1), 2011, S. 55–73, § 70

335 Vgl. Waldron, Jeremy; The Harm in Hate Speech, Harvard 2012

336 Ebenda S. 106

337 Ebenda

338 Ebenda, S. 114

339 Ebenda, S. 113

340 Ebenda, S. 114–115

341 Ebenda, S. 113

342 Ebenda

343 Ebenda

344 Ebenda

345 Ebenda, S. 115

346 Artikel IX (5) Magyarország Alaptörvénye (Grundgesetz Ungarns, siehe Anhang C «Ungarn»); dt. Übersetzung hier aus: Entschließung des Europäischen Parlaments vom 12. September 2018 zu einem Vor-schlag, mit dem der Rat aufgefordert wird, im Einklang mit Artikel 7 Absatz 1 des Vertrags über die Europäische Union festzustellen, dass die eindeutige Gefahr einer schwerwiegenden Verletzung der Werte, auf die sich die Union gründet, durch Ungarn besteht (2017/2131(INL)), Absatz (61)

347 § 216 polnisches Strafgesetzbuch, siehe Anhang C «Polen»

[348] «Der Beweis der Wahrheit der behaupteten oder verbreiteten Tatsache schließt die Bestrafung nach § 185 nicht aus.» § 192 StGB

[349] § 188 österreichisches Strafgesetzbuch, siehe Anhang C «Österreich»

[350] § 198 griechisches Strafgesetzbuch, siehe Anhang C «Griechenland»

[351] Ebenda, § 196

[352] § 166 bulgarisches Strafgesetzbuch, siehe Anhang C «Bulgarien»

[353] § 110(e) dänisches Strafgesetzbuch, siehe Anhang C «Dänemark»

[354] «You Can't Say That» (Das können Sie nicht sagen, *New York Times*, 22. Juni 2012)

[355] Waldron, 2012, S. 139

[356] Waldron, 2012, S. 4

[357] Waldron, 2012, S. 96

[358] Parekh, Bhikhu; Is There a Case for Banning Hate Speech?, in: Herz/Molnar(Hrsg.), 2012, S. 44

[359] Zum Beispiel Stephen Birrell/Schottland und Kardinal Fernando Sebastián Aguilar/Spanien, siehe Kapitel 4

[360] Pastor John Rose/England, siehe Kapitel 4

[361] Waldron, 2012, S. 96

[362] Lamond, Grant; What is a Crime?, in: Oxford Journal of Legal Studies 27(4), 2007, S. 610 (Hervorhebungen P. Coleman)

[363] Ebenda, S. 614

[364] Ebenda, S. 621

[365] Ebenda, S. 628

[366] «Daß [sic!] der einzige Zweck, um dessentwillen man Zwang gegen den Willen eines Mitglieds einer zivilisierten Gemeinschaft recht-mäßig ausüben darf, der ist: die Schädigung anderer zu verhüten.» Mill, John Stuart; Über die Freiheit, Stuttgart 1988, S. 16

[367] Ashworth, Andrew/Horder, Jeremy, 2009, S. 52

[368] Europäische Menschenrechtskonvention; Link: www.echr.coe.int/Documents/Convention_DEU.pdf

[369] Allgemeine Erklärung der Menschenrechte, Link: www.menschen-rechtserklaerung.de/die-allgemeine-erklaerung-der-menschenrech-te-3157/

[370] Bingham, Tom; The Rule of Law, London 2010.

9: Eine Zukunft der Zensur?

[371] Marcuse, Herbert; Repressive Toleranz, Frankfurt 1970, S. 118 f

[372] Russische Schachtelpuppe aus Holz, in der sich jeweils immer kleinere Puppen befinden

[373] Human Rights Committee Report of Iceland, Büro der UN in Genf, 10. Juli 2012

[374] Gesetz zur Bekämpfung von Sexismus an öffentlichen Orten, siehe Anhang C «Belgien»: «tout geste ou comportement qui […] a manifestement pour objet d'exprimer un mépris à l'égard d'une personne, en raison de son appartenance sexuelle, ou de la considérer, pour la même raison, comme inférieure ou comme réduite essentiellement à sa dimension sexuelle et qui entraîne une atteinte grave à sa dignité», Kapitel 2, Artikel 2

[375] «Belgien: Neues Gesetz gegen Sexismus in der Öffentlichkeit», vgl. http://merlin.obs.coe.int/iris/2014/10/article4.de.html

[376] Europäische Grundrechteagentur; Homophobie, Transphobie und Diskriminierung aufgrund der sexuellen Ausrichtung und der Geschlechtsidentität in den EU-Mitgliedstaaten, 2010, S. 11

[377] Ebenda, S. 16

[378] Rise, Eirik et al.; Online Hate Speech, 2013, § 4

[379] Factsheet – Hate Speech, Europarat, 2008, § 2

[380] Vgl. Wenke, Joe; Deciphering Hate Speech: How Coded Words Like «Family» Breed Contempt (Die Entzifferung der Hassrede: Wie codierte Ausdrücke wie «Familie» Verachtung erzeugen), in: *The Huffington Post*, 07. Februar 2013

[381] Rede der damaligen Innenministerin Theresa May bei der *Conservative Party Conference* 2014

[382] Vgl. https://defendfreespeech.org.uk/edos-more-information/

[383] Robinson, Paul H.; The Criminal-Civil Distinction and The Utility of Desert, in: Faculty Scholarship 1996, S. 208

[384] Ebenda (Hervorhebung P. Coleman)

[385] «Christian demoted for views on gay weddings» (Christ wegen Ansichten über Homo-Ehe degradiert, *Daily Telegraph*, 24. Oktober 2011)

[386] «Bus driver faces disciplinary action over marriage petition» (Busfahrer werden wegen Ehe-Petition disziplinarische Maßnahmen angedroht; Christian Concern, 14. März 2012)

[387] «Ex-MP ousted in Dundee advice bureau gay marriage row» (Ex-Parlamentarier in Dundee aus Beratungsbüro gedrängt, Streit über Homo-Ehe, *BBC News*, 28. Oktober 2011)

[388] «Green Party Expels Brighton Councillor Christina Summers For Opposing Gay Marriage» (Grüne Partei treibt Stadträtin C.S. aus dem Amt, weil sie die Homo-Ehe ablehnt, *The Huffington Post*, 11. September 2012)

[389] Ein Mann. Eine Frau. Argumente für die Ehe zum Wohl der Gesellschaft

[390] «Storm as Law Society bans conference debating gay marriage» (Sturm [der Entrüstung], da Law Society Konferenz zur Debatte der Homo-Ehe verbietet, *The Daily Telegraph*, 11. Mai 2012)

[391] Eine deutliche Kritik dazu äußert Shulevitz, Judith; In College and Hiding From Scary Ideas (Im College, wo man sich vor beängstigenden Vorstellungen versteckt, *New York Times*, 21. März 2015)

[392] O'Neill, Brendan; Free speech is so last century. Today's students want the «right to be comfortable» (Redefreiheit ist ja so altbacken. Studenten von heute möchten das «Recht, sich wohlzufühlen»), in: *The Spectator*, 22. November 2014

[393] «Olympische Protestzonen in Pekinger Parks bleiben leer» (Konrad-Adenauer-Stiftung, 20. August 2008). «Russland erlaubt Proteste in ausgewiesenen Zonen», *Handelsblatt*, 10. Dezember 2013

[394] McIntyre, Niamh: I helped shut down an abortion debate between two men because my uterus isn't up for their discussion (Ich half dabei, eine Abtreibungsdebatte zwischen zwei Männern zu verhindern, weil meine Gebärmutter für ihre Diskussion nicht zur Verfügung steht), in: *The Independent*, 18. November 2014

[395] Alexander, 2006, S. 3

[396] Ebenda, sowie S. 4 und 6

[397] «Robust data needed to effectively tackle homophobia and transphobia» (Verlässliche Daten benötigt, um Homophobie und Transphobie effektiv anzugehen; Grundrechteagentur, 16. Mai 2012)

[398] «EU Fundamental Rights Agency fabricates victims of LGBT ‹discrimination› in a new survey» (EU-Grundrechteagentur fabriziert in einer neuen Studie Opfer der «Diskriminierung» von LGBT, *European Dignity Watch*, 04. April 2012)

[399] «2014 Hate crime data now available!» (Hassverbrechendaten für 2014 jetzt verfügbar!, OSZE, 16. November 2015)

[400] In einigen Dokumenten wechselt die OSZE zwischen den Begriffen «Hassverbrechen» und «Hassvorfall» hin und her, als seien es Synonyme; http://hatecrime.osce.org/infocus/frequently-asked-questions-2014-hate-crime-data

[401] «2014 Hate crime data now available!», 2015

[402] No Hate Speech Movement, Initiative des Europarates; Link: http://ar chives.nohatespeechmovement.org/hate-speech-watch/instructions

[403] In Québec wurde es mit voller Unterstützung des Justizministeriums gestartet. «Homophobe Handlungen» können anonym registriert werden und beinhalten «jegliches negative Wort und jegliche negative Handlung gegenüber einem Homosexuellen oder gegenüber Homosexualität im Allgemeinen». Vgl. «Une première mondiale – Déploiement d'un registre d'actes homophobes anonyme et confidential» (Weltpremiere – Eröffnung eines anonymen und vertraulichen Registers für homophobe Handlungen, *Gai Écoute*, 18. Juni 2012)

[404] Zum Beispiel die Meldeseite der Association of Chief Police Officers: http://report-it.org.uk/home

[405] «Anyone can be a Super Citizen and help stop hate crime in Bosnia and Herzegovina» (Jeder kann ein Superbürger werden und dabei helfen, Hassverbrechen in Bosnien und Herzegowina zu beenden; OSZE, 13. Juli 2015)

[406] Orwell; 1984, S. 268. Vgl. https://archive.org/stream/gorwell1984de/ 1984_djvu.txt

[407] «Hate crimes reported to police up 18% in England and Wales» (18% mehr der Polizei gemeldete Hassverbrechen in England und Wales, *BBC News*, 13. Oktober 2015)

[408] Für eine Analyse vgl. Kiska, Roger/Coleman, Paul; Freedom of speech and «hate speech»: Unravelling the jurisprudence of the European Court of Human Rights, in: *International Journal for Religious Freedom*, Vol. 5, No. 1, 2012 (129–142)

[409] Verfahren Ezelin gegen Frankreich (1992) 14 E.H.R.R. 362, 51

[410] Zum Beispiel Verfahren Handyside gegen Großbritannien (1976) 1 E.H.R.R. 737 § 49

[411] Verfahren R. per Lord Bingham (Animal Defenders International) v. Secretary of State for Culture, Media and Sport [2008] 1 AC 1312, § 27

[412] Verfahren Handyside gegen Großbritannien, 1976, § 49

[413] «Pastor Green before the Swedish Supreme Court» (Pastor Green vor dem schwedischen Obersten Gerichtshof), Link: http://www.ake green.org/

[414] Verfahren Vejdeland und andere gegen Schweden, 2012

[415] Ebenda, § 55

[416] Ebenda, Abweichende Meinung des Richters Zupančič, § 4.

10: Eine Zukunft der freien Rede?

[417] So fasste der Parlamentarier David Davis den Grund für die Reform zusammen, indem er fragte: «Wer sollte entscheiden, wer beleidigt wurde? Die Polizei? Ein Richter? Die Wahrheit ist, dass Paragraf 5 auf die heutige Demokratie eine schreckliche, abschreckende Wirkung hat.» Vgl. «Law banning insulting words and behaviour has to end» (Ein Gesetz, das beleidigende Rede und beleidigendes Verhalten verbietet, muss abgeschafft werden, BBC News, 16. Mai 2012)

[418] Siehe die erfolgreiche Kampagne «Reform Section 5», http://reform section5.org.uk/

[419] «Let's delete Article 212 of the Criminal Code», siehe Fall Najfeld/Polen in Kapitel 5

[420] «Denmark: Prosecution of Free Speech Advocate may prompt Changes to Racism Laws», 2020; siehe Fall Hedegaard/Dänemark in Kapitel 5. 2017 wurde der sogenannte «Blasphemie-Paragraf», § 140 dänisches Strafgesetzbuch, abgeschafft. Er lautete: «Wer in Dänemark öffentlich die legal existierende Glaubenslehre oder Gottesverehrung einer religiösen Gemeinschaft verspottet oder verhöhnt, wird mit Geldstrafe oder Freiheitsstrafe bis zu 4 Monaten bestraft.»

[421] «Tories repeal sections of Human Rights Act banning hate speech over telephone or Internet» (Tories schaffen Paragrafen des HRA ab, der Hassrede per Telefon oder über Internet verbietet, National Post, 07. Juni 2012)

[422] Kay, Jonathan; Good riddance to Section 13 of the Canadian Human Rights Act (Gut, dass wir Paragraf 13 des kanadischen HRA los sind; Ebenda)

[423] Alexander, 2006, S. 5

[424] Report of the Special Rapporteur on freedom of religion or belief, Asma Jahangir, and the Special Rapporteur on contemporary forms of racism, racial discrimination, xenophobia and related intolerance, Doudou Diène, further to Human Rights Council decision 1/107 on incitement to racial and religious hatred and the promotion of tolerance, A/HRC/2/3, 20. September 2006, § 47

[425] Report of the Special Rapporteur on freedom of religion or belief, Asma Jahangir, a. a.O., § 50

[426] Ebenda, § 47

[427] UN General comment No. 34, 12. September 2011, CCPR/C/ GC/34, § 49

[428] Rabat Plan of Action, OHCHR, 2012, Paragraf 18

[429] Entscheidung 12/1999 (V. 21.) AB; Entscheidung 18/2004 (V. 25.), vgl. Molnar, 2011, S. 251

[430] Ungarn hatte lange ein strafrechtliches Verbot in Bezug auf die öffentliche Präsentation bestimmter totalitärer Symbole aufrechterhalten, wie Hakenkreuz, Hammer und Sichel und fünfzackiger roter Stern. Dazu sagte ein ungarischer Parlamentarier: «Der Verfassungsgerichtshof (Entscheidung 14/2000 (V. 12.) AB) nahm diese Verfügung des Strafgesetzbuches als Ausnahme und hielt ihn für verfassungsgemäß, mit dem nicht überzeugenden Argument, dass Symbole spezielle Ausdrucksformen sind, die bestimmte strafrechtliche Verbote triggern können.» Vgl. Molnar, 2011, S. 261. 2013 wurde dieses Verbot aufgehoben, siehe Kapitel 6

[431] 205 U.S. 454 (1907)

[432] Unter anderem schützt der Erste Verfassungszusatz (First Amendment) die Redefreiheit: «Congress shall make no law [...] abridging the freedom of speech, or of the press.» (Der Kongress soll kein Gesetz verabschieden, [...] das die Rede- oder Pressefreiheit beschränkt.)

[433] 205 U.S. 454 (1907), 462

[434] Verfahren Abrams gegen die Vereinigten Staaten, 250 U.S. 616 (1919)

[435] Verfahren Frohwerk gegen die Vereinigten Staaten, 249 U.S. 204, 209 (1919)

[436] Sedition Act of 1918 (Pub. L. 65–150, 40 Stat. 553, in Kraft gesetzt am 16. Mai 1918)

[437] Stone, Geoffrey; Perilous Times: Free Speech in Wartime from the Sedition Act of 1798 to the War on Terrorism, 2004, S. 12

[438] Verfahren Debs gegen die Vereinigten Staaten, 249 U.S. 211 (1919); Verfahren Schenck v. United States, 249 U.S. 47 (1919)

[439] Verfahren die Vereinigten Staaten gegen Waldron, (nicht berichtet) (D. Vt. 1918)

[440] Verfahren Shaffer gegen die Vereinigten Staaten, 255 F. 866 (9th Cir. 1919)

[441] Verfahren Schenck gegen die Vereinigten Staaten, 249 U.S. 47, 52 (1919)

[442] Ebenda

[443] Verfahren Brandenburg gegen Ohio, 395 U.S. 444 (1969)

[444] Ebenda, 444–445

[445] Ebenda, 447

446 Verfahren Chaplinsky gegen New Hampshire, 315 U.S. 568 (1942)

447 Ebenda, 572

448 337 U.S. 1, 5 (1949)

449 Ebenda, 4

450 Ebenda, 4–5

451 Verfahren Street gegen den Staat New York, 394 U.S. 576 (1969)

452 *Anmerkung der Übersetzerin:* Gemeint ist die Einziehung zum Militärdienst, die Sternchenauslassung stammt von Autor und Übersetzerin; Verfahren Cohen gegen Kalifornien, 403 U.S. 15 (1971)

453 Verfahren Texas gegen Johnson, 491 U.S. 397, 414 (1989)

454 505 U.S. 377 (1992)

455 Ebenda, 379

456 Ebenda, 382

457 Ebenda, 383–384

458 Die Marquis of Queensberry-Regeln bezeichnen allgemein akzeptierte Regeln beim Boxkampf, wie das Tragen von Boxhandschuhen oder das Verbot, einen auf dem Boden liegenden Boxer zu schlagen. Ebenda, 392

459 Verfahren Gitlow gegen den Staat New York, 268 U.S. 652, 673 (1925), Abweichende Meinung des Richters Holmes

460 «You Can't Say That» (Das können Sie nicht sagen, *New York Times*, 22. Juni 2012)

461 Verfahren Snyder gegen Phelps, 131 S. Ct. 1207, 1220 (2011)

462 «Arizonans Rally to Prevent Westboro Church Disruption of Shooting Victims' Funerals» (Bürger von Arizona versammeln sich, um Störung der Beerdigung von erschossenen Menschen bei der Westboro Church zu verhindern, *FoxNews.com*, 11. Januar 2011)

463 Molnar, 2011, S. 253

464 Blasi, Vincent; Free Speech and Good Character, in: 46 UCLA L. Rev., 1567, 1999, 1573–4

465 Per Lord Justice Laws, Verfahren Tabernacle gegen Secretary of State for Defence [2009] EWCA Civ 23, § 43

466 Herr Ospina, 1965, § 72.

Anhang C: Nationale «Hassrede»-Gesetze in der Europäischen Union

467 *Anmerkung der Übersetzerin:* Die nachfolgenden Texte wurden, außer wenn anders angegeben, jeweils aus dem Original der verschiedenen

Sprachen übersetzt. Die Wortwahl wurde so belassen, wie die jeweiligen Übersetzer sie verwendet haben

[468] Übersetzung von der belgischen zentralen Dienststelle für Übersetzungen

[469] Deutsche Übersetzung: Belgisches Staatsblatt vom 22. Mai 2009

[470] Art. 444 des belgischen Strafgesetzbuches bezieht sich auf die möglichen Orte der Delikte: in öffentlichen Versammlungen oder an öffentlichen Orten, in Gegenwart mehrerer Personen an nichtöffentlichen Orten, die jedoch für eine bestimmte Anzahl Personen zugänglich sind, welche berechtigt sind, sich dort zu versammeln oder diese Orte zu besuchen, an irgendeinem Ort in Gegenwart des Beleidigten und vor Zeugen oder durch Schriften, ob gedruckt oder nicht, Bilder oder Sinnbilder, die angeschlagen, verbreitet oder verkauft, zum Verkauf angeboten oder den Blicken der Öffentlichkeit ausgesetzt werden, oder schließlich durch Schriften, die nicht veröffentlicht, jedoch an mehrere Personen gerichtet oder ihnen übermittelt werden

[471] Quelle: https://www.jugendinfo.be/downloads/sexualitaet/20070510.arb.pdf

[472] Quelle: https://www.bijus.eu/?p=10720

[473] Es folgen Regelungen, in denen man der Verleumdung nicht schuldig ist, zum Beispiel in bestimmten Fällen, wenn die zugeschriebene Tatsache bekannt war, vertraulich kommuniziert wurde etc

[474] Darin geht es unter anderem um Diskriminierung durch Verweigerung bestimmter Dienste oder Lieferungen

[475] Gemeint sind sechs bis zwölf Monatsgehälter des/der Angeklagten bei Verurteilung.